海上輸送の三原則

神戸大学海上輸送の三原則編集委員会 編

海　文　堂

はじめに

地球規模で人や物が移動するようになった現在，海上輸送が果たす役割は，ますます重要になってきている。「持続可能な海上輸送」を継続するには，海難の頻度を低くする船舶運航技術の開発や，経済の動向を見据えた経済的効率を図る運航の取り組みが強く求められている。さらに，海洋や大気環境負荷を低減させる技術への投資も伴う。このような社会情勢に鑑み，「海上輸送の安心・安全な運航」と「海洋・大気環境負荷の低減」ならびに「海上輸送の経済性」を包括した研究は，先進的取り組みと言える。グローバル化した国際物流を支えるこれら3つの要素を「海上輸送の三原則」と捉え，これらを統合した新分野の開拓を神戸大学海事科学研究科と経済・経営学研究科の教員らが協力して積極的に進めている。本書では，上述した海上輸送に係る3つの要素についての最新の取り組みを，研究グループの担当者に平易に解説してもらった。

第1部は，海上輸送の安心・安全をより一層向上させる運航支援システムについて言及する。第1章では，海上輸送の安心・安全の概念について説明する。第2章では，(独)海洋研究開発機構のスーパーコンピュータで予測した航行海域の気象・海象の数値予報について，沿岸海域と大洋に分けて平易に説明する。第3章では，沿岸航海の最適航法について解説する。第4章では，実海域航行船舶の性能などについて，船体運動の計測方法と計測結果に基づき解説する。

第2部は，国際航路に就航する船舶が備えなければならない海洋や大気環境への負荷低減対策について言及する。第1章では，船舶バラスト水や船底付着したフジツボなどの生物種が越境移動している現状と，生物多様性を保全するために進められている対策について説明する。第2章では，船舶の動力源である内燃機関（エンジン）の燃料や排出する諸物質について概説し，それら物質の排出規制に関する国際的な動向を紹介する。また，大気環境への負荷を低減するために実施しているエンジンへの次世代燃料適用，排ガスの後処理システム開発，排出物質の大気拡散予測について説明する。第3章では，海難事故により流出した原油の拡散予測について，実際の観測値との比較を通して，高度化した予測法の有用性について説明する。

第 3 部は，海上輸送の経済性について言及する。海上輸送を行う船舶の運航には費用が発生する。この費用計算は，これまでは船社や荷主が直接負担する費用項目だけが対象になっていた。しかし，現実には船舶の運航によって派生する海洋汚染や大気汚染といった「環境費用」を考慮しなければならない状況が現代である。第 1 章では，船舶の運航によってどのような「私的費用」が発生するかを説明する。第 2 章では，どのような「外部費用」が発生するかを説明する。第 3 章では，石油価格の高騰対策，CO_2 排出削減対策などから一般化している減速運航が私的費用ならびに外部費用にどのような影響を及ぼすかについて明らかにする。

第 4 部は，第 1 部から第 3 部で述べた，海上輸送の三原則である「安心・安全」,「海洋・大気環境保全」および「経済性」に関して，個々に取り組むのでなく，総合的に捉えた海上輸送体系のありかたについて言及する。

自然科学と社会科学分野の双方向から，持続可能な海上輸送の在るべき姿について考察した書物は希少であり，これが本書の大きな特徴となっている。船会社の皆様や海事分野を学ぶ高等専門学校の学生，大学学部生や大学院生に，本書が価値ある書物となることを願っている。

本書の出版に当たって，海文堂出版編集部の岩本登志雄氏には，本書の趣旨をご理解いただき，大変お世話になった。厚く御礼申し上げたい。

2013 年 7 月　初夏の海を望む研究室にて

神戸大学海上輸送の三原則編集委員会 一同

執筆者一覧（五十音順）

阿部晃久	神戸大学大学院海事科学研究科教授〔第 2 部第 1 章，第 3 章〕
内田　誠	神戸大学大学院海事科学研究科教授〔第 1 部第 4 章第 3 節〕
笹　健児	神戸大学大学院海事科学研究科准教授〔第 1 部第 4 章第 4 節〕
塩谷茂明	神戸大学自然科学系先端融合研究環教授〔第 1 部第 1～3 章，第 4 部〕
嶋田陽一	神戸大学自然科学系先端融合研究環助教〔第 1 部第 2 章，第 3 章〕
正司健一	神戸大学大学院経営学研究科教授〔第 3 部第 2 章〕
鈴木裕介	九州産業大学商学部講師〔第 3 部第 2 章〕
高山敦好	広島商船高等専門学校講師〔第 2 部第 2 章第 3 節，第 4 節〕
段　智久	神戸大学大学院海事科学研究科教授〔第 2 部第 2 章第 1 節，第 2 節〕
崔　栄珍	(独) 海洋研究開発機構任期付研究員〔第 2 部第 3 章〕
寺田大介	(独) 水産総合研究センター水産工学研究所研究員〔第1部第4章第1節〕
三村治夫	神戸大学大学院海事科学研究科教授〔第 2 部第 1 章〕
吉田　茂	神戸大学大学院海事科学研究科教授〔第3部第1章，第2章付論，第3章〕
若林伸和	神戸大学大学院海事科学研究科教授〔第 1 部第 4 章第 2 節〕

目　次

第1部　海上輸送の安心・安全

第1章　海上輸送の安心・安全の概念 3

第2章　気象・海象の数値予報 7
2.1　はじめに 7
2.2　沿岸海域 9
　2.2.1　はじめに 9
　2.2.2　海上風の数値計算 10
　2.2.3　潮流の数値計算 12
　2.2.4　波浪の数値計算 13
　2.2.5　数値計算結果 15
2.3　大洋海域 22
　2.3.1　モデル計算概要 23
　2.3.2　気象・波浪モデルの予測計算 24
　2.3.3　まとめ 33

第3章　航海と最適航法 37
3.1　はじめに 37
3.2　数値ナビゲーションシステム 39
　3.2.1　船舶操縦性能モデル 39
　3.2.2　数値ナビゲーションシステム 42
　3.2.3　数値ナビゲーションシステムの活用 48
3.3　大洋航海のウェザールーティング 50
　3.3.1　実験概要 51
　3.3.2　最短時間航路 54
　3.3.3　まとめ 63

第 4 章　実海域航行船舶の性能 *65*
4.1　はじめに *65*
4.2　船体運動・航海情報のデータ収集システム *66*
　4.2.1　実船への装備 *67*
　4.2.2　システムの構成と設置 *68*
　4.2.3　VDR からのデータ収集
　　　（航行データ，機関データ，気象データの一部） *70*
　4.2.4　気圧温度湿度変換器からのデータ収集 *75*
　4.2.5　加速度センサーからのデータ収集 *78*
　4.2.6　レーダー波浪観測装置 *81*
　4.2.7　データ回収 *84*
4.3　動力負荷特性 *93*
　4.3.1　動力伝達の流れ *94*
　4.3.2　動力伝達における損失 *97*
　4.3.3　動力伝達における効率 *97*
　4.3.4　動力伝達における要素の特性 *99*
　4.3.5　動力と負荷の平衡特性 *102*
　4.3.6　動力と負荷の動特性 *110*
4.4　実海域航行船舶の性能計測 *113*
　4.4.1　研究の背景 *113*
　4.4.2　海上輸送の評価の流れ *113*
　4.4.3　オンボード実船計測 *115*
　4.4.4　荒天航海時の特性分析 *123*
　4.4.5　結論と今後の研究課題 *130*

第 2 部　海上輸送の環境保全対策

第 1 章　船舶運航にともなう生物の越境移動 *135*
1.1　船舶バラスト水 *135*
1.2　越境移動を阻止したい 10 種類の生物種 *136*

1.3　船体付着生物の越境移動 137
1.4　バラスト水を介して越境移動した生物種が定着する条件 139
1.5　オーストラリア研究者が実施した有毒渦べん毛藻の原産地調査 140
1.6　タスマニア島へ越境移動した有毒渦べん毛藻の原産地調査 142
1.7　病原性 *Vibrio cholerae* の生理・生化学 144
1.8　東京湾の *Vibrio* 属海洋細菌および病原性 *Vibrio cholerae* の調査 145
1.9　海洋細菌群集と競合する状態での *V. cholerae* 生存力の推定 147
1.10　日本からカタールへ向かう LNG 船のバラスト水および
バラストタンク堆積物の微生物調査 149
1.11　バラスト水殺菌技術の開発 150
1.12　まとめ 152

第 2 章　エンジン排出物質の拡散と低減技術 157
2.1　舶用エンジンを取り巻く環境 157
2.1.1　エンジンの燃料と排出物質 157
2.1.2　エンジン排出物質の国際的規制 162
2.2　次世代燃料のエンジン適用 166
2.2.1　ジメチルエーテルの混合利用 166
2.2.2　バイオ燃料の有効利用 169
2.3　排ガスの後処理システム 173
2.3.1　コロナ放電 174
2.3.2　排ガス充電器と静電水スクラバによる
NOx および PM の低減 175
2.4　エンジン排出物質の大気拡散予測 176
2.4.1　拡散モデル 176
2.4.2　排出源モデル 177
2.4.3　大気モデル 179
2.4.4　拡散係数 180
2.4.5　大気拡散予測 181

第 3 章　海上流出した原油の高精度拡散予測 *183*
3.1　船舶の流出油による海洋汚染 *183*
3.2　油類の物理的な特性 *185*
3.2.1　水面上での油の広がり *185*
3.2.2　蒸発と溶解 *187*
3.2.3　分散 *188*
3.2.4　風の影響 *188*
3.2.5　流出油の数値予測における海流の影響 *190*
3.3　流出油拡散予測シミュレーションの実例 *190*
3.3.1　グリッドシステム *191*
3.3.2　海流データ *194*
3.3.3　風速データ *196*
3.3.4　油流出シミュレーションモデル *197*
3.3.5　ナホトカ号事故のシミュレーション *198*
3.3.6　まとめ *201*

第 3 部　海上輸送の経済性

第 1 章　海上輸送の費用 *207*
1.1　海運サービスの基礎 *207*
1.1.1　サービスとは *207*
1.1.2　海運サービスの特徴 *208*
1.1.3　海運サービスの種類 *208*
1.1.4　海運サービスの要素サービス *209*
1.2　海運市場の構成 *210*
1.2.1　海運市場 *210*
1.2.2　海運関連市場 *211*
1.3　海運業費用の構成 *212*
1.3.1　要素サービスと海運業費用 *213*
1.3.2　海運業費用の諸項目 *213*

1.3.3　海運業費用の実態 215

第２章　海上輸送の外部費用 217
2.1　外部費用とは 217
2.2　海運の外部費用 220
2.3　海運の外部費用を巡る議論 223
2.3.1　交通モード全体の外部費用に関する議論 223
2.3.2　海運の外部費用項目別の議論 225
2.4　海運の外部費用の推定 232
2.4.1　基礎データの準備 232
2.4.2　各外部費用の推定方法 233
2.4.3　海運の外部費用の推定結果 235
2.5　まとめ（政策的適応の可能性） 236
付論：外航海運への適用事例 239

第３章　コンテナ船の減速運航と社会的費用 243
3.1　減速運航とは 244
3.1.1　減速運航の背景 244
3.1.2　減速運航とは 245
3.2　減速運航のメリットとデメリット 246
3.2.1　燃料消費量の減少 246
3.2.2　CO_2 排出量の削減 247
3.2.3　過剰船舶の吸収 248
3.2.4　設備のダメージ増とメンテナンスコストの上昇 248
3.2.5　荷主のコスト上昇 249
3.3　減速運航の取り組み状況 250
3.4　大型コンテナ船の減速運航による経済性 251
3.4.1　分析対象 252
3.4.2　AE2 の Maersk Essex 252
3.4.3　航海時間と航海速度の関係 254

3.4.4　減速運航の経済性 256
3.4.5　まとめ 260

第 4 部　輸送の三原則の統合

1　海上輸送の安心・安全 265
2　海上輸送の経済性 266
3　海上輸送の環境保全 266
3.1　大気環境保全 266
3.2　海洋環境保全 268
4　これからの海上輸送 270

第1部

海上輸送の安心・安全

第1章　海上輸送の安心・安全の概念

貿易国家である日本にとって，資源や物資の輸送は重要な問題である。陸・海・空のあらゆる輸送手段のなかで，我が国では物資輸送の 99 %が海上輸送であり，日本の経済を支えている。世界においても，海上輸送は輸送比率が最も大きく，輸送能力に優れるため，海上輸送の良質な研究は世界経済の飛躍的な発展と人類を豊かにするために必要不可欠である。

海上輸送は，一般に海運会社が司る。一般に，国内の輸送が主体である沿岸海域を対象とする内航船舶と，海外貿易に関連し諸外国間の航海を行う外航船舶とに別れ，それぞれの輸送体系は国内と国外が対象であるために異なる。いずれにしても，近年世界経済の急速な発展と人口増加と共に，国内外の海上輸送を担う種々船舶の船腹量が急上昇している。その結果，海域によって航行船舶数が過密状態となっている。とくに船舶輻輳度の高い沿岸域や湾内では，高性能の船舶の建造が進展し，搭載される高度な航海計器類の開発提供にもかかわらず，海難事故が後を絶たない状況である。我が国では，海上保安庁による船舶の海難発生調査によると，海難発生要因のなかで，衝突事故が第 1 位，乗揚が 2 番目に多い。衝突事故では，未熟な操船技術，見張りの不履行など，操船者の技量が問われ，またヒューマンエラーなどの人的要因が関連する。船舶の乗揚事故では，あらゆる航海情報のなかで，航行海域内の水深情報が最も深く関連し，航路上の浅瀬などの水深情報の不足および判断ミスが原因となる。とくに国内では，東京湾，伊勢湾および瀬戸内海などの沿岸域は狭隘であり，貨物船，客船，プレジャーボートなどの多様な船舶が多数往航し，過密状態となる場合も多い。しかも，複雑な地形と航路周辺海域に浅瀬も多く，安全な針路保持が複雑である。このような海域の航海では，当直航海士に高度な操船技術が要請される。初めての航路，経験未熟な外国人船員にとって，絶えず危険な状況に遭遇し，緊張感の高揚が危惧され，安全性確保の早急な対処が必要であると考えられる。内航船舶の場合，他船との見合い関係，横切り船など，船舶間の衝突などの海難のおそれが懸念される危険な状況が多い。これらの原因の解明は船舶の安心・安全性の向上にとって，重要である。

他方，航海中の気象・海象が船舶に与える影響も無視できない。船舶の運動性能は，航海中の気象・海象の影響に支配されている。内航および外航船舶にとって，発達した低気圧，日本特有の台風，ハリケーンおよびサイクロン，冬季の強い季節風などの気象・海象が原因の海難も多数発生している。たとえば，台風による強い風により船体が流され，操船不能となり，浅瀬に乗り揚げる場合が多い。また，強風により生成された大波高の波浪中の船舶は，船体横方向から波を受けると大きな横揺れ（Rolling）を起こす。貨物の荷崩れが起こり，船体傾斜が増し，状況次第では転覆を誘発することがある。実際に，大型フェリーが和歌山県沖を航行中，大波高の波に遭遇し，船体が大きく傾斜し，搭載車両の移動が原因で転覆した。また，船首前方からの大波高の波浪により，船体には大きな縦揺れ（Pitching）が起こる。縦揺れが大きくなると，状況次第では，船首船底が水面から浮上し，降下する際に船首船底に大きな水圧による集中加重を受ける，いわゆるスラミングが発生する。船底の水圧は集中加重のため強い衝撃となり，場合によると船底に亀裂が入り，浸水，沈没に至る場合がある。さらに，航行船舶の進行方向と到来する大きな波の波向との相対方位により，船体動揺量が変化するだけでなく，船体後方から斜め横波を受けた場合，船舶操縦性能が不安定となる。その結果，船体の保針が困難となり，船首揺れ（Yawing）が増し，舵効きの低下など，操縦が不安定となる。とくに，波高が大きく，船長と同程度の波長の場合には，船体が波乗りをし，波頂に押し上げられた船体が波底に移動するとき，ブローチング（Broaching）と呼ばれる現象を起こし，船舶の針路維持が不能となり，大きな横揺れだけでなく横転する場合がある。とくに漁船などの小型船舶の場合，操縦不能となり，復原力を損失した結果，転覆，沈没などの海難が発生している。

青森–函館間の青函連絡船「洞爺丸」は，台風接近時に函館港で出港を待機していたが，台風の目に突入したのか，束の間の晴れ間に出港した。しかし，強風により操船不能となり，漂流の結果，転覆し，多数の乗客が犠牲となり，戦後の海難史上最大の人命損失の事故となった。

また，潮流および海流などの流れは船舶に横流れを起こす。操船者は通常，航海計画で定めた計画航路上の航海に努め，保針に努める。しかし，強い潮流や海流がある場合，流れの速さや流向は操船者にとって直接見えないので，その影響に気づかない場合がある。操船者は針路保持に努めているが，船舶は直進しながらも流れの影響により横流れが起こり，しだいに浅瀬に接近，乗り揚げた海難例も見られる。

また，季節により，海上に霧の発生が多く見られる海域がある。とくに瀬戸内海の海霧は濃く，霧中の航海は視界が悪く，危険な状況に陥ることもある。霧が原因の海難例として，宇高航路を航行中のフェリー「紫雲丸」が霧中航行で他船と衝突し，乗船中の修学旅行の帰路の女子高生が多数被害に遭った。霧中航海の場合，見張りの増員やレーダへの依存度が高くなるなど，航海士にとって緊張感が増加する。時には操船ミスにより，あるいは他船の動向の判断を誤り，衝突の海難が発生する。

船舶が港内で接岸中，うねりや大波高の風浪が沖合から港内に侵入し，それらの波に誘引され，港内に長周期波が発生し，港内静穏度の維持が確保できないことがある。港内の波高が高く，長周期波が発生すると，係留船舶が前後方向に移動したり，係留索の切断が発生することもあり，荷役作業の中止，出港の遅延にもなり，経済的損失にも影響する。また，操業を終えた漁船などは，漁港に入港の際，強い気象・海象の影響により，接岸不能や岸壁との衝突，漁獲物の荷揚げ作業ができなくなることもある。このように，気象・海象の影響は，航海中の船舶だけでなく，停泊中の船舶の安心・安全の確保に大きな影響を与える。港内および港外で沖待ちの船舶や，台風，発達した低気圧および強い季節風の避難海域に錨泊中の船舶において，走錨，他船との衝突などの海難も発生する。

このように，沿岸海域の航行船舶は，気象・海象の影響が航海の安心・安全に直接関係する。

他方，大洋航海中の海難発生要因は，ほとんどが気象・海象に起因する。地形の影響がほとんどない広い大洋中の航行船舶は，船舶同士の衝突の危険性も少ない。近年，地球温暖化に伴う海水温度の上昇が台風のエネルギー供給源となり，台風が巨大化している。また大陸の寒気団から吹く冬の季節風が，房総半島沖合の海水温度の上昇により海水温と気温との温度差が大きくなると，大気が一層不安定となり，強風化する。強い風により生成される波浪も成長し，巨大化する。外航船舶はこのような厳しい荒天下での航海を余儀なくされている。また，大洋中の気象・海象は沿岸域と異なり，陸地などの遮蔽物がなく，海面摩擦抵抗も小さく，それだけ風が強くなり，波浪が巨大化する。その結果，船体の大動揺や船底集中加重，復原力損失による転覆など，船舶への影響は沿岸海域より増加する。

もし，気象・海象の正確な予報が可能になり，操船者に詳細な情報提供がされると，航海中に遭遇する強風域や高波高域などの気象・海象の厳しい状況を回避し，航海の安心・安全を確保する操船が可能になる。このように，気象・海象の詳細な情報提供だけでなく，荒天を避航する推薦航路の提供も行う航法は，ウェザールーティングと呼ばれている。現在これらの情報提供は，気象情報を提供する民間業者が契約船舶に対して実施している。また，ウェザールーティングは，厳しい気象・海象条件の回避だけでなく，航海中の海流および潮流の利用により，船舶の速度増加を図ることができる。逆に，航行船舶の進行方向と逆の流れがあると，船速の減少となり，燃料消費量の増加になる。外洋を航海中の大型船舶の燃料消費量は1日数百万円にも達し，最適な航法を適用すると，燃料消費の節約による経済効果は大きい。また，気象・海象による入港の遅延や，予定より早く到着したことによる沖待ち時間なども，経済的運航に大きな影響を与える。

以上，沿岸海域および外洋を航海中の船舶だけでなく，停泊船舶にも気象・海象が与える影響は大きく，海難発生の要因のなかでも，気象・海象は最も重要な要素である。航海の安心・安全の研究を行うにあたり，気象・海象の予報は重要である。

第1部では海上輸送の安心・安全に関する研究について説明する。第1章では海上輸送の安心・安全の概念について論じた。第2章では，海上輸送の安心・安全を研究する上で最も重要な気象・海象の数値予報について，沿岸海域と大洋海域に分けて説明する。第3章では，気象・海象の予測に基づいた航海およびウェザールーティングシステムの手法について紹介する。第4章では，実海域航行船舶に，気象・海象，船体運動および機関性能の計測装置を搭載し，航行中にデータ収集を行い，解析結果から，航行船舶に何が生じているかを解説する。

第2章　気象・海象の数値予報

2.1　はじめに

船舶による海上輸送の安心・安全に最も影響が強い要因に，気象・海象がある。海上輸送を担う船舶は，絶えず気象・海象の影響を受け，浮体特有の運動である横揺れ（Rolling），縦揺れ（Pitching），船首揺れ（Yawing），前後揺れ（Surging），左右揺れ（Swaying）および上下揺れ（Heaving）の6自由度の船体運動が発生する。時には，気象・海象が厳しい条件となる荒天時には大動揺の横揺れなどにより積荷が荷崩れし，船舶復原力の損失から転覆の危険性が発生する。また，大きな縦揺れにより波浪との相対位置から船首部が空中に露出し，次の瞬間に，船底部が海面に叩き付けられ，波浪から船底部に集中荷重を受け，船体に亀裂が発生し，浸水することもある。さらに航行船舶の船首尾方向に対し，斜め後方から波浪を受けると，船長と波長が同程度の長さである場合，船舶の操縦性能が低下し，状況次第では船舶の姿勢が不安定となって，転覆に至ることもありうる。

潮流および海流などの流れに対し，航行船舶の針路と流れの方向が，順流であれば船速の増加，逆に逆流であれば減速となり，船舶の推進効率に深く影響する。もし流れを有効に利用できる航法が確立できると，燃料消費量の節約などの経済的効果の高い航海が可能になる。

また，荒天時の強風域内の航海において，とくに風圧抵抗が大きいコンテナ船などは，風の影響を受け，速力の増減および横流れが発生することもある。さらに，強風下において，錨泊中の船舶が走錨し，浅瀬に座礁する海難例も多数ある。

このように，気象・海象の影響は船舶の安全面だけでなく，経済的運航，さらに風向きにより船舶排ガスに含まれる有害物質などの拡散現象や，危険物搭載船舶からの原油や化学薬品などの流出事故における海流などの影響を考慮した広範囲の海洋汚染の被害予測などにも関連する。これらの大気および海洋の汚染などの環境保全関連事項は，その影響が地域住民だけでなく，生態系などの生物学分野，地球温暖化など，さまざまな分野に影響することがある。

海上輸送に関連するこれらの要因に対し，気象・海象の正確な把握および予測が可能であれば，大被害になる前に事前の対処が可能になる。

一般に，気象・海象に関する情報は，テレビやラジオによる天気番組，新聞，また最近ではパソコンのインターネットや携帯電話から得ることができるようになった。しかし，船舶の場合，海上のため，必ずしもこれらの適切な気象・海象情報を得ることができない。陸岸に近い沿岸域を航行する船舶の場合，これらの通信機器によって天気状況を得ることも可能であるが，沿岸域においても岸から数マイル離れた海域を航行する場合には，通信機能に限界があり，受信できない場合が多い。さらに，太平洋や大西洋などの大洋航海中では，これらの通信機器はまったく使用不可能である。このような場合は，人工衛星を介した衛星通信を利用したファックスなどで，さまざまな天気図を傍受している。航海中の航海士は，これらの天気図から航海中の船舶の周辺海域の気象・海象を把握し，航海の安全性を確保している。

天気図としては，実況図および予報図，地上天気図および高層天気図，波浪図などが利用されている。これらの天気図は，気象庁などの関係省庁が作成し，気象・海象の関係機関が公表するもので，現在の科学技術を駆使した数値計算と実観測データにより制作されており，精度は十分に高いと思われる。しかし，実際に広範囲の天気図を見て，航行海域周辺の詳細な気象・海象を把握するには，長年の経験と高度な技能を要す。また，大洋中の航海の場合，広範囲な天気図の作成が余儀なくされているので，計算時間や計算コスト面などから，高解像度の表示が制限される。その結果，豆台風や小規模な発達中の低気圧などのようなスケールの小さい現象周辺の局所的な気象・海象変化の把握が困難な場合がある。その結果，運航の判断を誤り，海難を誘発するおそれも十分ありうる。

近年の科学の進歩により，気象・海象の数値計算が高度化され，良質の数値計算モデルが世界各地の研究機関で制作されている。著者らは世界的に著名かつ定評のある良質な気象・海象の数値計算モデルを利用し，航行海域に見合ったモデルを利用した気象・海象の数値予報を実施している。これらのモデルによる気象・海象の数値計算の利点として，海域や目的に合わせて解像度を自由に設定でき，一般に報道されている天気図より詳細な気象・海象の把握が可能である。さらに，これらの手法で得られた気象・海象により，航海の安心・安全対策を講じる航法システムの構築が可能になる。

沿岸海域の航海では，陸上と海上の両方を含む境界領域での気象・海象の数値計算を実施するため，地形の影響から，気象・海象現象が複雑となり，解像度の高い計算が要求される。他方，大洋航海中では，海上のみが主計算海域となるが，緯度経度ともグローバルな範囲の計算が必要であり，大がかりな計算が必要である。そのため，第2章では，陸岸に接近した航海を行う沿岸航海と大洋中を航海する大洋航海に分けて，気象・海象の数値モデルについて紹介する。気象・海象のなかでもとくに，海上輸送を担う船舶に最も影響度が高い，海上風，潮流や海流および波浪に焦点を当てて解説する。

2.2 沿岸海域

2.2.1 はじめに

航行船舶の安心・安全性確保のために，船舶の運動に最も影響を与える気象・海象の把握は重要である。一般に航海中の船舶は気象模写通信（FAX）により気象・海象の情報提供を受ける。FAX で得られる情報は，気象庁が提供する地上天気図，500 hPa 等圧面天気図，波浪図などがある。これらの情報は実況図および予報図があるが，時々刻々変化する気象・海象の変化を提供するものではなく，6 時間，12 時間および 24 時間間隔などで得られた情報である。したがって，気象・海象が逐次変化する状況の詳細な提供は可能でない。

とくに，沿岸海域航行の場合には，陸地と海上が入り組んだ複雑な地形があり，比較的浅く変化の大きな海底地形の状況のため，気象・海象は時空間的に複雑に変化することがある。海域によっては，局所的な変化が大きく，通常の天気図では詳細に把握できないことがある。そのために，沿岸海域を航行する船舶にとっては，たとえば豆台風や小型の発達した低気圧に遭遇し，局所的な気象変化に気づかず，海難発生の要因となることがある。

局所的な気象・海象の変化を詳細に把握する手法として，多数の気象・海象の数値計算モデルがある。それらモデルのほとんどは計算領域を一定間隔あるいは不等間隔の格子に区切り，気象・海象の支配方程式を差分法，有限体積法，有限要素法などの数値流体力学の手法を用い，時間進行型にコンピュータにより数値計算で解く。この方法では，格子間隔を計算対象領域内の地形の変化の度合いなどに従って，密にして解くことにより，小規模の気象現象も再現することが可能である。

次項に，現在実施されている気象・海象の数値計算手法の概略について説明する。とくに，航行船舶に最も影響を与える気象・海象のなかで，潮流および海流，海上風，波浪を取り扱う。なお，ここでは基本的な項目の解説に留め，詳細は各手法の参考文献などを参照してほしい。

2.2.2 海上風の数値計算

海上風の数値計算は多数利用されている。それらのなかでも最近，関連分野で最も利用されているWRFモデルについて説明する。WRFはWeather Research & Forecastingの略称であり，米国環境予測センター（NCEP：National Centers for Environmental Prediction）や米国大気研究センター（NCAR：National Center for Atmospheric Research）などにより開発された完全圧縮性・非静力学モデルである。WRFはNCARの管理するWRF-ARW（The NCAR Advanced Research WRF）モデルとNCEPの管理するWRF-NMM（Mesoscale and Microscale Earth-System）モデルがあるが，以降，WRFはWRF-ARWモデルを指すものとする。

WRFは完全圧縮性流体・非静力学モデルである。WRFは雲物理モデル，放射モデル，乱流モデル，地表面モデルをモデル内に組み合わせたものである。さらに，最新の物理モデル，観測データと数値計算結果をマッチングした手法のデータ同化システム，格子間隔が異なる複数の計算領域を往き来して計算を続行するネスティング手法が装備されている。計算スキームとしては3次精度のルンゲ・クッタスキームや，5次精度の風上差分などの高精度な計算スキームを採用している。これにより，局地的な気象に対して精度の高い計算が期待できる[1)]。

座標は，緯度線を x 方向，経度線を y 方向，鉛直上向きを z 方向とする。x および y 方向の格子は一定間隔であるが，z 方向の座標は地上面付近の格子間隔が密であり，上空になるとしだいに格子間隔が広がる鉛直 σ 座標系を採用している。鉛直 σ 座標系は気圧の観点から次式で定義される。

$$\sigma = \frac{p - p_t}{p_s - p_t} \tag{2.1}$$

ここに，p は気圧，p_s は地表面気圧，p_t は計算領域上端の気圧である。

WRF モデルによる風の数値計算を行う基礎方程式は以下のように与えられる。

(2.2) 式に大気の気圧方程式，(2.3)，(2.4)，(2.5) 式に水平（x-y）および垂直（z）方向の大気流れの運動量方程式を示す。

$$\frac{\partial p'}{\partial t} - \rho_0 g w + \gamma p \nabla \cdot V = -V \cdot \nabla p' + \frac{\gamma p}{T}\left(\frac{\dot{Q}}{c_p} + \frac{T_0}{\theta_0} D_\theta\right) \tag{2.2}$$

$$\begin{aligned}\frac{\partial u}{\partial t} + \frac{m}{\rho}\left(\frac{\partial p'}{\partial x} - \frac{\sigma}{p^*}\frac{\partial p^*}{\partial x}\frac{\partial p'}{\partial \sigma}\right) &= -V \cdot \nabla u + v\left(f + u\frac{\partial m}{\partial y} - v\frac{\partial m}{\partial x}\right) \\ &\quad - ew\cos\alpha - \frac{uw}{r_{earth}} + D_u\end{aligned} \tag{2.3}$$

$$\begin{aligned}\frac{\partial v}{\partial t} + \frac{m}{\rho}\left(\frac{\partial p'}{\partial y} - \frac{\sigma}{p^*}\frac{\partial p^*}{\partial y}\frac{\partial p'}{\partial \sigma}\right) &= -V \cdot \nabla v - u\left(f + u\frac{\partial m}{\partial y} - v\frac{\partial m}{\partial x}\right) \\ &\quad - ew\sin\alpha - \frac{vw}{r_{earth}} + D_v\end{aligned} \tag{2.4}$$

(2.2) 式の p' は摂動圧力［Pa］，ρ_0 は基準密度［kg/m^3］，g は重力加速度，w は z 座標軸である鉛直方向の速度成分，γ は比熱率，V は水平方向の風のベクトル，T は温度［K］，Q は非断熱加熱率［J/kg s］，c_p は湿潤空気に対する定圧比熱，T_0 は基準温度［K］，θ_0 は基準温位，D_θ は温位の拡散項である。

(2.3)，(2.4) 式の水平方向の運動量方程式の，u は x 座標軸である東西方向の風速成分［m/s］，v は y 座標軸である南北方向の風速成分［m/s］，ρ は空気の密度［kg/m^3］，m はマップファクター，$p^* = p_s - p_t$，f は鉛直方向のコリオリ係数，e は水平方向のコリオリ係数［1/s］，α はグリッドの軸と実際の北との角度差，D_u，D_v は x，y 方向の水平拡散項，r_{earth} は地球半径である。

$$\frac{\partial w}{\partial t}-\frac{\rho_0}{\rho}\frac{g}{p^*}\frac{\partial p'}{\partial \sigma}+\frac{gp'}{\gamma p}=-V\cdot\nabla w+g\frac{p_0}{p}\frac{T'}{T_0}-\frac{gR_d}{c_p}\frac{p'}{p}+e(u\cos\alpha-v\sin\alpha)+\frac{u^2+v^2}{r_{earth}}+D_w \tag{2.5}$$

ここに，p_0 は基準圧力，T' は摂動温度［K］，R_d は乾燥大気の気体定数，D_w は鉛直拡散項である。

大気流れの温度方程式は (2.6) 式で表される。

$$\frac{\partial T}{\partial t}=-V\cdot\nabla T+\frac{1}{\rho c_p}\left(\frac{\partial p'}{\partial t}+V\cdot\nabla p'-\rho_0 gw\right)+\frac{Q}{c_p}+\frac{T_0}{\theta_0}D_\theta \tag{2.6}$$

以上の基礎方程式を差分法の陽解法により時間進行型で解く。

2.2.3　潮流の数値計算

潮流の数値計算は POM（Princeton Ocean Model）で行った。POM は米国のプリンストン大学によって開発された海洋循環モデルであり，広域な海洋循環や，沖合の沿岸域の海流および湾内などの潮流の計算などに適している。近年，そのモデルが一般公開されたことから，多くの研究者によって使用されている[2)]。

POM では，一般に z 軸方向の座標は WRF と同様に σ 座標を採用しているため，次式で与えられる。

$$\sigma=\frac{z-\eta}{H+\eta},\quad D\equiv H+\eta \tag{2.7}$$

ここに，座標原点は平均水面上にあり，東西方向に x 軸，南北方向に y 軸，鉛直方向に z 軸である。H は平均水面からの水深，η は潮汐による潮位である。D は海底から水面までの距離（$H+\eta$）である。

z 軸方向に σ 座標を用いた潮流シミュレーションの基礎方程式は，連続の式と運動方程式（Navie-Stokes 方程式）であり，次式で表される。

$$\frac{\partial DU}{\partial x}+\frac{\partial DV}{\partial y}+\frac{\partial \omega}{\partial \sigma}+\frac{\partial \eta}{\partial t}=0 \tag{2.8}$$

$$\frac{\partial UD}{\partial t}+\frac{\partial U^2D}{\partial x}+\frac{\partial UVD}{\partial y}+\frac{\partial U\omega}{\partial \sigma}-fVD+gD\frac{\partial \eta}{\partial x}$$

$$+\frac{gD^2}{\rho_0}\int_\sigma^0\left[\frac{\partial\rho'}{\partial x}-\frac{\sigma'}{D}\frac{\partial D}{\partial x}\frac{\partial\rho'}{\partial\sigma'}\right]d\sigma'=\frac{\partial}{\partial\sigma}\left[\frac{K_M}{D}\frac{\partial U}{\partial\sigma}\right]+F_x \tag{2.9}$$

$$\frac{\partial VD}{\partial t}+\frac{\partial UVD}{\partial x}+\frac{\partial V^2D}{\partial y}+\frac{\partial V\omega}{\partial\sigma}+fUD+gD\frac{\partial\eta}{\partial y}$$
$$+\frac{gD^2}{\rho_0}\int_\sigma^0\left[\frac{\partial\rho'}{\partial y}-\frac{\sigma'}{D}\frac{\partial D}{\partial y}\frac{\partial\rho'}{\partial\sigma'}\right]d\sigma'=\frac{\partial}{\partial\sigma}\left[\frac{K_M}{D}\frac{\partial V}{\partial\sigma}\right]+F_y \tag{2.10}$$

ここに，(U, V) は潮流の水平速度成分，ω は σ 面上の法線方向の速度成分である。D は (2.7) 式で表される潮位を考慮した水深，f はコリオリ係数，g は重力の加速度，F_x，F_y は水平方向の海水の粘性拡散係数，K_M は海底の摩擦係数である。

POM では潮流の基礎方程式には (2.8)～(2.10) 式の他にも，熱，塩分および乱流運動エネルギー量などの計算が可能な基礎方程式が含まれているので，各種環境面や物質循環および海水交換などのような，一層複雑な自然現象に即した数値計算が可能である。しかし，ここでは航行船舶の潮流および海流などの流れの影響の把握が目的であるため，流れの速度成分のみを計算している。潮流の流れは潮汐に起因する流れの他，海上風による風成流がある。風成流は海上風が弱い静穏時にはそれほど影響しないが，とくに，荒天時などのように海上風が強い場合，吹送流も水面付近の流れに大きな影響を与える。そのため，2.2.2 項で記述した WRF による海上風の数値計算結果を入力値として，風成流を加味した計算も可能である。

潮流の数値シミュレーションの基礎方程式 (2.8)～(2.10) は，比較的安定した計算結果が得られるリープ・フロッグ法の差分法で時間進行型の数値計算を行う。

2.2.4　波浪の数値計算

波浪の数値計算の代表的なモデルとして，WAM（WAve Modeling group），SWAN（Simulating WAaves Nearshore）などがある。WAM は深海域を対象とした波浪推算モデルである。SWAN はオランダのデルフト工科大学で開発され，SWAN は WAM の改良版であり，浅海域を含む海域での波浪推算が可能である。WAM で考慮されていた風から波へのエネルギー輸送，4 波共鳴非線形相互作用による成分波間でのエネルギー輸送，白波砕波によるエネルギー散逸，底面摩擦によるエネルギー散逸に，SWAN では浅水砕波によるエネルギー散逸，極浅海域で顕著となる 3 波共鳴非線形相互作用による成分波間でのエネルギー輸送など，浅水域での波浪伝搬を加えている[3)]。閉鎖海域である東京湾，伊勢湾，大阪湾および瀬戸内海などの波浪の計算は，浅海域であるため，沿岸域を対象とする SWAN が適しているので，SWAN で波浪の数値計算を行った。SWAN は風波の方向スペクトル形状の相似性の仮定をしないで，波浪方向スペクトル成分波間の非線形相互作用を評価した第 3 世代波浪推算モデルである。これによって，方向スペクトルの時空間変化まで再現できるので，浅海域で発生する複雑な波浪変形の推定も可能である。

通常の波浪数値計算モデルは各計算格子上での波浪方向スペクトル $E(\sigma,\theta)$ を変数として計算する。ところが SWAN では，2 次元の波浪作用密度スペクトル $N(\sigma,\theta)$ を用いている。ここに，σ，θ はそれぞれ流れがある場合において，流れと共に移動する座標系から見た各周波数，方向角である。波浪方向スペクトルと 2 次元の波浪作用密度スペクトル $N(\sigma,\theta)$ には，次式の関係がある。

$$N(\sigma,\theta)=\frac{E(\sigma,\theta)}{\sigma} \tag{2.11}$$

閉鎖海域の浅海域の計算では，潮流などの強い流れが存在する場合が多いが，流れがある場合には，波浪方向スペクトルは保存されないが，波浪の作用スペクトルは保存量であるから，後者を使用すると保存性が保たれる。

2 次元の波浪作用密度スペクトル $N(\sigma,\theta)$ に関する平衡方程式は，水平方向の直交 2 次元（x,y）空間上では，次式で表される。

$$\frac{\partial}{\partial t}N+\frac{\partial}{\partial x}(c_xN)+\frac{\partial}{\partial y}(c_yN)+\frac{\partial}{\partial \sigma}(c_\sigma N)+\frac{\partial}{\partial \theta}(c_\theta N)=\frac{S(\sigma,\theta)}{\sigma} \tag{2.12}$$

ここに，c_x，c_y，c_σ，c_θ はそれぞれ東西方向の x 座標，南北方向の y 座標およびスペクトル空間 σ，θ 上での伝搬速度である。各成分波の位相速度 c と群速度 c_g，定常流流速ベクトル $U=(U,V)$，波数ベクトル $\kappa=(k_x,k_y)$ を用いて，次式で表される。

$$c_x = c_g \cos\theta + U, \quad c_y = c_g \sin\theta + V, \quad c_\sigma = \frac{\partial}{\partial t}\left(\sqrt{gk\tanh(kh)} - \kappa \cdot U\right),$$
$$c_\theta = \frac{c_g}{c}\left(\sin\theta\frac{\partial c}{\partial x} - \cos\theta\frac{\partial c}{\partial y}\right) - \left(\sin\theta\frac{\partial}{\partial x} - \cos\theta\frac{\partial}{\partial y}\right)\left(\frac{\kappa}{k}\right) \tag{2.13}$$

(2.12) 式の左辺第 1 項は作用密度 N の時間変化，第 2，3 項は x 方向および y 方向の伝搬による空間変化，第 4 項は水深と流れの時間変化による相対的な各周波数の変化，第 5 項は水深や流速の空間分布による波の屈折を意味する。右辺の $S(\sigma,\theta)$ はこのシステムのエネルギーの入出を表すエネルギーのソース関数を示し，次式で表される。

$$S(\sigma,\theta) = S_{in} + S_{ds} + S_{br} + S_{bf} + S_{nl} + S_{tri} \tag{2.14}$$

ここに，S_{in}，S_{ds}，S_{br}，S_{bf}，S_{nl}，S_{tri} はそれぞれ，風から波へのエネルギー輸送，白波砕波によるエネルギー散逸，浅水砕波によるエネルギー散逸，海底摩擦によるエネルギー消散，4 波波浪成分間での非線形相互作用によるエネルギー輸送，3 波波浪成分間での非線形相互作用によるエネルギー輸送である。

SWAN の数値解法は，差分法で陽解的に時間進行型で解く。

2.2.5　数値計算結果

(1) 計算条件

気象・海象の数値計算は，航行船舶への影響が顕著である状況を想定し，台風が日本の西方から日本海を東方に通過するまでの期間の海上風，波浪および潮汐の数値計算を実施した。

図 2.1 に 2004 年 9 月 6 日に発達した強い台風 18 号が九州に接近して，7 日に九州北部に上陸し，日本海を通過後，温帯低気圧に変化したときの天気図を示す。計算海域は大阪湾である。大阪湾は閉鎖海域であり，船舶の輻輳度が高く，関西地方の主要港湾を有する。また，瀬戸内海沿岸の港湾や北九州との交通の玄関口であり，国内で最も交通量が多い，船舶の交通の要衝である。大阪湾には九州上陸時に東寄りの風，大阪湾に最接近する日本海通過時に南寄りの

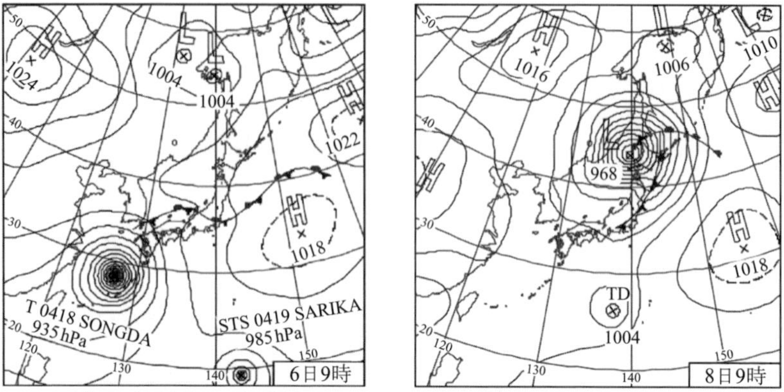

(a) At 09:00, Sept. 6, 2004　　(b) At 09:00, Sept. 8, 2004

図2.1　台風通過時の天気図

強風，通過後西寄りの風が吹き，その後台風が温帯低気圧に変化後に，しだいに弱い北東寄りの風に変化した。風の時間変化が比較的大きな期間であり，風により生成される波浪の変化も顕著である。

潮流は，数値計算で得られた海上風の影響による海面近傍の吹送流を考慮した計算を行った。

(2) 海上風の計算結果

図 2.1 に示す台風が日本海を通過する期間の海上風を，WRF により数値計算を行った。図 2.2 に大阪湾における海上風の WRF による数値計算結果を示す。(a) 図に台風が日本海を東北東に通過する頃，(b) 図に日本海を通過後の大阪湾全域の海上風を示す。日本海通過時に，大阪湾全域に台風に向かって強い南風が吹いている。台風の通過後は南西から西寄りの風と変化し，風速がしだいに弱くなっている状況が再現できている。

海上風の数値計算結果の精度検証のため，観測データとの比較を行った。図 2.3 に観測地神戸における実測データと数値計算結果との比較を示す。(a) 図に風速，(b) 図に風向の時系列を示す。横軸は時間，縦軸は風速および風向を示す。(a) 図の風速の比較では，台風が最接近した頃に風速が最大となり，数値計算で風の時間変化が十分表現できることがわかる。風速の最大値に差が見ら

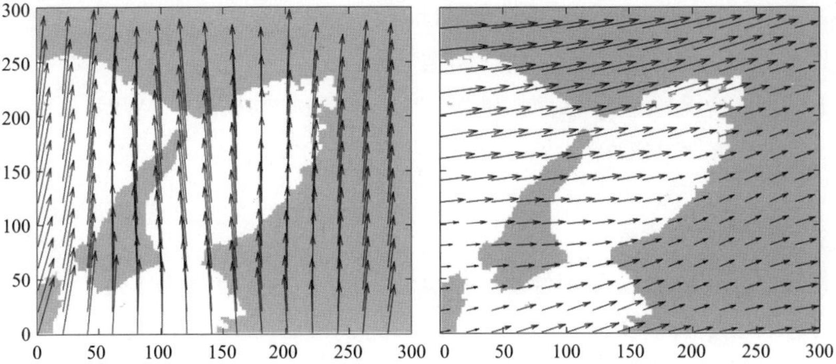

(a) At 08:00, Sept. 7, 2004　　(b) At 20:00, Sept. 7, 2004

図 2.2　WRF による海上風の数値計算結果

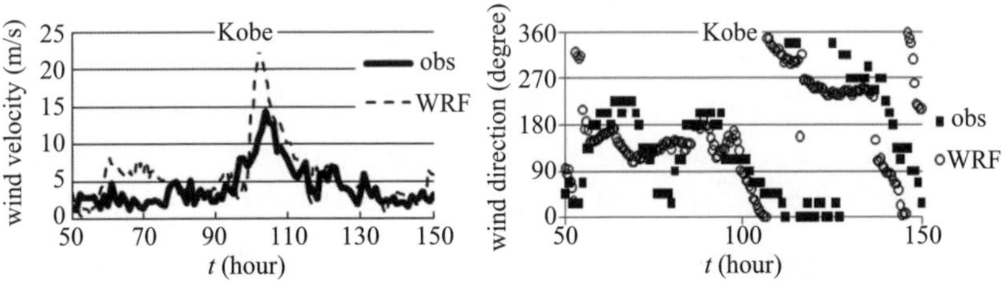

(a) Wind velocity　　(b) Wind direction

図 2.3　神戸における海上風の時系列の観測と数値計算結果の比較

れる。数値計算結果が大きくなるのは以下の原因による。神戸周辺海域は埋め立て地などが多く，海岸線が入り組み複雑に変化しているのに対し，計算では計算領域を矩形の格子に区切って計算する。その結果，数値計算ではこれらの複雑な海岸線を十分正確に表現することができないので，陸上と海上の計算領域にわずかな差が生じ，海上と地上の摩擦係数の差により，地表面近傍の風速が変化すると思われる。また，計算環境や計算時間の関係から，計算格子間隔を十分小さくすることができず，計算格子で実地形の正確な再現が困難である。さらに，観測風は神戸市背後の六甲山などの複雑な地形の影響を受け減衰するが，計算では地形の再現性から影響が少なく，風が強く計算されたと思われる。しかし，それ以外の風速の弱い時刻で両者を比較すると，概ね一致している。(b) 図の風向の比較では，両者はよく一致している。

以上より，局所的に観測結果と数値計算による予測結果にわずかな差が見られるが，台風通過時の風向，風速の時系列の比較結果から，WRF によるシミュレーションで概ね海上風の数値予測が可能である。

(3) 潮流の計算結果

潮流の数値計算に，海面付近の流れは風による吹送流が加わるので，風の影響を考慮した潮流の数値シミュレーションを行った。2.2.2 項で記述した WRF による海上風の数値計算結果を POM に逐次入力し，潮流の数値シミュレーションを行った。これにより，潮流に海上風による海面付近の吹送流が加わり，より一層現実的な潮流の再現が可能である。

計算領域は海上風と同じ大阪湾で行った。潮流の数値計算に必要な初期入力の計算データである大阪湾の水深は，海上保安庁水路部発刊のデータを用いた。計算格子間隔は東西，南北水平方向に 450 m × 450 m であり，格子数は 340 × 220 である。z 方向の格子数は 5 層で，σ 座標を使用のため水面付近の最上層の格子間隔は浅瀬を考慮し 5 m とした。計算領域における境界条件には，瀬戸内海西方側の高松および太平洋側南方の小松の観測で得られた潮位データと，台風接近時の WRF で得られた海上風の数値計算データを課した。計算は 2004 年 9 月 4 日 00 時から 2004 年 9 月 9 日 00 時までの 120 時間である。計算の初期条件は計算領域内の潮位および潮流の流速成分を静止状態に設定した。

大阪湾は平均水深が約 30 m であり，比較的浅い閉鎖海域である。大阪湾内の海水交換は南部の友ヶ島水道と，西部の淡路島と明石間の明石海峡で行われる。これらの海域は深く，最深部は 100 m に達する。海域は狭く，潮流は速い。図 2.4 に上げ潮時（a）および下げ潮時（b）の大阪湾全域の潮流の速度ベクトル分布を示す。大阪湾中央部の潮流は遅いが，明石海峡，鳴門海峡および友ヶ島水道の狭隘部では潮流が強くなっている。このように流れが速く狭い海域を航行中の船舶は，流れの影響による操縦性の低下により，衝突や乗り揚げの危険性が高くなる。潮流の長期観測を実施する地点はなく，さらに大阪湾全域の潮流の観測は観測点が多くなるので困難であり，実施されていない。その

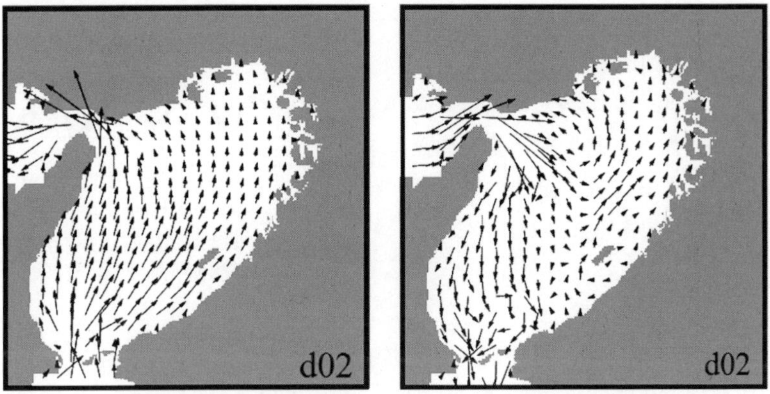

(a) Flood 2004-09-07 04:00 UTC　　(b) Ebb 2004-09-07 11:00 UTC

図 2.4　数値計算による大阪湾全域の潮流の流速分布

結果，観測と数値計算結果との比較は一般に困難である。図に示す大阪湾全域の潮流の流速分布を一定時間間隔で表示し，連続的にアニメーション表示すると，大阪湾全域の潮流が時々刻々変化する様子が把握できる。これらを見る限り，潮流は現実と同じ周期で時々刻々と変化しており，局所的に特異な流れもなく，図 2.4 は大阪湾全域の海面付近の流れを十分示していると思われる。航行船舶に与える潮流の影響の調査には，海面付近の表面流で十分であるが，潮流の計算は 3 次元で計算するため，一定水深の水平面上の流れ，海底付近の流れ，あるいは東西および南北方向での鉛直断面内の潮流分布なども表示可能である。閉鎖海域内の任意地点の潮流分布の表示は，海洋環境問題にとっては重要であり，用途に見合った表示ができる。

海上風を考慮することにより，台風通過時に強い南風が大阪湾に連吹したことから，海面近傍の潮流の海面付近に吹送流が加わり，流れがわずかだけ強まり，風を起因とする北向きの流れが表れている。

POM による潮流の数値計算を検証するために，図 2.5 に潮位の観測データと数値計算結果の時系列を示す。観測地は神戸である。潮流の場合，広範囲の流れの観測が少ないため，通常，潮位の比較によって潮流の数値シミュレーションの検定を行っている。観測と数値計算による潮位の変化がよく一致している。これにより，潮位の変化に伴う潮流の変化が追従できていることが予測できる。以上から,潮流による航行船舶の影響に重要である表面流の POM による大阪湾全域の潮流予測が概ね良好であることがわかった。

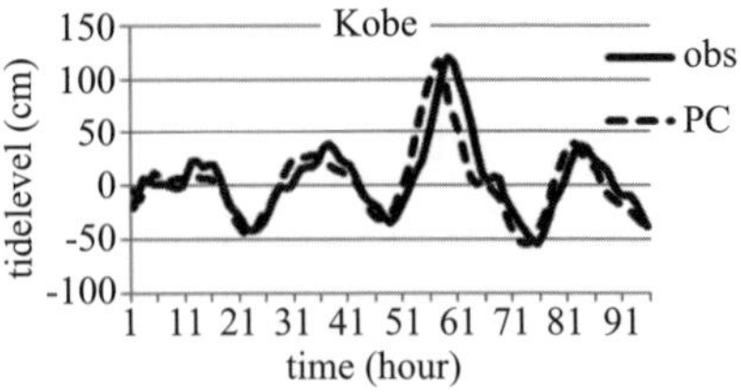

図2.5　神戸における観測および数値計算による潮位時系列の比較

(4) 波浪の計算結果

大阪湾を対象にSWANを用いた波浪予報の数値シミュレーションを行った。計算海域内の格子は一定格子間隔で $\Delta x = \Delta y = 500\,\mathrm{m}$，格子数 164×144 で行った。台風通過時の海上風による波浪生成の計算であるため，2.2.5(2) で示した WRF による大阪湾全域の海上風の数値計算結果を逐次入力値とした。波浪計算モデルは SWAN である。風浪のスペクトルは ITTC，うねりは JONSWAP スペクトルを用いた。

図 2.6 に WRF モデルによる風の数値シミュレーションから得られた，大阪湾の海上風に基づいた波浪の数値シミュレーション結果を示す。(a) 図は図 2.2 (a)，(b) 図は図 2.2 (b) で示す風場の，大阪湾内の波浪の計算結果である。左図は有義波高，右図は有義波周期を示す。(a) 図では，矢印は波向を示し，台風最接近時の大阪湾海上の強い南風により，湾奥に向かってしだいに波浪が発達している。(b) 図では，台風通過後の風速が弱まった西寄りの風により，吹送距離が長い大阪湾の湾奥部に高波域が見られる。有義波周期は高波高域で長くなる。

図 2.7 に台風接近時における，神戸港の波高の観測と数値計算結果との比較を示す。横軸が時刻，縦軸が有義波高である。台風が接近するに従い，海上風が強くなり，波浪はしだいに発達する。台風接近時には最も波浪が発達し，最大有義波高を示す。台風通過後，風はしだいに弱くなり，それに従って波浪は減衰し，有義波高は低くなる。数値計算結果はこれらの実観測結果の変化によく追従しており，両者はおよそ一致している。

以上から，SWAN による波浪の数値シミュレーションは大阪湾内の波浪の数値予報に十分対応できることがわかった。

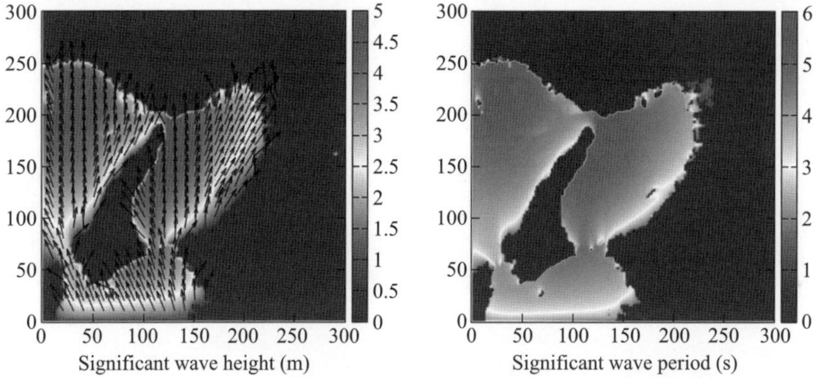

(a) At 09:00, Sept. 7, 2004

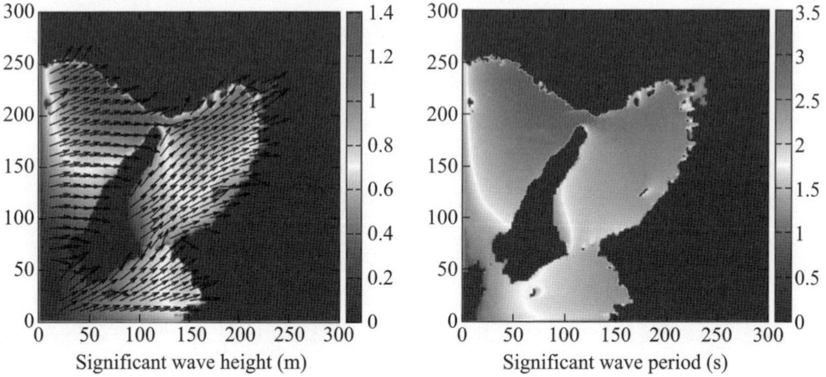

(b) At 20:00, Sept. 7, 2004

図2.6　大阪湾の波浪の数値計算結果

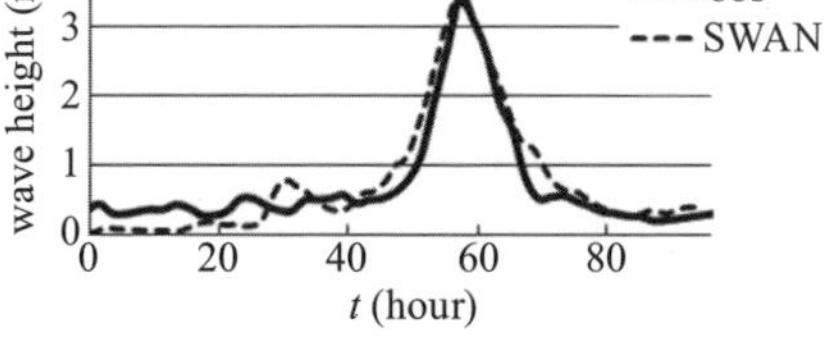

図2.7　神戸における波浪の時系列の観測と数値計算結果の比較

【参考文献】

1) 新谷哲也：気象モデル WRF を用いた湖上風の再現と波浪推算，水工学論文集，第 52 巻，(2008)，pp.1237–1242.
2) George L. Mellor：Users Guide for a Three-Dimensional, Primitive Equation, Numerical Ocean Model, http://www.aos.princeton.edu/WWWPUBLIC/htdocs.pom., (2004), p.56.
3) 小林智尚：波浪推算システムとその応用，2002 年度（第 38 回）水工学に関する夏期研修講義集，土木学会海岸工学委員会・水理委員会，(2002)，B-7-1, pp.7–20.

2.3　大洋海域

新興国の急速な経済成長により，国際海上輸送における船舶の必要性は年々高まっている。国際海上輸送に関する著しい発展の例として，シンガポール，香港，上海および釜山などの主要ハブ港を利用した国際海上輸送ネットワークが年々強化されていることを挙げることができる。

このような状況から安全かつ航海時間，燃料消費量に関して効率的な航海を行う方法の 1 つとして，ウェザールーティングを挙げることができる[1)]。ウェザールーティングを行うために，はじめに気象・海象モデルの計算を行い，次に気象・海象データを用いて船体運動モデルなどを計算し船速および耐久性などを評価し，最後に気象・海象および船体運動データを用いて航路探索モデルを計算し最適航路を選択する。今後，このようなさまざまな分野のモデルを統合したウェザールーティングシステムの構築を目指す。また，このシステムは，国際海上輸送に関する油流出モデル，排気ガス拡散モデルおよび物流モデルなどの計算のために，気象・海象データ提供のプラットフォームとしての役割を目指す。本節では，ウェザールーティングシステムのコンポーネントである気象・海象大規模予測計算の基礎的研究として，気象・波浪モデル大規模予測システムの土台を構築し，簡単なモデル設定であるが，その結果[2)]を報告する。

2.3.1　モデル計算概要

本研究では，海洋研究開発機構地球シミュレータセンターマルチスケールモデリング研究グループで開発された気象モデル MSSG-A（Multi-Scale Simulator for the Geoenvironment：Atmosphere component）を用いた。このモデルは，自然災害を中心とした気象・海象現象の再現および予測計算の精度を向上させることへの貢献を目指して，地球シミュレータで高解像度のシミュレーションを高速に実行できるようにプログラミングされており，完全圧縮 Navier-Stokes 方程式，非静力学バランスを解く。水平方向の座標系は Yin-Yang 格子による球面座標系，鉛直方向の座標系は Z*座標系である。Yin-Yang 格子により，通常の緯度経度格子のように極域において格子間隔が狭くなることを回避できるので，CFL（Courant-Friedrichs-Lewy）条件を緩和し気象モデルを高速に計算することができる（CFL 条件：モデルの格子間隔と現象の波動伝播速度より計算したモデル計算の時間ステップ）。また，全球における格子間隔の変化幅が小さくなるので，同程度の空間スケールで気象現象を計算することが期待できる。放射過程は CAM3 を用いた[3)]。気象モデルの詳細については過去の研究（たとえば Takahashi et al.[4)]）を参照されたい。

計算領域は全球であり，水平解像度 172.5 km，東西，南北および鉛直方向の格子数はそれぞれ 234，117 および 56 である。計算期間は 2010 年 6 月 25 日～ 2010 年 7 月 7 日（13 日間）であり，各日 3 日間の予測計算を行った。たとえば，2010 年 6 月 25 日 0 時から 3 日間予測計算を行い，次に 2010 年 6 月 27 日 0 時から同様に予測計算を行う。したがって，全計算期間（13 日間）において予測日毎（予測計算 1 日目～3 日目）のデータの日数は各々 13 日となる。そのデータを用いて後述する波浪モデルの計算を行った。このように別々にモデル計算を行った理由は，予測計算 3 日間程度では，気象・波浪間の相互作用は少ないと推察したからである。初期値は NCEP/NCAR（National Oceanic and Atmospheric Administration/National Centers for Environmental Prediction）Reanalysis（Kalnay et al.[5)]）の温度，相対湿度，風速，ジオポテンシャル高度，地表面温度などを用いた。

側面境界などを予測データ（例：気象機関から取得した予測データ）で緩和

させる領域モデルの予測計算のように，計算開始以降の本研究の全球モデルの予測計算は入力データの更新は行わないことに注意されたい。過去の気象データを考慮してモデルの値を修正するデータ同化を取り入れた気象モデルがあるが，本研究では過去のデータに依存せず，運動方程式に基づく予測計算を行った。

本研究では NOAA（National Oceanic and Atmospheric Administration）/ NCEP で開発された第 3 世代波浪モデル WAVEWATCH-III（以下，WW3）を用いた（Tolman[6)]）。嶋田他[7)] と同様に計算対象域は両極域を除く全球（南緯 77 度から北緯 77 度）である。水平解像度は緯度方向 1 度，経度方向 1.25 度である。波向分割数は 24 分割，周波数分割数は 25 分割（0.418 から 0.4114 Hz）である。波浪モデルの計算期間は気象モデルと同様である。気象モデルから 10 m 風速データ（1 時間毎）を用いて波浪モデルを計算した（出力間隔は 1 時間）。予測計算をするための波浪モデルの初期値は NCEP/NCAR Reanalysis（以下，NCEP）の 10 m 風速データを用いて波浪モデルをスピンアップさせた値を用いた。この波浪モデルの計算開始日は 2010 年 1 月 1 日，初期スペクトルは Fetch-limited JONSWAP（Hasselmann et al.[8)]，Tolman[9)]）を用いた（フェッチはモデルの水平解像度）。本研究の波浪モデル予測計算結果を全球規模で比較するために，前述した NCEP の 10 m 風速データを用いた波浪モデルの計算結果を用いた。

2.3.2　気象・波浪モデルの予測計算

MSSG-A および NCEP の風速を単純に比較するために，図 2.8 に 2010 年 6 月 25 日からの 3 日間予測計算した MSSG-A の風速，図 2.9 に同期間の NCEP の風速の分布を示す。MSSG-A と NCEP の風速は計算 1 日目および 2 日目ではよく対応している。計算 3 日目では日本東沖合，中南米西沖合において MSSG-A の風速が NCEP の風速よりも強くみられる。図 2.10 に MSSG-A の風速を用いて WW3 により計算した有義波高の分布を示す。全体的に風速が強い海域において有義波高が高い傾向を示し，有義波高は局所的な風に応答しやすいことがわかる。

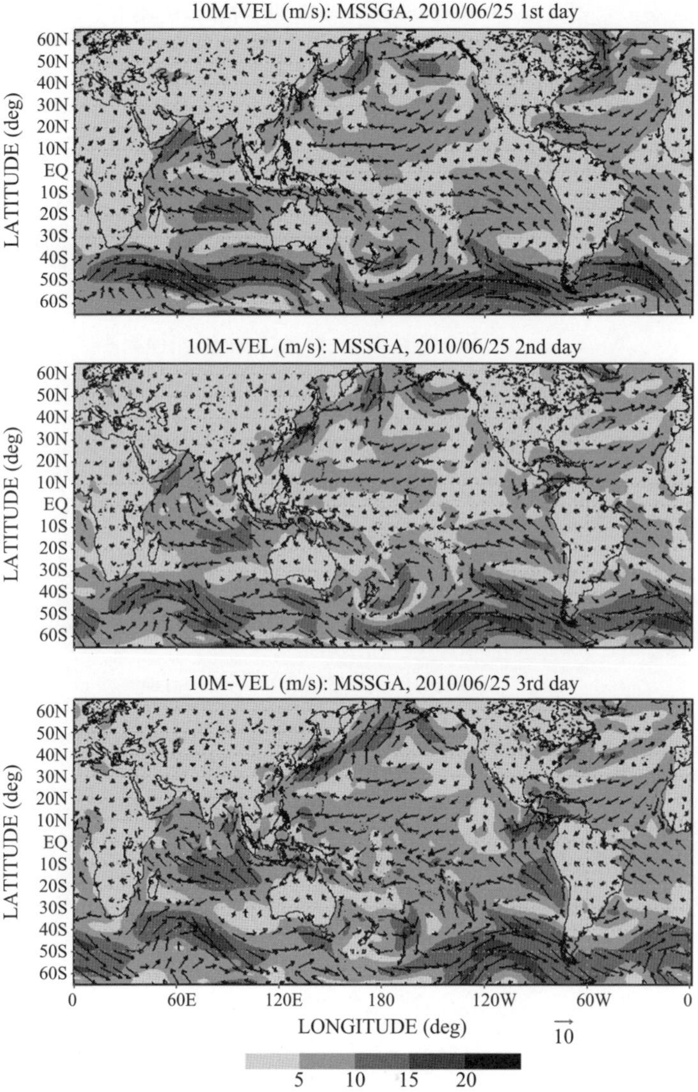

図2.8　MSSG-Aの海上10m風速日平均(m/s)
(上から予測計算1, 2および3日目)

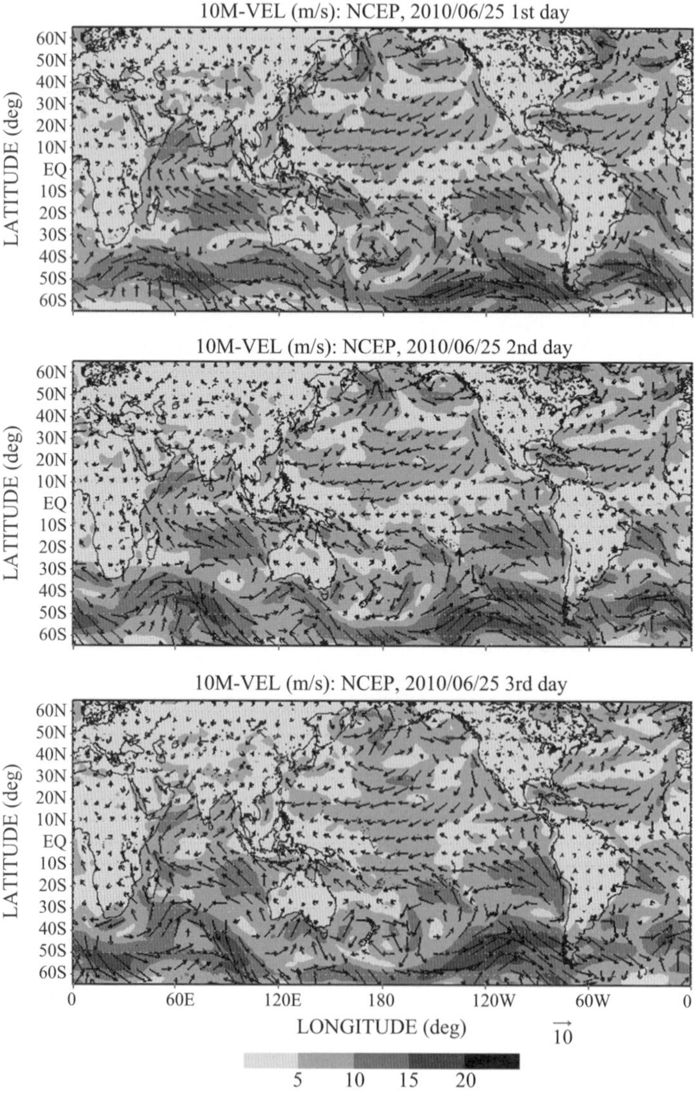

図 2.9　図 2.8と同じ(ただし，NCEP/NCAR Reanalysisの海上10 m風速)

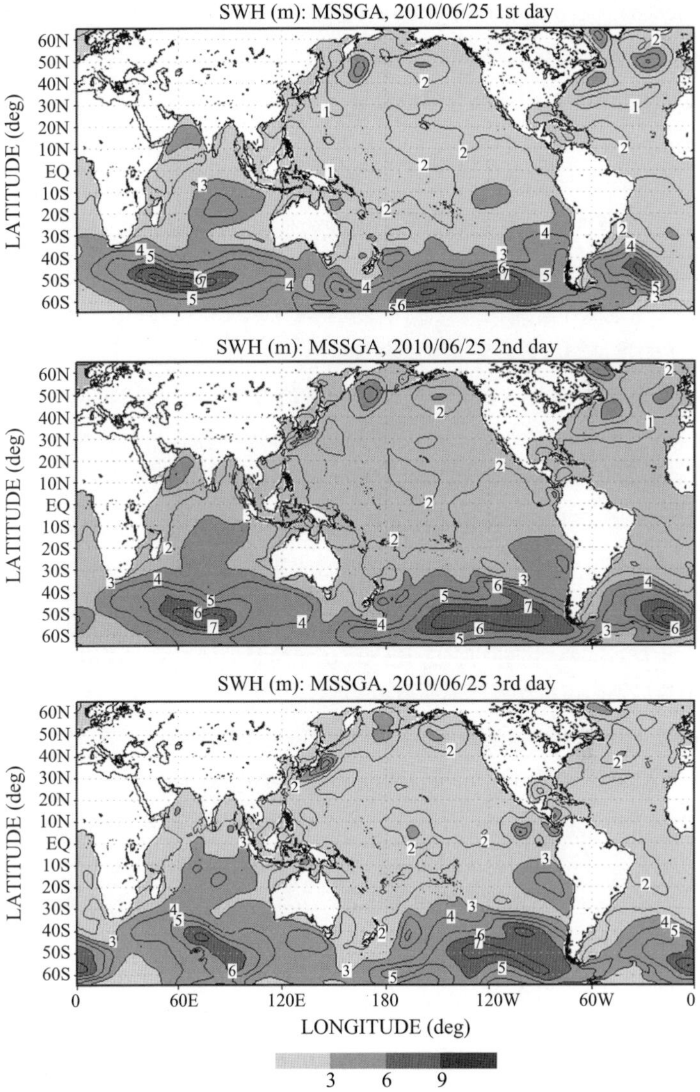

図2.10　MSSG-Aの結果を用いた日平均有義波高(m)
(上から予測計算1, 2および3日目)

MSSG-A の風速を用いた波浪モデル結果を NCEP の風速を用いた波浪モデル結果と単純に比較するために，図 2.11 に 2010 年 6 月 25 日からの 3 日間予測計算した MSSG-A の風速を用いた場合の有義波高と同期間 NCEP の風速を用いた場合の有義波高差の日平均の分布を示す。計算 1 日目ではカムチャツカ半島の南沖合，北大西洋北西部などを除いて有義波高差はほとんどない。計算 2 日目および 3 日目だと前述した海域の他に日本東沖合，太平洋・インド洋の赤道域，南太平洋の南部において有義波高差が顕著にみえる。しかし，計算 3 日目でも北太平洋東側，大西洋の亜熱帯海域などにおいて，有義波高差が 0.4 m 以下の海域がみられる。

全計算期間で MSSG-A の風速を用いた波浪モデル結果を NCEP の風速を用いた場合と比較するために，図 2.12 に計算日毎（各データ日数は 13 日）に MSSG-A を用いた場合の有義波高と NCEP の風速を用いた場合の有義波高の相関分布を示す。計算 1 日目は日本東沖合を除いて相関 0.8 以上の海域が多くみられる。計算 2 日目および 3 日目には日本東沖合および太平洋・大西洋熱帯域において相関が低い海域がみられる。しかし，計算 3 日目でも北太平洋東側，南太平洋，北大西洋北東部，南大西洋東側およびインド洋南部などのように相関 0.6 以上の海域が多くみられる。

両者の波浪モデル結果から有義波高について系統的な違いを調べるために，図 2.13 に MSSG-A を用いた場合の有義波高から NCEP の風速を用いた場合の有義波高差の分布を示す。計算 1 日目および 2 日目では，日本東沖合を除いてその差は顕著ではないが，計算 3 日目では，相関分布（図 2.12）のように相関が低い海域あたりでその差が顕著にみられる。しかし，計算 3 日目でも北太平洋東側，南太平洋，大西洋およびインド洋などのように，その差が 0.4 m 以下の海域が多くみられる。

両者の波浪モデル結果から有義波高について標準的な違いを調べるために，図 2.14 に MSSG-A を用いた場合の有義波高から NCEP の風速を用いた場合の有義波高差の標準偏差の分布を示す。計算 1 日目および計算 2 日目では，日本東沖合などを除いて標準偏差が大きいが，計算 3 日目では，相関分布（図 2.12）および有義波高差（図 2.13）のように，相関が低く有義波高差が大きい海域あたりで標準偏差が大きくみられる。しかし，計算 3 日目でも中南米東沖

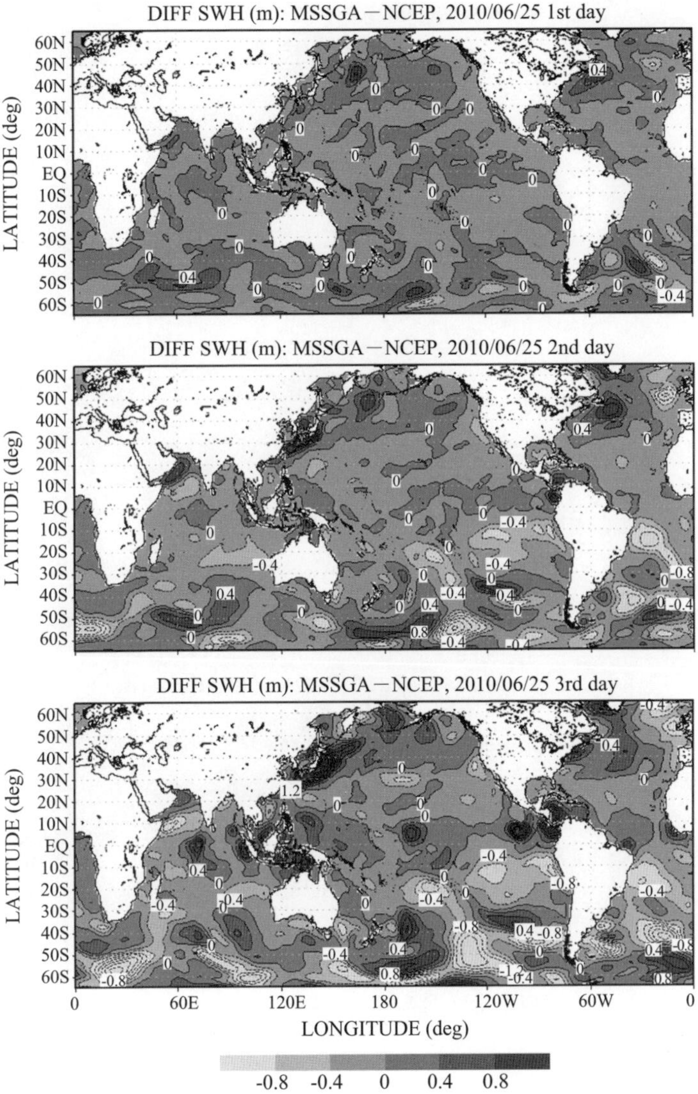

図2.11　MSSG-Aの結果を用いた有義波高とNCEP/NCAR Reanalysisを用いた有義波高の日平均有義波高差（上から予測計算1, 2および3日目, 等値線間隔＝0.4 m）

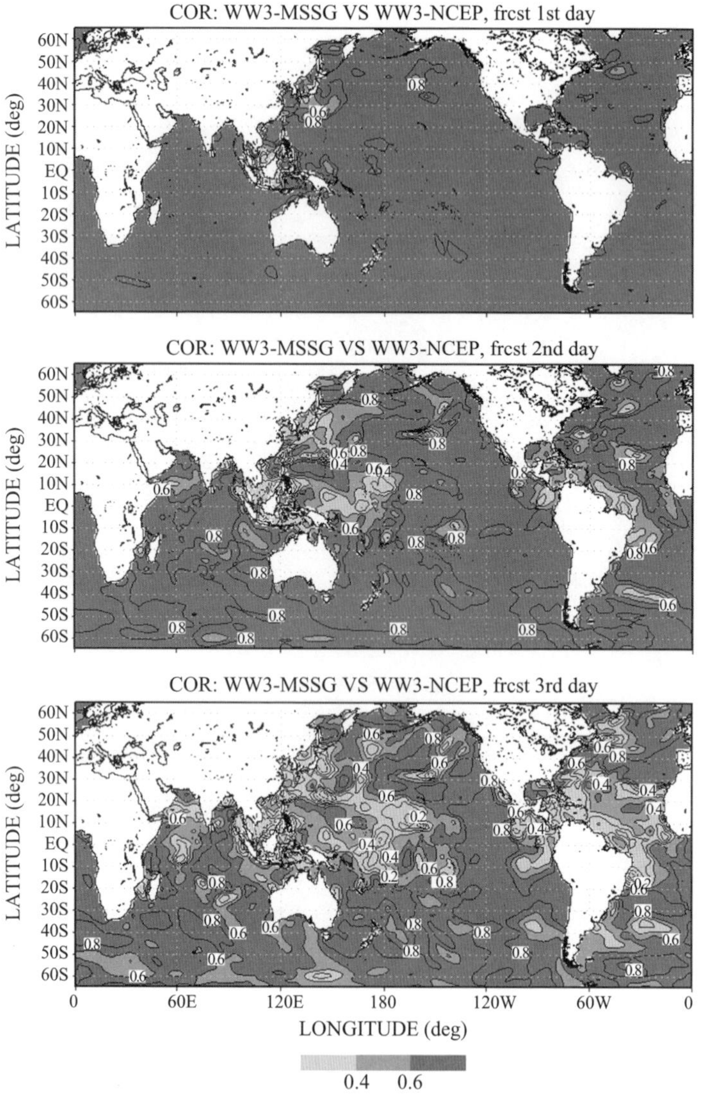

図2.12　MSSG-Aの結果を用いた有義波高とNCEP/NCAR Reanalysisを用いた有義波高の相関（上から計算期間中の予測計算1, 2および3日目, 等値線間隔＝0.2 m）

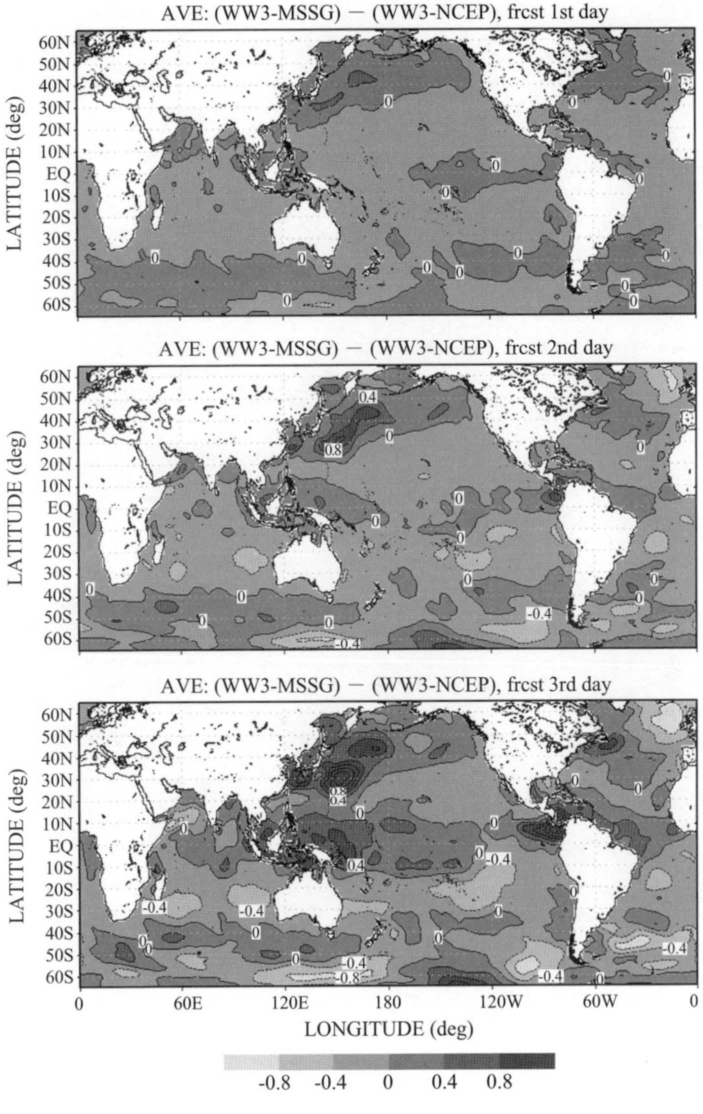

図 2.13　図 2.11と同じ（ただし，計算期間中の予測日毎の日平均有義波高差）

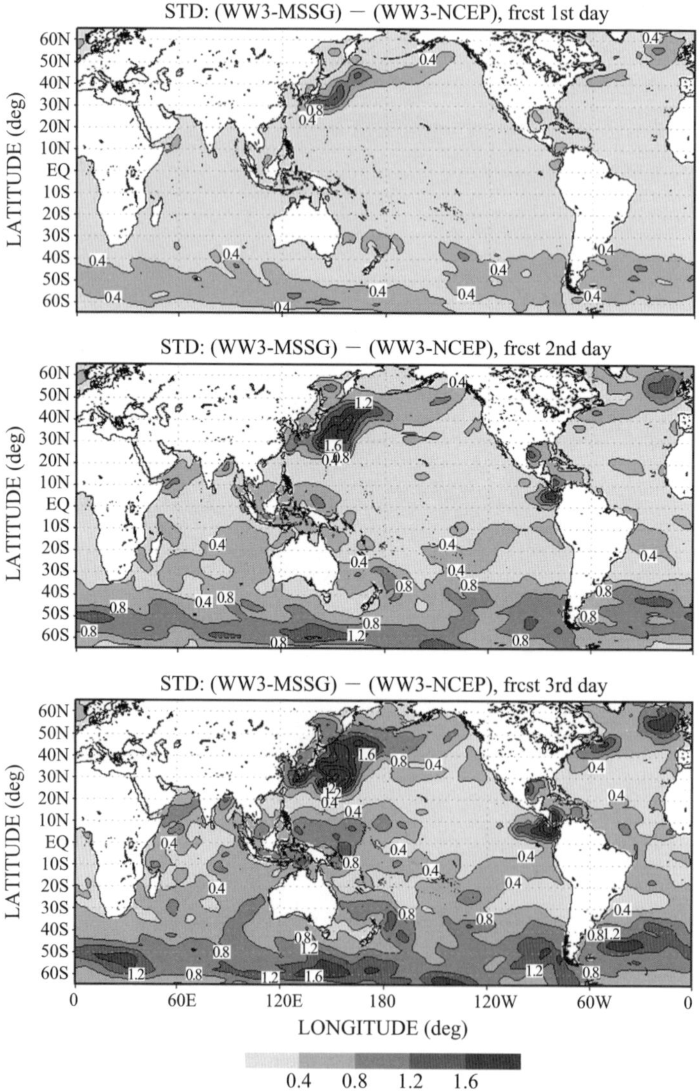

図2.14　MSSG-Aの結果を用いた有義波高とNCEP/NCAR Reanalysisを用いた有義波高の標準偏差（上から計算期間中の予測計算1, 2および3日目, 等値線間隔＝0.4 m）

合を除く太平洋東側，高緯度を除く北大西洋，南大西洋東側およびインド洋中央部などのように，標準偏差が 0.4 m 以下の海域が多くみられる。

2.3.3　まとめ

モデル領域の境界を気象機関（たとえば ECMWF：European Centre for Medium-Range Weather Forecasts）の予測値で緩和した領域気象モデルの予測計算は多々あるが，これはモデル境界値の依存度が大きく，実際の予測計算とは言い難い。このような予測計算は上記の予測値を再解析値に変更した場合，再現計算となり（たとえば曽田他[9)]），入力データが再解析値あるいは予測値であるかを除いて両者の計算過程は同じである。また，気象機関の気象データセットを領域気象モデルの境界値および初期値とした領域モデルの結果がデータセットとほとんど変わらない可能性があり，領域気象モデルの構築が研究の主目的の場合，学術的および実用的な意味が乏しくなる。一方，計算開始以降の入力データの更新はなく，気象モデルおよび波浪モデルについて全球規模の予測計算の構築は，気象庁（全球波浪数値予報モデル GPV）など世界主要国の気象機関で行われているようであるが，本研究のように独自で全球規模の気象・海象予測計算システムの構築はみられない。そのために，国際海上輸送に注目したあらゆる海域における気象・波浪の予測データを迅速に自由自在に出力することができる。その一方，気象機関などで提供される予測データでは，その時間間隔（6 時間間隔のデータが多い）および空間解像度などで自由に対応できない。それゆえ，本研究の国際海上輸送のための気象・波浪大規模予測計算の構築は新規性があると考えられる。

本研究では，ウェザールーティングシステムのコンポーネントである気象・波浪大規模予測計算の基礎的研究として，気象・波浪モデルの大規模予測システムの土台を構築し，気象・波浪モデル予測計算の一部を説明した。代表的な再解析データである NCEP および ECMEF の風速は，さまざまな観測データをデータ同化させたモデル計算の結果であり，観測値とよく対応するという報告がある（たとえば，NCEP では笠原他[10)]，ECMWF では Suzuki[11)]）。一方，異なる再解析風速データ（NCEP および ECMWF）を用いた北太平洋における

WW3の計算結果は日本東沖合を除いて観測点の値とよく対応するという報告がある（嶋田他[12)]）。それゆえ，本研究の波浪モデルの結果を全球規模で検証するために，NCEPの風速を用いた波浪モデルの結果と比較することは妥当と思われる。

以上のことから，NCEPの風速を用いた波浪モデルの結果が観測値に近いと仮定すると，MSSG-Aを用いた場合の有義波高からNCEPの風速を用いた場合の有義波高差の平均は平均誤差，その有義波高差の標準偏差はRMSE（Root Mean Square Error，2乗平均平方根誤差）を意味する。この仮定から判断すると，気象・波浪モデルの解像度が低いにもかかわらず，本研究における3日間程度の予測計算は海域によって運航に有益な気象・海象情報を提供できる可能性を示した。3日程度の予測計算期間は，太平洋など国際海上輸送航路における全航海期間よりも短いが，航海中の低気圧などの回避，入港前の沖待ち時間の削減，そして，油流出および貨物の落水事故による被害状況の把握（風圧流などの計算に必要）のように，多様な面で国際海上輸送に貢献できると考えられる。

しかしながら，日本東沖合，熱帯域および太平洋・大西洋西側では本研究における予測計算3日目でNCEPの風速を用いた場合の波浪モデルの結果との差が顕著にみられる。そのような海域は主に沿岸域周辺から発生しているので，その原因は気象モデル解像度が粗いこと，モデルの陸・海の境界面におけるデータの精度が低いことが挙げられるかもしれない。今後は，長期的に予測計算（3日程度）を行ってモデルの検証を行い，その一方，気象・海象モデルのさらなる高精度な予測計算を目指すために高解像度化，高精度な初期値データの作成などを行う予定である。さらに，海洋モデルを用いて，表層流速および表面水温などを気象・波浪モデルに入力し気象・海象の相互作用を考慮した予測計算を行う予定である。

【参考文献】

1）ウェザー・ルーティング研究グループ：ウェザー・ルーティング ―気象情報に基づく最適航法―，pp.281，成山堂書店，1992.

2）嶋田陽一・高橋桂子・塩谷茂明: 国際海上輸送のための気象・波浪大規模予測シス

テムの構築航海シミュレーション，日本航海学会論文集，Vol.127，pp.197–203，2012.

3）William D. Collins, Philip J. Rasch, Byrona A. Boville, James J. Hack, James R. Mccaa, David L. Williamson, and Bruce P. Briegleb: The Formulation and Atmospheric Simulation of the Community Atmosphere Model Version 3 (CAM3), Vol.19, No.1, pp.2144–2161, 2006.

4）Takahashi, K., X. Peng, K. Komine, M. Ohdaira, K. Goto, M. Yamada, H. Fuchigami, T. Sugimura: Non-hydrostatic atmospheric GCM development and its computational performance, Use of High Performance computing in meteorology, Walter Zwieflhofer and George Mozdzynski Eds., World Scientific, pp.50–62, 2005.

5）Kalnay, E., M. Kanamitsu, R. Kistler, W. Collins, D. Deaven, L. Gandin, M. Iredell, S. Saha, G. White, J. Woollen, Y. Zhu, M. Chelliah, W. Ebisuzaki, W. Higgins, J. Janowiak, K. C. Mo, C. Ropelewski, J. Wang, A. Leetmaa, R. Reynolds, R. Jenne, and D. Joseph: The NCEP/NCAR 40-Year Reanalysis Project, *Bull. Amer. Meteor. Soc.*, Vol.77, No.3, pp.437–470, 1996.

6）Tolman, H. L.: User manual and system documentation of WAVEWATCH-III version 2.22., NOAA/NWS/NCEP/OMB, Tech. Note 222, 133pp, 2002.

7）嶋田陽一・塩谷茂明・高橋桂子：異なる再解析データを用いた波浪モデルの比較—北太平洋—，日本航海学会論文集，Vol.126，pp.245–253，2012.

8）Hasselmann K., T. P. Barnett, E. Bouws, H. Carlson, D. E. Cartwright, K. Enke, J. A. Ewing, H. Gienapp, D. E. Hasselmann, P. Kruseman, A. Meerburg, P. Mller, D. J. Olbers, K. Richter, W. Sell, and H. Walden: Measurements of wind wave growth and swell decay during the Joint North Sea Wave Project (JONSWAP), Deutsche Hydrogr. Zeit., Reihe Vol.A8, No.12, 95pp, 1973.

9）曽田泰介・塩谷茂明・大澤輝夫・牧野秀成：航海シミュレーションのための海上風及び波浪の数値計算，日本航海学会論文集，Vol.124，pp.119–127，2011.

10）笠原実・轡田邦夫・青木邦弘・武田諭：衛星散乱計データを用いた全球洋上における海上風／海面応力格子プロダクトの作成及び精度検証，東海大学紀要海洋学部，「海 —自然と文化」，Vol.1，No.1，pp.79–92，2003.

11）Suzuki, Y.: Development and application of a global ocean wave prediction model including nonlinear interactions and dissipation. Dr. Thesis, University of Tokyo, pp.182, 1995.

第3章　航海と最適航法

3.1　はじめに

海上輸送を担う航海中の船舶は，常時気象・海象の影響下にあり，船舶操縦性能，推進性能などが変化する。とくに，荒天時には，強風および高波の影響を受け，Rolling，Pitching などの船体の大きな動揺，船首冠水，船底集中加重および転覆などの危険に絶えず遭遇し，船舶の安心・安全に強く影響する。船舶の大きさ，船種および積み荷，さらに船体の老齢化などにより，個々の船舶にとって，耐航性および推進性能が変化する。また波浪や風の影響は波向および風向と船首方位との相対方向によっても異なり，状況次第では海難の危険に遭遇することがある。したがって，個々の船舶に対し，たとえば危険状況になる船体動揺の閾値があり，それを超えると船体および貨物の危険度が高くなり，避航操船を行う。この避航判断は海上風および波浪の気象・海象の実況から行われる。もし，気象・海象状況から船体動揺などの予測が可能になれば，事前に避航操船の判断が容易になる。

また，静穏海域の航行時においても，海流や潮流の影響を受けることがある。潮流や海流などの流れを認識しないで航行し，流れの影響から横流れにより浅瀬に乗り揚げた海難例もある。他方，流れに対して航行船舶が順流の場合，流れの速度分だけ船速が加速されるが，逆流の場合は減速される。船速の増減は直接的に燃料消費量に関係するので，燃料費などの経済性に直接影響する。近年，石油枯渇の懸念から，燃料費は上昇傾向にあり，今後，燃料消費量の節減は極めて重要である。この場合にも，海流や潮流をうまく利用することにより，経済的な運航が可能である。潮流や海流の予測ができると，経済的運航を図ることのできる航海計画の立案が可能になる。

このように，航海中の船舶に対して気象・海象の実況および予報が精度よくできると，輸送の安心・安全の確保が可能になるだけでなく，波浪中の抵抗増加に伴う速力低下および横流れなどによる設定計画航路からの船位の偏位などが原因で航程距離が長くなり燃料消費量が増加することを防ぐこともできる。

とくに，航行船舶にとって，航路からの偏位や速力低下の把握は，省エネ運航および最適航法の面から重要である。また，気象・海象の影響の効率的な利用により，燃料費節減も可能であるため，航行海域周辺およびこれから航海しようとする海域の気象・海象の的確な把握は極めて重要である。さらに，これらの影響下の船位を逐次正確に予測可能なシステムの構築は，ウェザールーティングにとって重要である。

これまでウェザールーティングに関する研究は，大洋航海中の船舶に対し，James をはじめ多数実施されている[1)]。大洋航海中では，気象・海象のデータは気象庁や NOAA などから提供された既存データを利用している。しかし，沿岸海域航行船舶の場合，地形が複雑であり，水深の変化が著しい湾内や沿岸海域では，気象・海象が地形の影響などにより複雑に変化する。そのため，気象・海象の予測に，詳細な数値計算が要求される。これを克服するには，数値計算の解像度などを自由に設定・変更できる，自前で気象・海象の予測が可能な数値計算モデルが必要である。このように，ウェザールーティングにおいて，航行中に障害物などがほとんどない大洋航海の場合と，地形が複雑であり気象・海象の時間的・空間的変化が大きな沿岸海域航海の場合で，対処法が異なる。大洋航海中の場合，地球規模の数値計算により得られた詳細な気象・海象の変化は比較的緩やかであるため，最適航法は船体運動などの安全性を考慮して比較的容易である。しかし，沿岸海域の場合，陸地と海が入り組んだ地形と複雑に変化する気象・海象のなかでの最適航法には，船位を時々刻々，詳細に精度良く予測するシステムの構築が必要である。正確な船位予測が可能になると，浅瀬の避航や潮流および海流などの流れの有効利用が可能となり，海難防止および高度な沿岸域のウェザールーティングシステムが構築できる。このように，沿岸海域航行船舶の高度な船位決定を行うシステムを数値ナビゲーションシステムと称する。

本章では，気象・海象のなかで，とくに船舶の航海に影響を与える海流および潮流，海上風および波浪の詳細な数値予報において，これらの影響下における船位を精度良く予測可能なシステムを，大洋航海と沿岸海域航海に分けて紹介する。

【参考文献】

1) Richard W. James: Application of Wave Forecasts to Marine Navigation, Special Publication, U. S. Navy Hydrographic Office, Washington, D. C., (1957), p.74.

3.2 数値ナビゲーションシステム

3.2.1 船舶操縦性能モデル

航行船舶は絶えず気象・海象の影響下にある。とくに，海上風，波浪および潮流の影響を受け，設定航路からの偏位や速力が増減する。その結果，浅瀬に乗り揚げる海難や，船速低下による燃料消費量の増加による経済的損失を招くことがある。このように，気象・海象の影響を考慮した正確な船位予測は，通常の航海やウェザールーティングシステムの構築に極めて重要である。もし，正確な船位予測が可能になれば，沿岸海域の航海において，たとえば狭水道などの狭隘な海域を航行中に，横流れ量が最小になるように，正確に計画航路に沿った操船も可能である。

本節では，2.2 節に示した気象・海象の数値シミュレーション下における，航行船舶の正確な船位を予測する手法について説明する。ここでは，通常利用されている操縦運動数学モデル（MMG モデル）を適用した[1]。MMG モデルとは日本造船学会試験水槽委員会第 2 部会によって開発された，船舶の操縦運動を運動方程式に基づいて流体力学的に計算するための数学モデルである。

図 3.1 に船舶操縦性能を表す座標系を示す。MMG の空間固定座標 (x_0, y_0, z_0) と船体固定座標 (x, y, z) の関係を示す。船舶の操縦性能の評価は船体固定座標系で実施されるので，空間固定座標系を船体固定座標系に変換する。

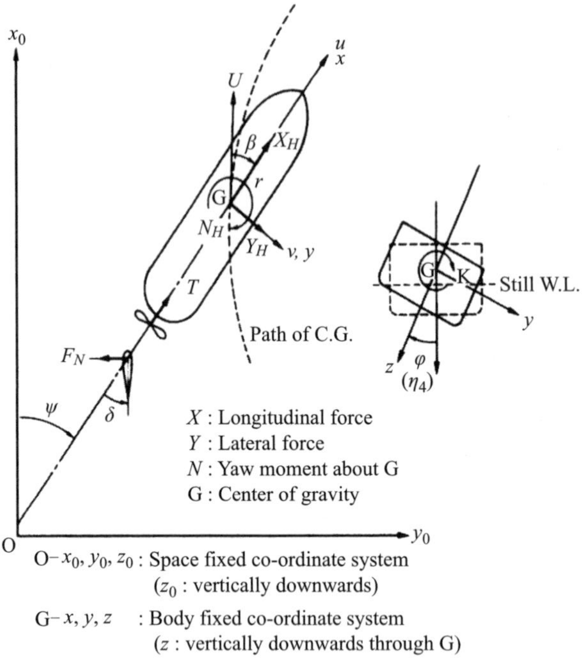

図 3.1　船舶操縦性能の座標系

空間固定座標系を船体固定座標系に変換後の船体運動方程式は次式で表される。

$$
\begin{aligned}
(m + m_x)\dot{u} - (m + m_y)vr &= X \\
(m + m_y)\dot{v} + (m + m_x)ur &= Y \\
(I_{zz} + J_{zz})\dot{r} &= N
\end{aligned}
\tag{3.1}
$$

ここに，m は船体の質量，m_x は x 軸方向の付加質量，m_y は y 軸方向の付加質量，I_{zz} は z 軸回りの慣性モーメント，J_{zz} は z 軸回りの付加慣性モーメント，u，v，r はそれぞれ船速の x 方向と y 方向の速度成分および z 軸回りの回頭角速度，X，Y は x 軸，y 軸方向の流体力で各軸方向の船体に働く外力であり，N は重心回りの回頭モーメントである。

本研究の MMG では船全体に働く流体力を，船体，プロペラ，舵，風，波などのそれぞれ単体に働く成分に分離して，次式で表す。

$$X = X_H + X_P + X_R + X_A + X_W$$
$$Y = Y_H + Y_P + Y_R + Y_A + Y_W \tag{3.2}$$
$$N = N_H + N_P + N_R + N_A + N_W$$

添え字の H，P，R，A，W はそれぞれ船体（Hull），プロペラ（Propeller），舵（Rudder），風（Air），波（Wave）を示している。

風による力 X_A，Y_A，N_A は次のように表される。

$$X_A = \frac{\rho_A}{2} V_A^2 A_T C_{XA}(\theta_A)$$
$$Y_A = \frac{\rho_A}{2} V_A^2 A_L C_{YA}(\theta_A) \tag{3.3}$$
$$N_A = \frac{\rho_A}{2} V_A^2 L A_L C_{NA}(\theta_A)$$

ここに，ρ_A は空気の密度，θ は相対風向，V_A は相対風速，A_T は船体水線上正面投影面積，A_L は船体水線上側面投影面積，C_{XA}，C_{YA}，C_{NA} は風圧力係数である。本研究では対象船舶の風圧力係数の推定に藤原の式を用いた[2)]。

波浪による力 X_W，Y_W，N_W は次式のように表される。

$$X_W = \rho g h^2 B^2 / L\, \overline{C_{XW}}(U_0, T_V, \chi - \psi_0)$$
$$Y_W = \rho g h^2 B^2 / L\, \overline{C_{YW}}(\omega_0, \chi - \psi_0) \tag{3.4}$$
$$N_W = \rho g h^2 B^2 / L\, \overline{C_{NW}}(\omega_0, \chi - \psi_0)$$

ここに，ρ は海水の密度，g は重力加速度，h は入射波の振幅，$\overline{C_{XW}}$，$\overline{C_{YW}}$，$\overline{C_{NW}}$ は規則波中における波漂流係数を用いた短期予測の平均値，T_V は平均波周期，$\chi - \psi_0$ は相対的な波向である。

波浪中の船体にかかる定常力 X_W，Y_W，N_W の推計は RIOS による短期応答を用いて行った[3)]。RIOS とは実海域船舶性能研究イニシアティブ（The Research Initiative on Oceangoing Ships）の略称であり，大阪大学大学院工学研究科地球総合工学専攻船舶海洋工学コースに設置された，実海域での船舶性能の向上と，船舶性能の評価手法に関する研究開発拠点である。

船舶が実海域を航行するときの船舶性能の向上と，船舶性能の評価手法を確立することにより，世界の船舶の性能評価法を一新することを目的としている。対象船舶の船体主要目，船図データ，船体断面形状データを入力し，船速，波向，λ/L（波長/船長），波スペクトルを計算条件で指定して周波数応答関数の計算を行い，波浪定常力（抵抗増加，定常横力，定常回頭モーメント）を得る。そして周波数応答関数から実海域における波浪スペクトル，海象条件（有義波高，平均波周期，相対波向）を入力して短期予測計算を行い，波浪定常力の平均値を求める。

潮流の影響は潮流と共に移動する座標系として考え，船体に働く流体力に次式を用いた。

$$
\begin{aligned}
X_H &= \frac{\rho}{2}LdU^2(X'_{vv}v'^2 + X'_{rr}v'^2 + X'_{vvvv}v'^4 + X'_{rrrr}v'^4) - R \\
Y_H &= \frac{\rho}{2}LdU^2(Y'_v v' + Y'_r r' + Y'_{vvv}v'^3 + Y'_{vvr}v'^2 r' + Y'_{vrr}v' r'^2 + Y'_{rrr}r'^3) \\
N_H &= \frac{\rho}{2}L^2dU^2(N'_v v' + N'_r r' + N'_{vvv}v'^3 + N'_{vvr}v'^2 r' + N'_{vrr}v' r'^2 + N'_{rrr}r'^3)
\end{aligned}
\tag{3.5}
$$

ここに，ρ は海水密度，L は船長，d は喫水，U は船速，$v' = v/U$，$r' = rL/U$，R は船体抵抗，$Y'v, \cdots$ などは各種流体微係数である。

3.2.2　数値ナビゲーションシステム

気象・海象を数値計算で予測し，そのなかを航行する船舶の船位を逐次数値計算で予測し，輸送の安心・安全を図るシステムを構築した。このように，航海のすべてを数値計算で予測する手法を，数値ナビゲーションシステムと称した。

実船舶を対象に数値ナビゲーションシステムの検証を行った。供試船は神戸大学大学院海事科学研究科附属練習船「深江丸」である。表 3.1 に深江丸の主要項目，図 3.2 に一般配置図を示す。深江丸は主に大阪湾，瀬戸内海および四国地方の周辺沿岸海域を航行海域とし，1 日～1 週間程度の学生の操船実習および海事に関する研究航海に利用されている。

深江丸を用い，実海域における気象・海象のなかで，とくに海上風，潮流および波浪中の船舶への影響調査を実施した。潮流の影響調査では，潮流の強さが顕著であるが，海上風や波浪の影響が比較的弱い海域を選定する。その海域内を一定速力で，潮流の流向が船首方位と相対角度を維持したまま，一定時間

表3.1　深江丸の主要項目

L.O.A.	49.95 (m)
L.P.P.	45 (m)
B. Mld.	10 (m)
Draft	3.2 (m)
Gross T.	449 (ton)
Max. Speed	14.28 (kt)
Steering Eng.	3.7 (kW)
Bow Thruster	79 (kW)
Stern Thruster	70 (kW)
Main Eng. Output	1100 (kW)
Revolution	720 (rpm)
Reduct. Ratio	1/2.208
Propeller	4 (C.P.P. Blades)
P. Dia.	2.1 (m)
P. Pitch at 21.21°	1.792 (m)

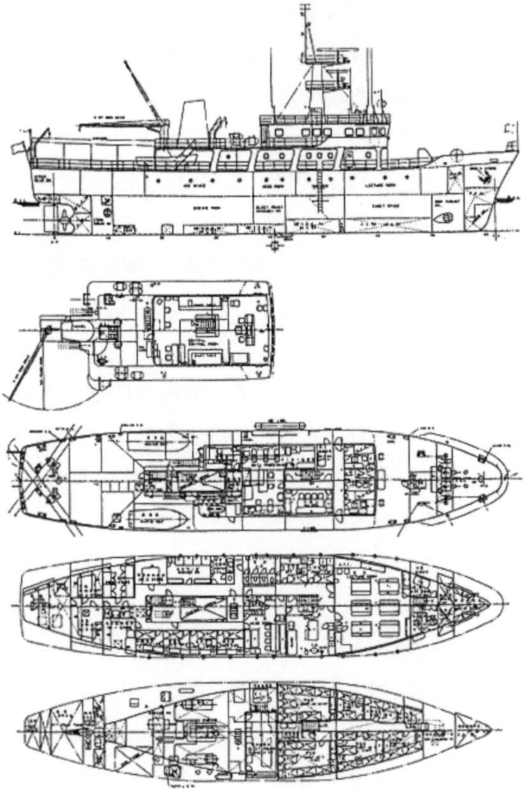

図3.2　深江丸の一般配置図

だけ航行する。航行中に，海上風，船速および船位などを逐次求める。これらのデータから潮流の影響を受けた状況下での航跡を求めてプロットし，同じ航海時間だけ当初設定した針路で，潮流がない状況で航走したと仮定した場合の航跡と比較する。両者の航跡差から，潮流の影響による船速の変化量および横流れ量を求めた。これらの過程を，潮流と船首方位との相対角度を30°毎に変えた航走実験を繰り返し，相対角度に対する船速変化量と横流れ角度を実験的に求めた。同時に，MMGを用いた航跡の理論的推定の計算結果と実計測結果との比較から，MMGによる船位推定の精度検証を行った[4),5),6)]。

実験海域は瀬戸内海来島海峡西方の安芸灘北部である。海域は強い潮流で有名な来島海峡に隣接し，潮流が比較的速く，船舶の潮流による影響実験の目的に適した海域である。実験当日は大潮の直前でもあり，強い潮流を示した。潮流は船舶搭載用のドップラー流速計で水深2mにおける流速と流向を，船位はDGPSで計測した。実験海域は瀬戸内海の要衝にあり，船舶の輻輳度が高く，実験中一定保針状態での長時間の航走は容易でないため，1ケースの計測時間を5～15分程度とした。船首方位と潮流の流向との相対流向は30°毎に設定した。実験中，船舶に対する風圧影響も考慮するために，風速風向の計測も同時に行った。

実験当時，風は比較的弱く，海面は穏やかであった。その結果，風および潮流の合成の流体力を考慮した場合と潮流のみのシミュレーション結果に顕著な差が見られなかった。このことは実験当時の風速程度では航行船舶の風圧影響が小さいことを示す。

図3.3は潮流の相対流向に対する実験とシミュレーションによる数値計算の横流れ量を示す。横軸は船首方向に対する潮流の相対流向，縦軸は横流れ量を角度で示している。本研究で横流れ量とは，推定針路と実験あるいはシミュレーションによる航跡との交角を絶対値で定義した。シミュレーション計算結果では，潮流と風とを考慮した計算値と，潮流のみの計算値には大きな差が見られないので，船舶に与える風圧影響は小さい。実験値とシミュレーション結果を比較すると，潮流の相対流向が船首尾方向になると両者の航跡はよく一致するが，船体の横方向からの流れの場合，シミュレーション結果の方が幾分横流れ量が大きくなる。

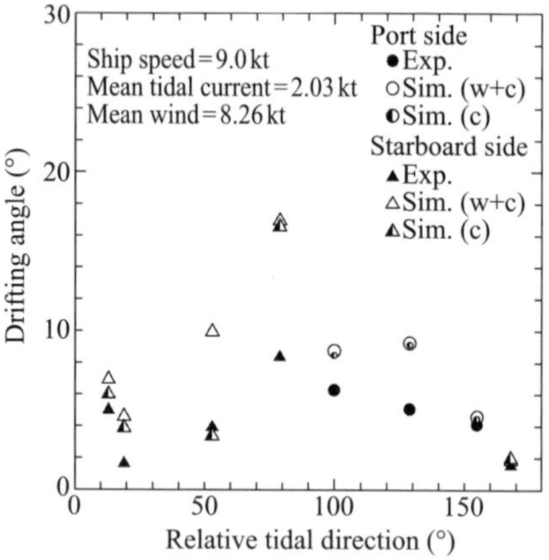

図3.3　深江丸の潮流による実験と計算横流れ量の比較（安芸灘）

図 3.4 は安芸灘北部の実験における潮流の相対流向に対する航走船舶の実験およびシミュレーションによる航程を示す。横軸は船首方向に対する潮流の相対流向，縦軸は各航程を風と潮流のない場合の推測航跡から求めた航程で無次元化している。実験とシミュレーション結果を比較すると，潮流の流向が船体の正横方向では，両者はほとんど一致するのに対し，船首尾方向では，ごくわずかだけ実験値の方が小さい。しかし，全体的に両者は概ね一致していることがわかった。

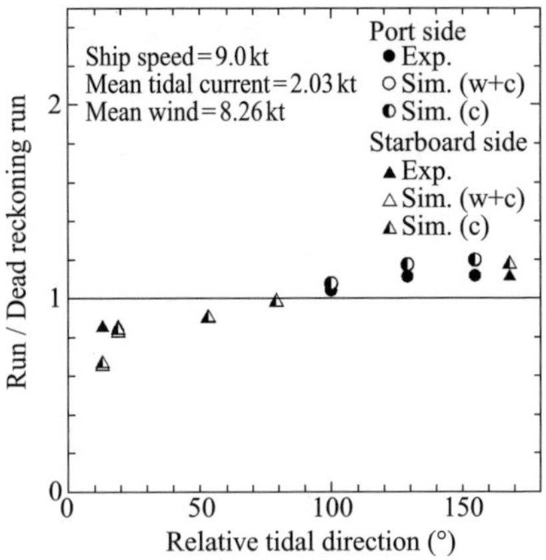

図 3.4　深江丸の潮流による実験と計算航程の比較（安芸灘）

これらの実海域における実船を用いた実験結果をまとめると，MMG による潮流の影響による船位推定法が概ね有効であることがわかった。

また，風の影響による船速変化と船舶横流れ量について，潮流の影響実験と同様の方法で，深江丸を用いた実海域での調査実験を行った[7),8),9)]。

実験海域は瀬戸内海小豆島東方の播磨灘西部である。実験は九州西岸に大型で強い台風 16 号の接近時および通過後に実施したので，比較的強い風速を示した。また，実験はできる限り潮流の影響が少ない海域および時間帯を選んだ。

供試船舶の針路に対する相対風向を 30° ずつ変え，船速 9.0 ノットで航走し，船速および船位を逐次計測した。同時に，風向，風速，潮流の流速，流向，針路，船速などの動的航海情報も計測した。これらの計測データを船内 LAN を介して収集・処理を行う航海情報収集システムにより，サンプリング間隔 0.5 s 毎に保存した。風は船舶搭載の通常の風車型自記風向風速計で，船位は DGPS で計測した。実験海域は瀬戸内海の要衝にあって，船舶の輻輳度が高いため，安全性の確保から，一計測時間を 5～15 分程度とした。相対風向の設定は風向の変動から必ずしも 30° 毎の設定どおりではない。

図 3.5 に相対風向に対するシミュレーションの横流れ量を示す。横軸は船首方向に対する相対風向，縦軸は横流れ量を角度で示している。分布が散布しているのは，全実験中の平均風速は 18.8 ノットであるが，各計測時の平均風速にばらつきが見られたので，それが計算結果に反映したものと思われる。相対風向が船首尾方向では横流れ量は微小であるが，船体横方向では増加し，最大 1.5° 程度になる。

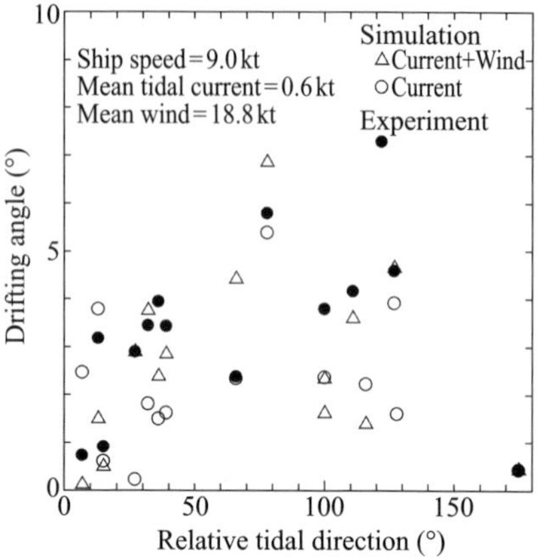

図 3.5　深江丸の海上風による実験と計算横流れ角の比較（播磨灘西部）

図 3.6 は風圧影響による航走距離の変化のシミュレーション結果を示す。航走距離は風および潮流のない状況での推測距離で無次元化している。図中の縦座標の無次元値の 1 は風がない場合の航走距離である。船首方向からの向かい風の場合，航走距離が最大 10 %程度減少している。追い風の場合は極くわずかだけ航走距離が増加するが，増加の最大量は小さい。これより，船首方向からの風の場合，航程の損失が顕著になることがわかる。

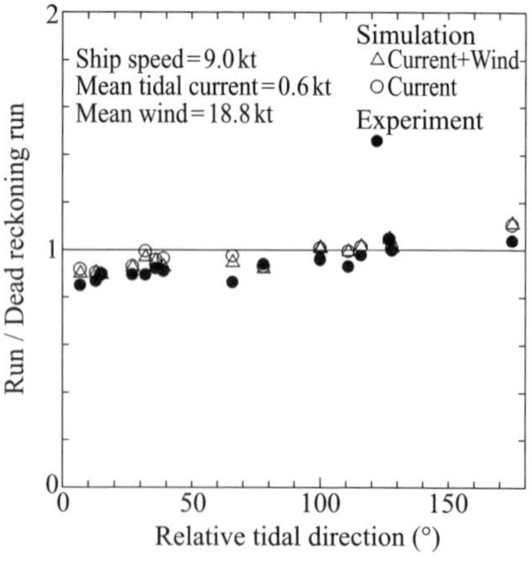

図 3.6　深江丸の風圧流による実験と計算航程の比較（播磨灘西部）

以上の結果，風圧影響による船速および横流れ量の数値シミュレーション結果と，実験結果を比較し，MMG による船位の予測が概ね良好であることを示した。

なお，波浪の影響による船速変化と横流れ量についての実船実験に関しては，現在研究中である。一般に，向かい波の場合は減速し，横波の場合はわずかだけ横流れが発生する。

数値ナビゲーションシステムの総合評価の検証を行った。

航行海域は，第2章で気象・海象の数値計算を行った大阪湾である。気象条件は，図2.1で示す2004年9月6日に強い台風18号が九州方面から日本海を通過し，北海道西岸で温帯低気圧に変化した頃である。台風通過時の気象・海象の数値計算結果を，航海シミュレーションの入力データとした。これにより，大阪湾において，数値予測された気象・海象（風，潮流および波浪）中を，供試船「深江丸」が模擬航海する航海シミュレーションにより，供試船の初期設定航路からの横流れ量，船速の変化を推定する。これにより，風，潮流および波浪の航行船舶への影響が把握でき，時々刻々変化する船位の予測が可能になる。

図3.7に強い台風の接近を避け，日本海を通過後（図2.1 (b)）に風が弱くなった時間帯に，供試船「深江丸」が航海する仮想航路を示す。深江丸が2004年9月8日，05:00:00 UTCに緯度N34.5°，経度E135°を起点に，針路050°で出航する。船速は9ノット（平水時機関回転数500 rpmに固定），航海時間は約1時間20分である。航海中の大阪湾の風は平均風速およそ7 m/s，風向は西寄り，波浪はおよそ平均有義波高0.7 m，周期2.5 s，潮流は上げ潮（北流）時期でおよそ0.5 m/s（約1ノット），北東流である。

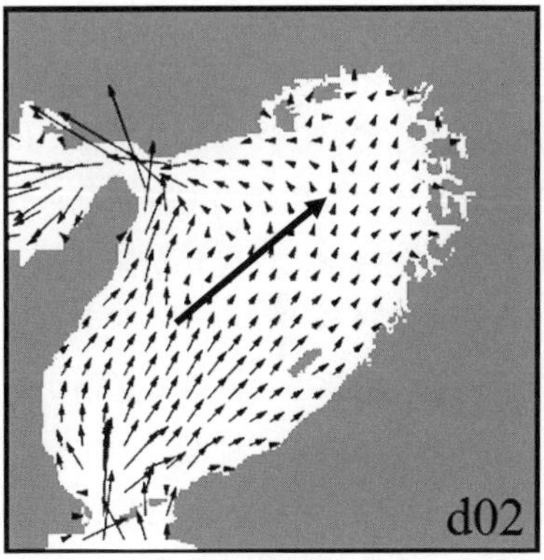

図3.7　大阪湾における航海シミュレーションの設定針路と潮流場

図3.8に数値計算で得られた気象・海象下に，MMGを用いた深江丸の航海シミュレーションを行った結果を示す。(a)図は航海域全体，(b)図は(a)図内に示す航海終了時の矩形域内の航跡を示す。短時間の航海により，(a)図では気象・海象の影響が小さく，判別しにくいために，(b)図で拡大表示している。縦軸および横軸は航海海域内の緯度，経度をmで表示した。実線は設定航路で

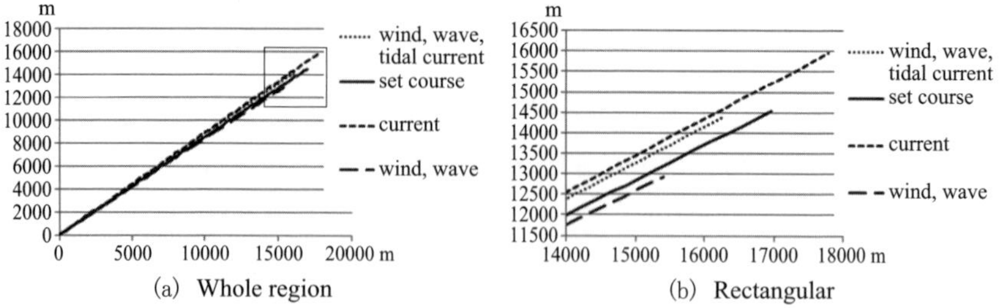

図 3.8　航海シミュレーション結果

あり，風，潮流，波浪がない平水時の航跡である。破線は風と波浪のみの影響による航跡，点線は潮流のみの影響による航跡，細い点線は風，波浪，潮流の全影響による航跡を示す。

供試船は，およそ左舷正横～船首斜め前方の方向から風と波浪を受けている。潮流は右舷斜め後方～船尾方向から受けている。その結果，風と波の影響により，船舶はわずかだけ右舷側に横流れを起こしている。また，船速はわずかに減速している。潮流の影響では，船舶は左舷側に横流れを起こし，船尾からの流れにより船速の増加が見られる。風，波浪，潮流のすべての影響を総合すると，左舷側に横流れが発生し，船速の低下から航程は短くなった。

風，波浪，潮流の強さ，流向によりシミュレーション結果は当然異なるが，この気象・海象では潮流の影響が船速，横流れ量に最も影響するものと考えられる。風，波浪および潮流のすべてを考慮した航海への影響は，実海域での船舶による実験での検証が必要であるが，ここで構築した数値ナビゲーションシステムにより，船位の予測が概ね再現可能である。

3.2.3　数値ナビゲーションシステムの活用

気象・海象の影響下での，実海域航行船舶の船位の精度良い予測法を確立した。最初に，気象・海象を数値計算で予測し，それらの計算結果を航行船舶に作用する流体力の計算データとして入力し，船体運動を船舶操縦性能理論を用いて数値的に予測する数値ナビゲーションシステムを構築した。このシステムでは，気象・海象のなかで，とくに海上風，波浪および潮流を高解像度で予測できる。海上風の数値予報はWRFを用いて行われた。波浪の数値予報はSWANである。潮流の数値予報はPOMが用いられた。これらのモデルによる気象・海象の数値予報では，スケールの小さな発達低気圧や局所的な変化および沿岸域の複雑な地形の変化などに対応できるように，計算格子を密に調整できるので，高解像度の数値予測が可能である。

これらの数値計算結果と実船舶の実験との比較検証から，SWANによる沿岸海域における波浪の数値予測，POMによる沿岸海域における潮流の数値予測が高精度に可能になった。

さらに，MMGによる航行船舶の時々刻々変化する船位の数値的予測が可能であることがわかった。船位の数値予測が可能になると，船舶の横流れ量が推定でき，航行中に浅瀬などへの乗り揚げ防止対策を事前に講じることができる。さらに，狭い海域や制限水路を航行中，当初設定した航路上を正確に航行する進路の選定も可能であり，海難防止を目指す安全航海が可能となる。また，気象・海象による船速変化の予測から，入港の遅延がなく，あるいは早い到着による沖待ちなどの経済的損失を回避する航法の確立が可能になる。

【参考文献】

1）小川陽弘：操縦運動の数学的モデルの基礎, 第3回操縦性シンポジウム, pp.9–26, 1981.

2）実海域船舶性能研究イニシアティブRIOSホームページ, http://133.1.7.5/, 2011.

3）Shigeaki SHIOTANI: Experimental Verification of Simulation for Navigation Utilizing Current Sailing，関西造船協会論文集，第238号，(2002)，pp.205–214.

4）夏海波，塩谷茂明，小林英一，若林伸和：リアルタイム気象海象データを考慮した沿岸海域航行船舶のウエザー・ルーチングに関する研究 —船舶操縦性能を考慮した船位決定の基礎的シミュレーションと実船実験—，関西造船協会論文集，第243号，(2005)，pp.159–166.

5）夏海波，塩谷茂明，万田敦昌，小林英一，若林伸和：潮流シミュレーションを用いた航海への潮流の影響の調査について，日本航海学会論文集，第116号，(2007)，pp.61–67.

6）夏海波，塩谷茂明，小林英一，若林伸和：実小型船舶を用いた風圧による横流れの計測実験とシミュレーションについて，日本航海学会論文集，第113号，(2005)，pp.171–177.

7) Haibo Xia, Shigeaki Shiotani, Eiichi Kobayashi and Nobukazu Wakabayashi: Estimation of Ship's Course for Sailing on Route by Navigation Simulation in Coastal Water, *The Journal of Japan Institute of Navigation*, No.115, (2006), pp.51–57.
8) 夏海波，塩谷茂明，大澤輝夫，小林英一：海上風の数値予測と風圧影響下の航海シミュレーション，日本航海学会論文集，第117号，(2007)，pp.151–158.

3.3 大洋航海のウェザールーティング

ウェザールーティング（以下，WR：Weather Routing）とは，「航海中の気象・海象状態をできる限り正確に予測し，当該船舶の耐航性を考慮して，ある評価基準に対する最適な航路を選択すること」と定義されている[1)]。近年いくつかのWRの研究が行われているが，そのなかには通常航路上における航海シミュレーションをWRと述べる研究も多々あり注意されたい。ウェザー・ルーティング研究グループ[1)]によると，WRが有効な自然条件は①東西距離が長いこと，②気象条件が不規則で比較的高緯度，③選択可能水域が広いことが挙げられる。それゆえ，日本に関係する国際航路において，北太平洋ではWRの効果が大きく，インド洋では小さい傾向である。この条件から，国内航路ではWRの効果は大洋航海ほど期待できないが，船速が燃料消費量（燃料費）に大きく関係することから，通常航路上の船速調整ができれば，経済的なWRの効果があるかもしれない。ただし，気象・海象データ精度が大洋航海よりも重要な役割を担うことになる。本節では，研究[2)]を通して大洋航海のウェザールーティングの概要を説明する。

過去の北太平洋航路におけるWRの研究において，東京～サンフランシスコ間[3)]，横浜～シアトル間[4)]など，出発地および目的地を固定したWRのいくつかの研究があるが，これらは手法を開発することを目的とした研究である。一方，北太平洋航路におけるWRの調査を目的とした研究はみられない。WRの手法が十分に確立されたかどうかの明確な判断は本研究では避けるが，過去の知見を用いて北太平洋航路におけるWRの調査研究を行うことは，日本と北米間の航海の効率化に貢献できると考えられる。

海運業界では1980年代以降，日本における港湾のコンテナ取扱量は減少し続け，日本に地理的に近い高雄，釜山よりも圧倒的に少ない。この原因の1つには，日本の港湾の国際ハブ港湾としての役割が小さいことが考えられる。このような問題を解決するために，2009年10月に設置された国土交通省成長戦略会議海洋分野では，戦略港湾の設置などを検討中であり（2010年4月現在），ハブ港湾について注目されている。国際ハブ港湾設置の条件として，高い物流システムの能力，港湾の周辺の経済状態（港湾の使用料を含める），国の支援などが挙げられる。それらの条件のなかに運航の経済性から航海時間も加えることができると考えられる。ハブ港湾設置の条件について航海時間の優先順位は本研究では判断できないが，少なくとも航海時間の短縮によって，燃料費の節約，貨物取扱量の増加など，効率的な運航が期待される。

これまでハブ港湾設置に関してWRの概念を取り入れた研究はみられない。航海時間の観点から航海シミュレーションを用いてハブ港湾設置について検討を初めて行った。本研究ではその研究の第1段階として，簡単な設定であるが，北太平洋航路において航海時間に注目したWRの調査を行った。

3.3.1　実験概要

海流データについては，地球シミュレータセンターマルチスケールモデリング研究グループで開発された海洋モデルMSSG-O（Multi-Scale Simulator for Geoenvironment：Ocean component）を用いて自ら計算した結果を用いた。このモデルは，地球シミュレータで高解像度のシミュレーションを高速に実行できるようにプログラミングされている。このモデルでは，静水圧近似，ブジネスク近似のもとでプリミティブ方程式を解く。本研究において計算領域は北太平洋を含む海域とした。

海底地形はETOPO5（Earth Topography 5 minute gridded elevation data set）を用いて，各モデル実験の解像度に合わせて線形補間している。側壁，海底の境界条件は，温度，塩分，圧力について法線方向のフラックスがゼロ，流速について non-slip である。海面の境界条件は rigid-lid（海面の鉛直変位を認めない）で，海面熱水フラックスにWOA98（World Ocean Atlas 1998）の水温，塩分の気候値を与えている。水平粘性・拡散係数は Smagorisky 型を用いて計算した。鉛直粘性・拡散係数は Noh and Kim[5] の混合層モデルを用いて計算された。

モデル計算の初期値として WOA98 の水温，塩分の気候値を用いた。静止状態から，NCEP（National Centers for Environmental Prediction）/NCAR（National Center for Atmospheric Research）再解析データの風応力（月気候値）で駆動させ，季節変化に関して準安定な状態にさせた（19 年間）。WR の計算に，19 年目の各月のスナップショット（1 日目）の海流データを空間について線形内挿をして用いた。なお，本実験では時間の内挿を行わず，一定値とした。波浪データについては，ECMWF（European Centre for Medium-Range Weather Forecasts）40 Year Re-analysis（ERA-40，ERA：Ecmwf Re-Analysis）の有義波高および波向を用いた（1980 年 1 月～1981 年 1 月，1 日毎データ更新）。

船速は高嶋他 [3]，Hagiwara[6] を参考にして算出した。この推定式は，北太平洋航路を航行するコンテナ船に装備された航海自動記録装置のデータから求められたものである。後述する Hagiwara[6] の航海シミュレーションを行うために，Hagiwara[6] が航海シミュレーションで用いたサービススピードを採用した。計算された波浪中の船速曲線を図 3.9 に示す。有義波高が高くなるにつれて船速が低下し，船首と波向の角度が大きくなるにつれて有義波高に対する船速低下の比率が小さくなる傾向を示している。このような船速の推定式を用いた主な理由は，この推定式は現場の観測値に基づいて求められているので，波浪に対するコンテナ船の相対的な船速を現実的に捉えていると考えられること，また，変数（有義波高と波向）は 2 つであるので，船速の計算が比較的簡単であることが挙げられる。さらに，後述する大圏航法による航海時間は Hagiwara[6] の航海時間（330 時間程度）と概ね同じであるので，本研究で用いる船速の推定式は現実的であると考えられる。

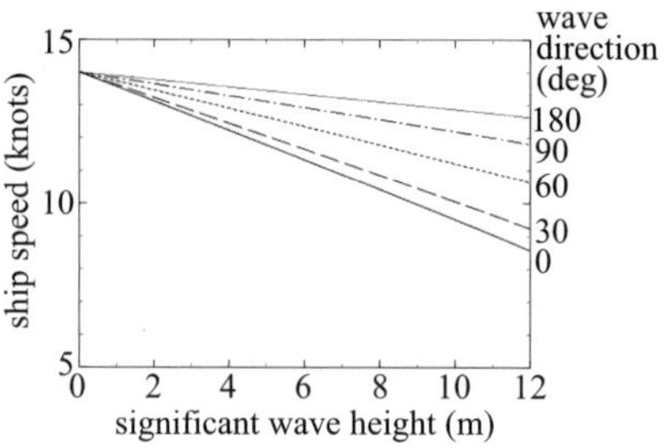

図 3.9　速力曲線

本研究では，後述する航海シミュレーションで計算された航路のなかで，目的地に最短時間で到着した航路（以下，MTR：Minimum Time Route）を最適航路とする。航路の計算方法は，出発地から一定時間後に到達する領域の外側境界（等時間曲線）を逐次求めてMTRを決定する等時間曲線法を用いた。等時間曲線法は他の手法と比較して，ルーティングの解釈が容易であり，さらに過去のWRの研究[1),3),6)]で多く用いられ信頼性が高いので採用した。詳細はウェザー・ルーティング研究グループ[1)]およびHagiwara[6)]を参照されたい。ここでは，図3.10を用いて等時間曲線法について概要を説明する。第1ステージ（時間 $T = T_0 \sim T_1$）：出発地から目的地までの大圏航路の初期針路の左右に，適当な針路間隔で時間 T_1 における船位 X_1 を描く（X_1 の集合を $\{X_1\}$ とする）。第2ステージ（時間 $T = T_1 \sim T_2$）：第1ステージと同様にして X_1 から目的地までの大圏航路の初期針路の左右に，適当な針路間隔で時間 T_2 における船位 X_2 を描く（X_2 の集合を $\{X_2\}$ とする）。ここで，大圏航路上をサービススピードで航走した時間 T_2 における船位の南側および北側へ出発点を中心とした弧を描き，出発点と等分割した弧からサブセクターを形成する。そのサブセクター内にある $\{X_2\}$ のなかで出発点からの最大距離となる X_2 を採用する。第3ステージ：第2ステージの作業を繰り返す。出発点と目的地の経度間において，各ステージで計算された船位と目的地までのラムラインの最短距離が得られたときに計算を終了した。

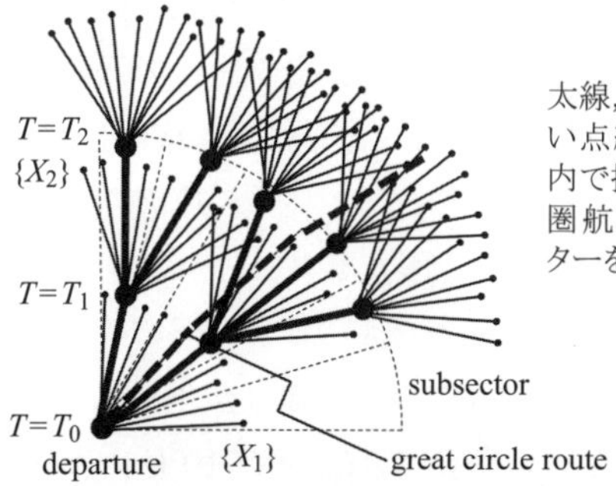

太線，太い点線および細い点線は，サブセクター内で採用された経路，大圏航路およびサブセクターをそれぞれ示す。

図3.10 等時間曲線法の概要（『ウェザー・ルーティング』[1)]を参考に作成）

本研究では，出発地を東京，潮岬，奄美，沖縄にし，到着地をサンフランシスコにした北太平洋航路を採用した。この航路を採用した主な理由は，東京～サンフランシスコ間において実際に多くの船舶が利用するからである。さらに，東西距離が長い，航海中における航路の選択可能海域が広いという WR に有効な自然条件を満たすからである [1)]。さらに，本研究の航海シミュレーションで得た航路を大圏航法による航路（GCR：Great Circle Route）と簡単に比較するために，GCR 上において陸，島などの影響がほとんどない航路を採用した。MSSG-O による北太平洋のシミュレーションで得た海流データ，ECMWF の波浪データおよび推定式から得た船速を用いて，出発間隔は 5 日毎，合計 74 回の WR を実施した。

3.3.2　最短時間航路

異なる解像度の海洋モデルで計算された海流をみるために，解像度 1 度，0.5 度および 0.25 度の海洋モデルで計算されたそれぞれの 4 月の表層（5 m 深）の水平流速ベクトルおよび大きさを図 3.11 に示す。ベクトルは流速の向きと大きさ，トーンは海流の大きさを示す。ベクトル表示を見やすくするために，解像度 0.25 度の場合のベクトルの大きさは，他の解像度の場合と異なることに注意されたい。解像度 1 度および 0.5 度の場合，黒潮および黒潮続流は弱く，本州の東へ拡大していない。一方，解像度 0.25 度の場合，黒潮および黒潮続流は他の解像度の場合と比較して強く，日付変更線あたりまで強く流れる。

このようにモデルの解像度が高くなるにつれて黒潮および黒潮続流は強まり，東へ拡大し，さらにその周りに小さな空間スケールの渦が作り出され，全体的により現実的な海流に近づいている。とくに解像度 0.5 度から 0.25 度に変更することで，海流の状況が著しく変化する。この原因の 1 つは，海洋モデルが中規模渦（100 km 程度）をうまく作り出すことができるからと考えられる。上記の異なる解像度における海洋モデルの計算結果の違いのように，モデルの解像度が高くなると黒潮や黒潮続流などの流れが現実に近づく傾向は，従来の傾向と同様である。図 3.12 に 1 月，7 月および 10 月における解像度 0.25 度の水平流速ベクトルおよび大きさ（5 m 深）を示す。図のように，解像度

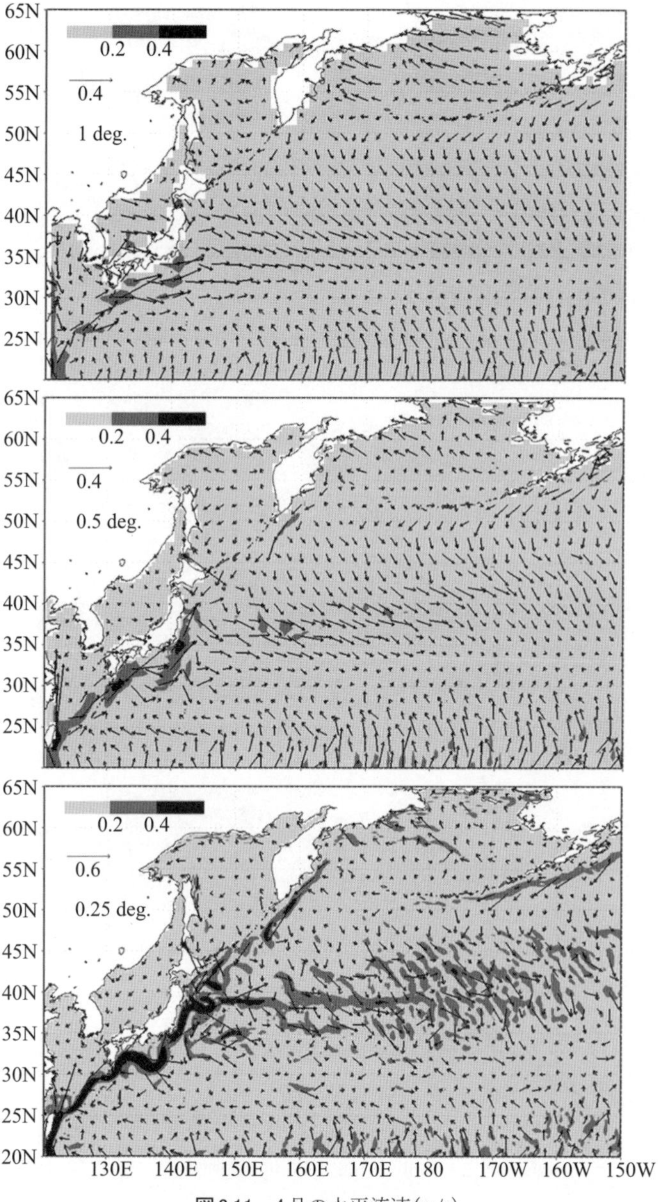

図3.11　4月の水平流速(m/s)
(解像度1度(上段), 0.5度(中段)および0.25度(下段)の海洋モデルの結果)

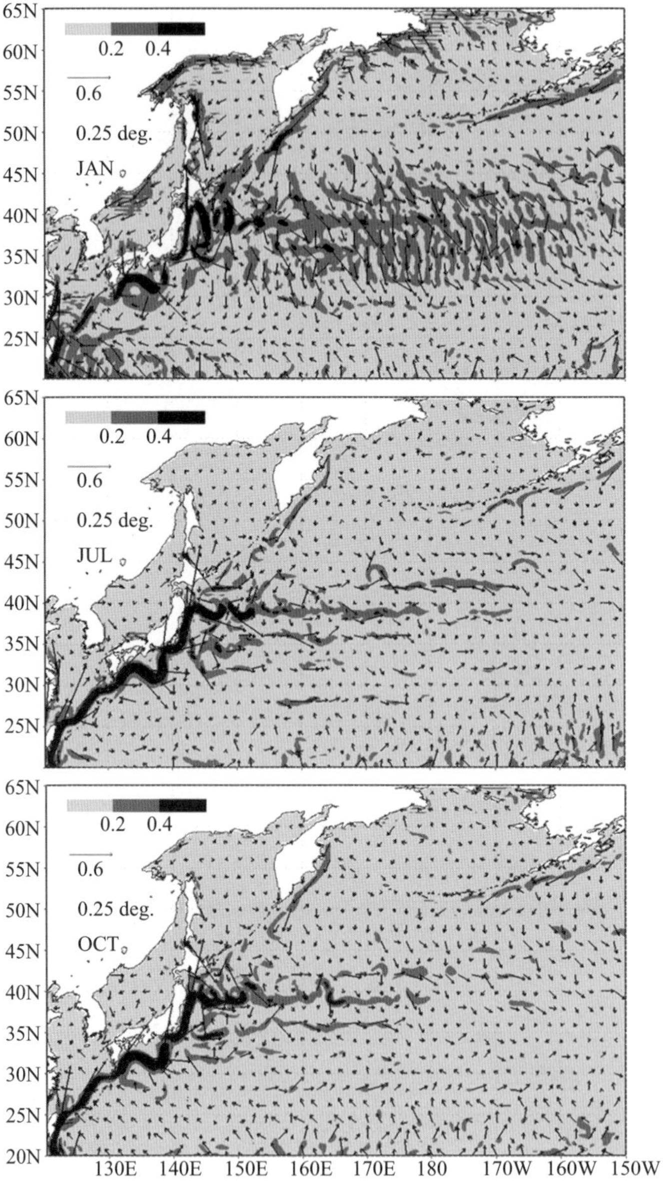

図3.12　図3.11と同様
（ただし，1月（上段），7月（中段）および10月（下段）の解像度0.25度の海洋モデルの結果）

0.25度の場合，黒潮続流は1年を通して日付変更線あたりまで達し，現実的な流れに近い。また，季節変化において，黒潮続流は夏季（7月）に強まり冬季（1月）には弱まることも現実と対応している。以上より，高解像度の海洋モデルだと，中規模渦を作り出すことができ，より現実的な海流の再現が可能であることがわかる。

図3.13に出発地が東京，潮岬，奄美および沖縄の場合のMTRをそれぞれ示す。出発地が潮岬，奄美の場合，それぞれ東京までほぼ同じ航路を航海し，日本沖合を通過後，東京の場合と概ね同じ海域を航海する。一方，沖縄の場合，MTRは日本の南沖合において緯度の変化幅2度程度で航海し，他の出発地の場合より日付変更線の西側の航海海域は幾分広く，南北方向にばらつきがある。これは沖縄を出発地とした場合，WRの影響が大きいことを意味する。

表3.2に異なる出発地からのGCRとMTRの航海時間差の年平均値を示す。潮岬を除いて出発地が南へいくにつれて，航海時間差は増加する傾向にある。標準偏差は，東京が他の出発地と比較して低く，他の出発点は同程度である。

表3.2　大圏航路と最短時間航路の航海時間差(hr)の平均と標準偏差

departure	Tokyo	Shionomisaki	Amami	Okinawa
ave	4.85	6.37	6.02	7.15
std	2.44	3.42	2.99	3.27

各航海時間差の全体像を把握するために，図3.14に1年を通してGCRに対するMTRの航海時間差の頻度分布を示す。出発地が南へいくにつれて，傾向として全体の頻度分布が右へ移動しつつ，その分布のピーク右半分が増加し，大圏航法よりも等時間曲線法のほうが航海時間を短縮できたことを示す。すべての出発地において，航海時間差7時間あたりの区間は頻度のピーク（またはそれに準ずる）に位置する。奄美では，航海時間差4～9時間の区間で10回程度の頻度であるが，大圏航路の航海時間がMTRよりも短い航海があり，他の出発点よりも航海時間の短縮に幾分不安定さがある。東京，潮岬，奄美および沖縄における航海時間差6.5時間（7時間の区間）以上の頻度は，それぞれ20，38，36，46回であり，沖縄の頻度が最も高い。これは，沖縄を出発地とした場合，大圏航法よりもWRによる航海時間の短縮の効果が大きいことを意味する。

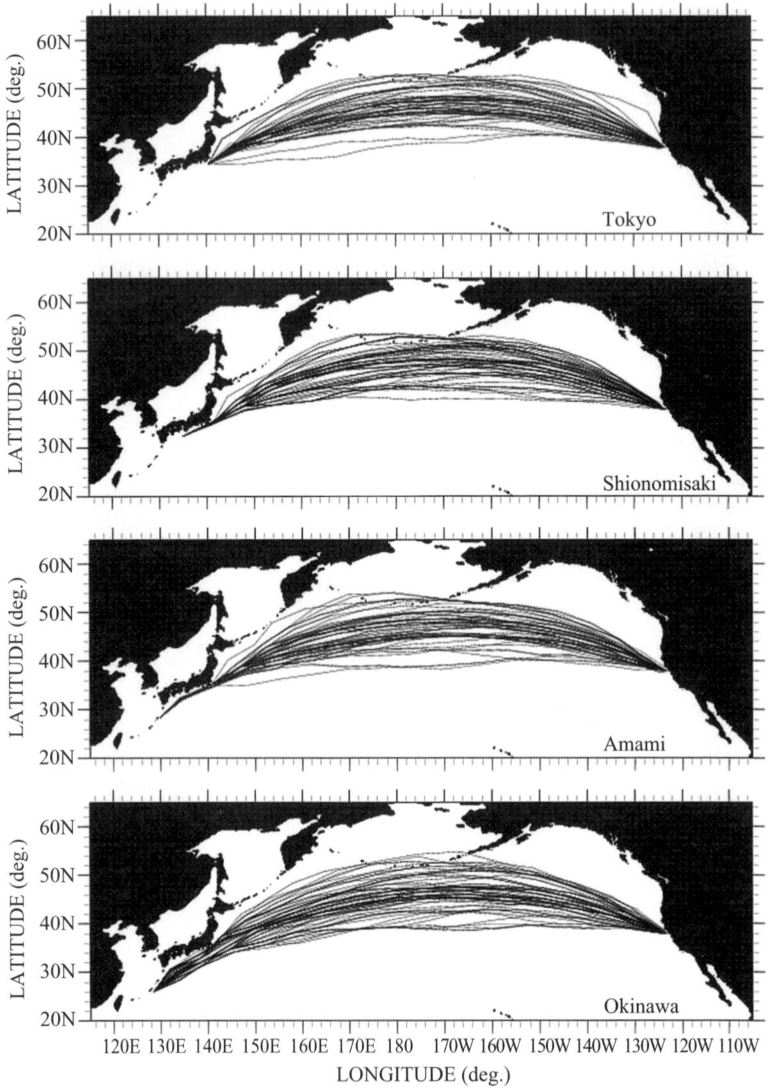

図3.13　1年を通した最短時間航路
（上から出発点が東京，潮岬，奄美および沖縄）

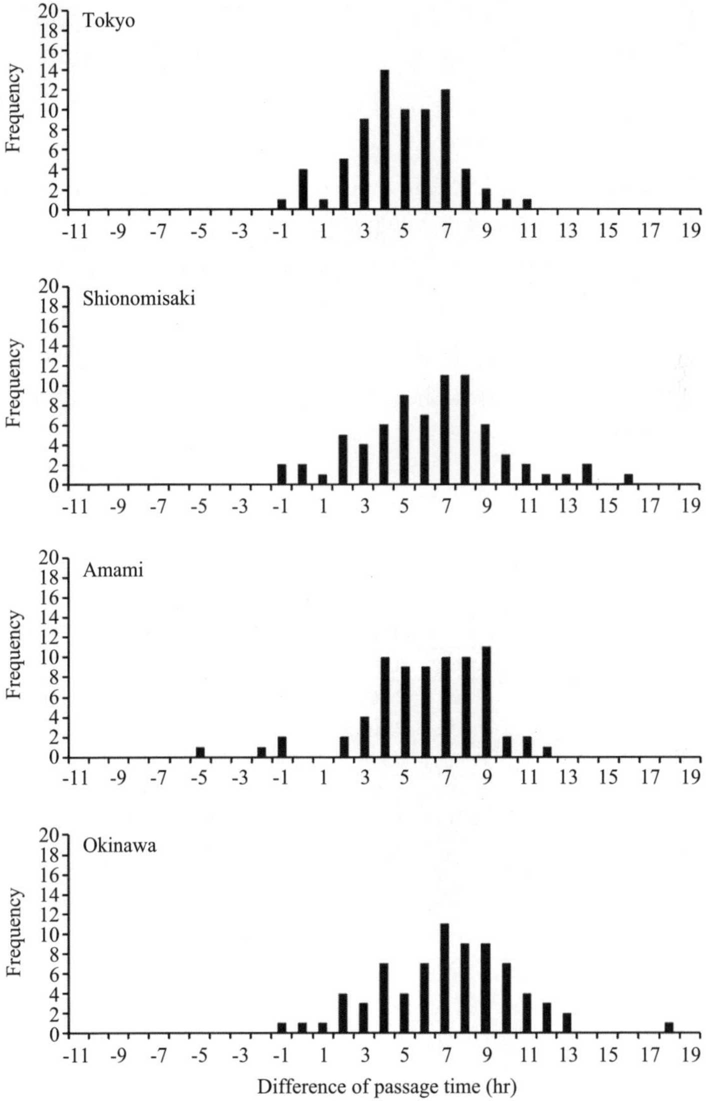

図3.14　大圏航路と最短時間航路の航海時間差の頻度分布

波浪および海流の季節変化による WR への影響を調べた。図 3.15 および図 3.16 に冬季および夏季の MTR を示す。すべての出発点において，冬季には MTR のばらつきが最も大きく，夏季には最も小さい。これは冬季において WR の効果が大きいことを示す。

表 3.3 に季節毎の GCR と MTR の航海時間差の平均値を示す。奄美，沖縄では秋季が他の季節よりも航海時間差が小さい。夏季の奄美を除くと，すべての出発点において航海時間差の最大は冬季である。前述した冬季の MTR のばらつきが大きいことは，WR の効果より航路をうまく選択し，航海時間差を大きくさせたことを示唆する。夏季で全体的に出発地が南へいくにつれて，航海時間差は概ね大きくなる傾向にある。すべての季節において，沖縄の航海時間差が最大である。

表 3.3　表 3.2 と同様（ただし，各季節）

departure		GCR－MTR (hr)			
		winter	spring	summer	autumn
Tokyo	ave	5.29	4.91	4.32	4.85
	std	2.86	2.37	1.88	2.44
Shionomisaki	ave	7.60	6.53	6.32	5.05
	std	4.17	2.82	1.96	3.70
Amami	ave	6.12	6.69	6.70	4.64
	std	2.61	2.07	2.11	4.12
Okinawa	ave	8.03	7.89	7.37	5.37
	std	3.69	2.10	2.89	3.41

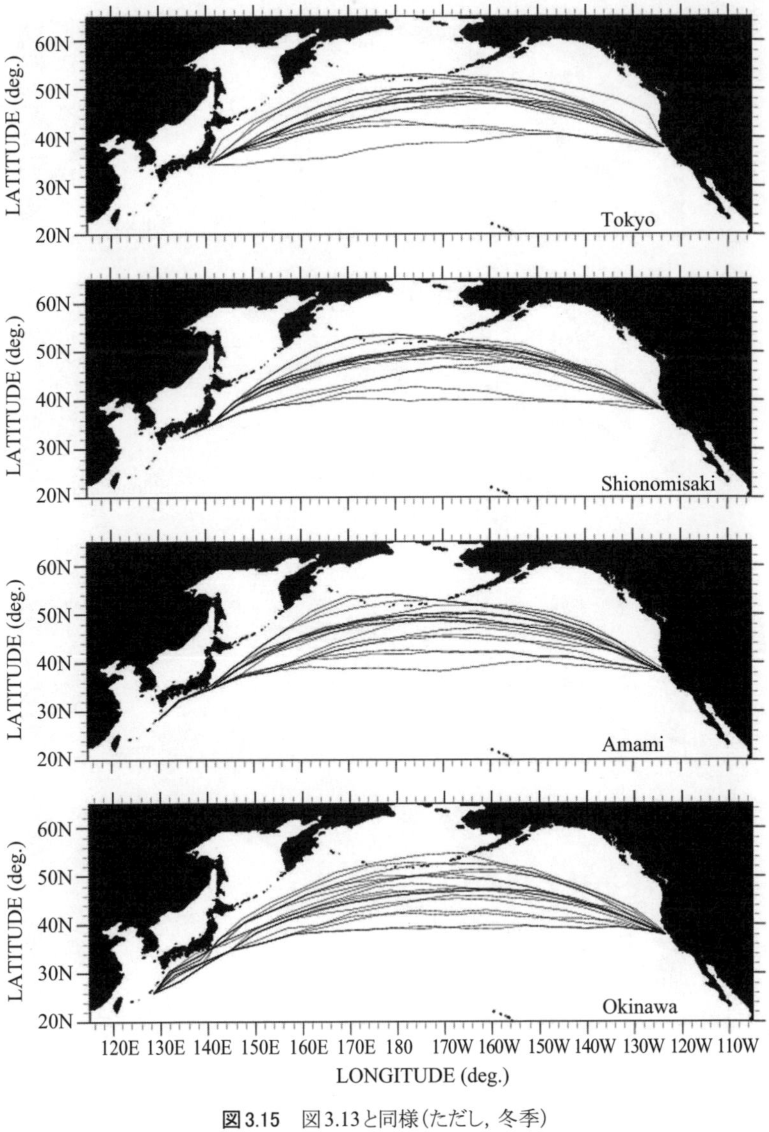

図3.15　図3.13と同様（ただし，冬季）

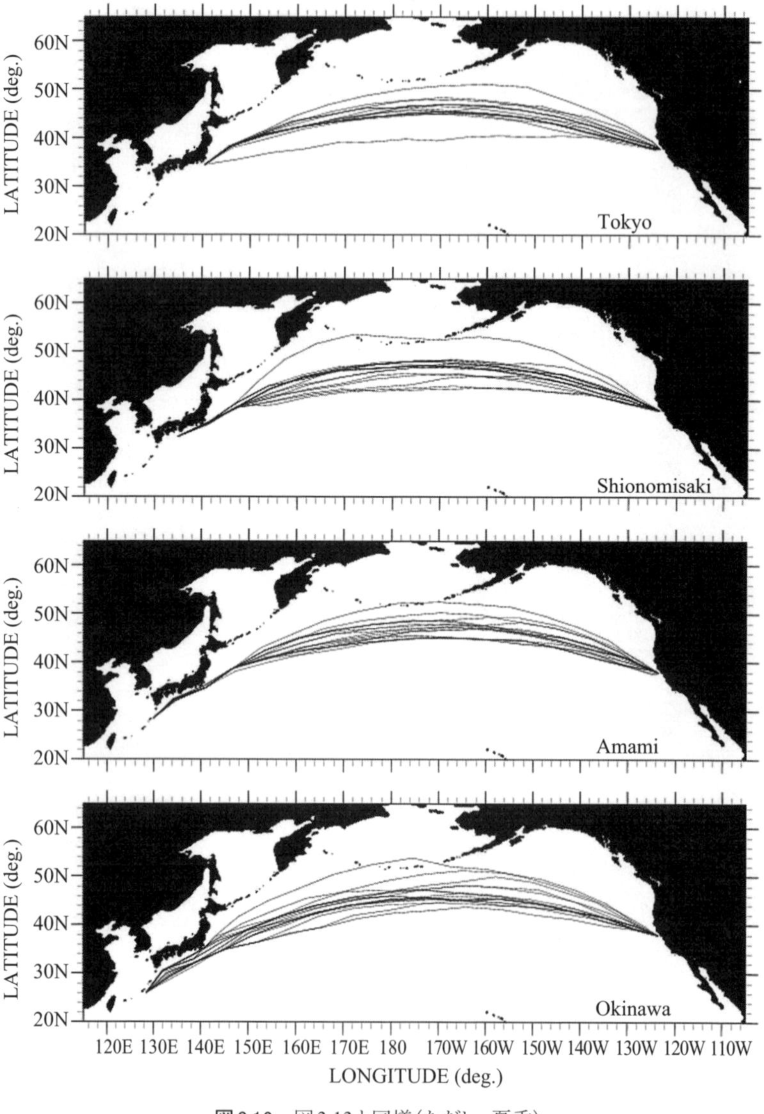

図3.16　図3.13と同様（ただし，夏季）

3.3.3　まとめ

ハブ港湾設置の条件について航海時間の概念を導入し，簡単な設定であるが，WR を用いてハブ港湾設置について初めて検討した。その研究の第 1 段階として，日本～北米間の WR の効果を調べるために，等時間曲線法を用いて日本の出発地を変えた航海シミュレーションを行い，その航海時間を大圏航法の航海時間と比較した。出発地が南へいくにつれて，WR の効果が大きい傾向を示した。GCR に対する MTR の航海時間差が大きく，かつ，ある程度の安定したその航海時間差を得るならば，沖縄は WR の効果が大きい（航海時間を短縮することができる）出発地の 1 つであるという可能性が示唆される。

地理的にみると，沖縄は日本国内において中国大陸に比較的近く，博多のように北米へ航海するために本州を迂回する必要がないという利点もある。さらに，本研究結果より，自然環境の面からみても，沖縄は他の地域より北米への貨物輸送に適した出発地の 1 つとして可能性が示唆された。

本研究ではハブ港湾設置の条件について航海時間の概念を導入し，航海時間に注目した運航の経済性のみで検討したが，実際のハブ港湾設置の条件には，物流および経済性などさまざまな問題も含めて議論しなければならない。本研究では 2 点間のみの航海時間を議論したが，実際には国内のハブ港湾を用いたコンテナなどの貨物輸送を行う場合，国内のハブ港湾と東アジアの間の WR も行う必要がある。また，過去の知見から，西航（北米から日本）は東航（日本から北米）よりも WR の効果が期待できるという報告がある [1)]。現時点では，ハブ港湾設置の条件の優先順位は判断できないが，物流などの経済面と WR などの理学・工学面を融合した研究を進めることにより，ハブ港湾設置について新しい概念を持った研究になる可能性があると考えられる。

【参考文献】

1）ウェザー・ルーティング研究グループ：ウェザー・ルーティング ―気象情報に基づく最適航法―，pp.281，成山堂書店，1992.
2）嶋田陽一・高橋桂子・塩谷茂明：日本～北米間のウェザールーティング ―航海時間に注目した国際ハブ港湾―，日本航海学会論文集，Vol.123，pp.21–28，2010.
3）高嶋恭子・萩原秀樹・庄司るり：ウェザールーティングによる燃料節約 ―コンテ

ナ船の航海データを用いたシミュレーション—，日本航海学会論文集，No.111，pp.259–266，2004.

4）辻本勝・谷澤克治：実海域性能を考慮した航海計画システムの開発 —気象海象の予測精度が航海計画に与える影響—，日本船舶海洋工学会論文集，No.2，pp.75–83，2005.

5）Noh, Y., and Kim H. J., Simulations of temperature and turbulence structure of the oceanic boundary layer with the improved near-surface process, *J. Geophys. Res.*, No.104, pp.15621–15634, 1999.

6）Hagiwara, H., Weather Routing of (Sail-assisted) Motor Vessels, Ph.D. thesis, Delft Univ. Tech., 1989.

第4章 実海域航行船舶の性能

4.1 はじめに

船舶運航者は，実海域における船舶の推進性能・操縦性能・耐航性能を十分に把握しておくことにより，安全性を確保した上での経済的な船舶運航が実現できる。とくに荒天中の航海は波浪や強風の影響が顕著となり，船舶に大きな動揺が発生する。横揺れが顕著となる場合，復原性の喪失による転覆の危険性，積載貨物の荷崩れなどの危険が発生するほか，縦揺れ・上下揺れが顕著な場合は船首部分が水面に激しく叩き付けられるスラミング（slamming），船尾部分が水面から露出するプロペラレーシング（propeller racing），船体に曲げの現象が生じるホギング（hogging）およびサギング（sagging）などの諸現象が発生することがわかっている。しかしながら，実海域における船舶の諸性能推定に関する理論的な研究は，その検証の難しさから，十分に行われてきたとは言い難い。すなわち，耐航性能の研究以外は，もっぱら平水中での性能に関する研究が主流である。このような状況に対して，最近になり，国際航海に従事する船舶への VDR（航海データ記録装置）の搭載義務化および安価な動揺計測装置の出現など，ソフト面およびハード面での実船データ計測に関する環境が整った。このことは，実海域における船舶の諸性能推定理論を検証するための環境が整ったことを意味している。このような背景のもと，著者らの研究グループ，海上技術安全研究所を中心とした研究グループ，造船会社および船会社などが実船データ計測を実施し，実海域における船舶の諸性能推定に関する理論的な研究に取り組み始めた。この成果に関しては，2012 年 11 月に開催された日本船舶海洋工学会秋季講演会においてオーガナイズドセッションが企画され，実船データのモニタリング技術，データの解析方法および解析結果の活用方法などが報告されている。本章では著者らが行った実海域における船舶の性能推定に関する研究成果について述べる。

4.2 節では，実海域航行船舶の運動・航海情報の収集システムについて，近年技術革新が目覚ましい航海計器および情報通信システムの技術をベースに船体運動，航海情報，気象データ，機関データなどのオンボード計測に関する研究内容を解説する。オンボード計測は陸から遠く離れた海上にて船舶に発生する諸現象を計測するものであり，陸上とは異なるさまざまな制約条件下でデータ計測・通信を可能とする技術システムがいかに開発されたかを詳説している。

航海中の機関性能については，海上試運転や荒天航海中など気象海象の状況ごとに船舶の機関性能，推進性能も複雑に変化することがわかっている。荒天航海時には機関出力の低下による船速低下，燃料消費の増大も発生し，前述した実海域での性能変化に非常に重要な影響を及ぼす。4.3 節では，この意味で実海域における機関性能についての解説を行っている。

4.4 節では，実海域航行船舶の性能計測について，実際の大型貨物船を対象に 1 年間のオンボード計測を行った結果をもとにさまざまな観点よりデータ分析を実施し，荒天航海時の船体運動と波浪情報，航海データ，機関データとの相関関係について解説している。

なお，統計的な方法に基づく船舶性能の推定に関しては，北海道大学名誉教授の故・川島利兵衛先生，東京海洋大学名誉教授の大津皓平先生および東京海洋大学教授の井関俊夫先生らの先駆的な研究があることを付記しておく。

4.2　船体運動・航海情報のデータ収集システム

船体運動の解析を行うには，シミュレーションだけでなく実船データと併せて検討することが大変重要である。ここでは，実際に外航貨物船において各種データを収集記録するシステムを設計・運用した実例に則して，実船におけるデータ計測について説明する。

船体運動解析のために実船において収集するデータの種類としては，大別して航行データ，機関データ，気象海象データ（波浪を含む），船体動揺の 4 種類とする。

航行データは，船位（GPS），船速（GPS，EM ログ），船首方位（ジャイロコンパス），舵角などで，VDR（航行データ記録装置）からネットワーク経由でデータを取得することとした。

機関データは機関データロガーからデータを収集している。

気象海象データのうち，風向，風速などはVDRから，また気圧，温度，湿度は，専用のセンサーを取り付けて気象計により計測している。波浪については，最近開発されつつあり市販されはじめた，舶用レーダーを用いて波浪を解析する装置（レーダー波浪解析装置）を装備することとした。

表4.1　記録データ

① 本船のデータ収集システムから ・航行データ(VDR) ・機関データ(Data Logger)	: 1秒毎
② 気圧温度湿度計(VAISALA)から ・気圧, 温度, 湿度	: 5秒毎
③ レーダー波浪観測装置(JRC)から ・波高, 波向など	: 2分毎
④ 加速度計(Crossbow)から ・roll, pitch, yaw　3軸加速度など	: 0.1秒毎

船体動揺については，3軸の加速度，角度，角速度を姿勢方位基準装置により計測，収集している。

記録するデータの概要は表4.1のとおりである。

4.2.1　実船への装備

実際に計測システムを装備する供試船は，荷役クレーンを装備したばら積み貨物船，いわゆるハンディーバルカー（図4.1）であり，その概要は表4.2のとおりである。2010年6月に新造され，それ以降，不定期船として世界中の海域を航海している。

図4.1　データ収集を行う供試船

表4.2　供試船の概要

船種：貨物船(ばら積船) (D/W: 2万8000トン, LOA: 160.4 m, W: 27.2 m)	
2010年6月14日～16日	海上試運転 便乗して計測システムを設置
2010年6月25日頃～	実際の運航でデータ収集を継続

4.2.2　システムの構成と設置

この供試船でデータを収集するための，各種センサー（計器）類とそのデータを収集記録するデータ記録システムを搭載するために，航海データの多くや機関データは，本船に搭載されているデータ収集システムからの出力をLAN経由で受け取るという構成を基本として構築し，その他に不足している気象関係のデータ項目のためにこのプロジェクト専用に設置した気象センサーからのデータ，そして船体動揺を計測するための加速度計からのデータをそれぞれ記録するという構成で開発した。これらのデータ機器・計器（① 本船のデータ収集システム，② 気象計，③ 加速度計）に対してそれぞれ1台のPCでデータの記録を担当することとして，計3台のノートPCを設置した。これらはLANで相互にデータ通信が可能であり，PC間のntpによる時間同期および収集状況確認用サマリーデータを転送するためにLANを利用する。なお，PC内部時計の時間帯は日本標準時としており，記録ファイル中の時刻はすべて日本標準時である。また，3台のPCのうち1台をntpサーバとし，そのPCの内部時計はGPSデータの時刻情報をもとに時計合わせを行っている。それぞれのデータを記録する時刻の情報，すなわちタイムスタンプはデータ解析時に重要であり精度が高いことが望まれるが，PCの内部時計は頻繁に修正しなければ，簡単にくるってしまうため，このような方策により，3台のPCの内部時計は高精度で整合させて，データのタイムスタンプの整合性を高めた。

これら3台のPCはOSとしてフリーのUNIXであるFreeBSDを用い，それぞれの計測記録プログラムは，すべてC言語を用いて開発した。

システム構成を図4.2に示す。

本船のデータ収集システム（IBSS）は本船側で準備され搭載されており，今回のデータ収集では，この本船のデータ収集システムからデータをLAN経由で受け取るという形態をとった。データ収集システムのユニットには，VDR（航海データ記録装置）およびLogger（エンジンデータロガー）からリアルタイムの各種データがLANで，レーダー波浪観測装置からのサマリーデータがシリアル回線（RS-232C）で入力されている。本船設置のデータ収集システムには，データを陸上に転送する機能があり，そのために衛星通信回線であるイ

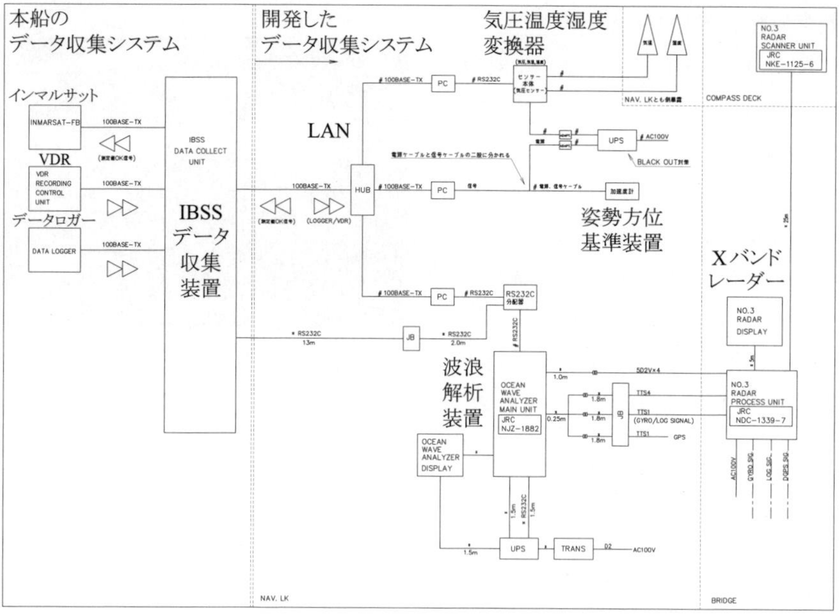

図4.2　システム構成図

ンマルサットのデータサービス（Inmarsat-FB）機器と接続されている。

この本船のデータ収集システムと神戸大学で準備したPC 3 台他で構成するデータ収集システムをイーサネットハブを用いてLAN を構成して接続する。図 4.2 中，上から順にPC は気象計とシリアル回線（RS-232C）で，加速度計とシリアル回線（RS-232C）で，そして本船のデータ収集システムからデータをLAN 経由で受信するPC は，レーダー波浪解析装置からの波浪データも受信するためシリアル回線（RS-232C）で，それぞれ機器類と接続する。レーダー波浪解析装置はJRC 日本無線製で，レーダーはX バンド舶用レーダー，解析装置本体（main unit）はFA パソコンである。

システムを構成する機器のうち，X バンドレーダーの空中線（スキャナ）は船橋屋根上（コンパスブリッジ）に，同指示器は船橋内に，それ以外のPC およびレーダー波浪解析装置や，センサー機器類は船橋後部のNav.Lk（甲板部物置）に設置した。

Nav.Lk の様子とそのなかに設置した機器類の写真を図 4.3 に示す。Nav.Lk は広さ 2 畳弱のスペースであるが，そのなかにラックを据え付けて，神戸大学から持ち込んだノート PC 3 台と JRC 日本無線製レーダー波浪解析装置のメインユニット（FA パソコン）およびそのための UPS（無停電電源），これら PC を相互に接続する LAN のためのイーサネットハブ，加速度計，気象計を設置した。

図 4.3　データ収集システムの設置状況

4.2.3　VDR からのデータ収集（航行データ，機関データ，気象データの一部）

航行データおよび気象のうち風（風向・風速）に関するデータは，本船に装備されている VDR（航行データ記録装置）に集約されているデジタル形式のデータから，また機関データはエンジンデータロガーからいったん本船のデータ収集システムに入力され，本船のデータ収集システムから LAN 経由でデジタル形式のデータを PC で取得することが可能である。これらのデータ項目については，本船のデータ収集システム経由で神戸大学持ち込み PC の 1 台でデータを受信して記録する方式とした。

図 4.4　VDR と本船設置のデータ収集システム

VDR および本船のデータ収集システムは，Nav.Lk のすぐとなりの RADIO

Lk の壁面に設置されている。その様子を図 4.4 に示す。右下の大きな箱がVDR の制御装置，上のふたが開いた状態の箱が本船のデータ収集システムのメインユニットである。

VDR からのデータは NMEA-0183 形式のシリアルセンテンスで転送され，本船のデータ収集システムを経由してネットに送信されるので，当システムの PC ではそのままの形式で記録する。また，エンジンデータロガーからのデータもメーカーが規定したNMEA ライクなシリアルセンテンスで出力されるので，同様にそのまま記録した。これらのデータ項目の一覧として VDR については対応するセンテンスとデータ項目を表 4.3 に，エンジンデータロガーについては対応するタグとデータ項目を表 4.4 にそれぞれ示す。エンジンデータロガーからのデータ項目は表 4.4 のとおり，主機または主軸回転数（Engine of Shaft Speed），主機過給機回転数（Engine T/C Speed），軸馬力（Shaft HP），海水温度（Sea Water Temp），機関スカベンジャー気圧（Engine Scav. Air Press），

表4.3　VDRからのデータ項目

Sentence	Data	Source
ZDA	Date & Time	GPS
GGA	Position (lat, Lng)	
VTG	Speed (OG)	
VTG	Course (OG)	
DPT	Water Depth	Echo Sounder
VBW	Speed (Water)	EM Log
MWV	Wind Direction	Anemometer
MWV	Wind Speed	
RSA	Rudder Angle	Autopilot
RPM	M/E Revolution	Maneuv Stand
HDT	Heading (Gyro)	Gyro Compass

表4.4　エンジンデータロガーからのデータ項目

TAG	Data
01045	Engine or Shaft Speed (Inst)
01047	Engine T/C Speed
01059	Shaft HP (Inst)
05025	Engine Fuel Pump Mark
14036	Atomosphere Press
01060	M/E Shaft Thrust
03018	Sea Water Temp
01025	Engine Scav. Air Press
06018	Engine Scav. Air Temp
06001	Cylinder (1) Exh Gas Outlet Temp
06002	Cylinder (2) Exh Gas Outlet Temp
06003	Cylinder (3) Exh Gas Outlet Temp
06004	Cylinder (4) Exh Gas Outlet Temp
06005	Cylinder (5) Exh Gas Outlet Temp
06006	Cylinder (6) Exh Gas Outlet Temp
06014	T/C Exh Gas Inlet Temp
06015	T/C Exh Gas Outlet Temp
06017	T/C Air Intel Temp

機関スカベンジャー気温（Engine Scav. Air Temp），シリンダ（1～6）排気温度（Cylinder 1～6 Exh Gas Outlet Temp），排気過給機入口温度（T/C Exh Gas Inlet Temp），排気過給機出口温度（T/C Exh Gas Outlet Temp），過給機入口気温（T/C Air Inlet Temp）となっている。

本船のデータ収集システムからは1秒毎にVDRおよびエンジンデータロガーのデータ項目すべてが一組（種類の異なる複数行のセンテンス）として出力されるので，PCではそのままセンテンスを受信と同時にファイルに記録する。記録ファイルの内容の例を図4.5に示す。このファイルでは，1行がセンテンス1つに対応し，各行の最初のデータ（カンマ区切り）はそのセンテンスを記録プログラムが受信したときの日（PCの内部時計を時間源とする），次が時刻（時分秒），その次がミリ秒で，その後にセンテンスを並べる。時間帯は日本標準時である。

図4.5の例で，センテンス$GPZDAから$ERTCXまでが一組のデータである。

センテンスのうち，トーカがGPのものがGPSから取得したデータで，セン

記録ファイル：*YYMMDD*-0.txt（1日1ファイル）

```
========
100615-0.txt
========
20100615,070000,247,$GPZDA,220000.00,14,06,2010,00,00*66
20100615,070000,248,$GPGGA,220000.00,3411.471,N,13259.374,E,2,07,01.0,+0043,M,+031,M,06,0698*54
20100615,070000,249,$GPVTG,251,T,,,13.7,N,25.3,K,D*5C
20100615,070000,249,$SDDPT,24.8,0.0,50.0*5E
20100615,070000,249,$VMVBW,010.92,,A,,,V*5B
20100615,070000,249,$WIMWV,004.0,R,08.1,M,A*1D
20100615,070000,249,$HEHDT,253.2,T*29
20100615,070000,249,$IIRSA, 01.0,A,,V*68
20100615,070000,249,$RCRPM,E,0,101.3,,A*6B
20100615,070000,249,$ERERV,,,,,,101.1,,,,,,,,10608,,,,,,,,,,,,,,,,,,,,,,,,,,,,,,,,,,,,,,,,,,,,,,,,,,,,,,,*46
20100615,070000,249,$EREPW,,,,,,2364,,,,,,,,30.7,,,11382,,,,,,,,,,,,,,,,940,,,275,,,,,,,,,,,,,,,,,,,,,,,,,,,,*78
20100615,070000,249,$ERCSW,,,,,,,,,,19,,,,,,,,,,,,,,,,,,,,,,,,,,,,,,,,,,,,,,,,,,,,,,,,,,,,,,,,*58
20100615,070000,249,$ERAIR,,,,,,0.076,,,25,,,,,,,,,,,,,,,,,,,,,,,,,,,,,,,,,,,,,,,,,,,,,,,,,,,,*65
20100615,070000,249,$EREXH,,,,,,318,,,344,,,316,,,342,,,334,,,331,,,,,,,,,,,,,,,,,,,,,,,,,,,,,,,,,,,,,,,,,*4F
20100615,070000,249,$ERTCX,,,,,,335,,,,,,,,,,,,,,,,263,,,,,,,,,,,,,,,,,31,,,,,,,,,,,,,,,,,,,,,,,,,,,,,,*58
20100615,070001,010,$GPZDA,220001.00,14,06,2010,00,00*67
```

図4.5　本船のデータ収集システムからの記録の例

テンスは ZDA, GGA, VTG である。トーカが SD は音響測深器 (EchoSounder), VM は電磁ログ (EM Log), WI は風向風速計 (Anemometer), HE はジャイロコンパス（Gyro Compass)，II はオートパイロット（Auto Pilot)，RC は操舵スタンド（Maneuv Stand）から，それぞれ取得したデータである。

トーカ ER はエンジンデータロガーから取得したデータであり，センテンス ERV，EPW，CSW，AIR，EXH，TCX により前述のエンジンデータロガー項目を表している。

ファイルは，1 日分を 1 ファイルとして，PC の内部時計で日が変わる毎に新たなファイルを作成して記録している。ファイル名は，*YYMMDD-n*.txt で，*YY* は西暦年の下 2 桁，*MM* は月（1 桁の場合は前に 0 を付ける)，*DD* は日（1 桁の場合は前に 0 を付ける）で，*n* はその日のうちに何らかの問題でシステムを再起動した際には，途中で記録が終わっているファイルを上書きしてすでに記録したデータを消すことがないように，1 日のうちでファイルを更新する際には 0 から順に数字を増やす。

本船のデータ収集システムからのデータ記録ファイルの形式は，すべて受信したセンテンスのままなので，このままではデータとして利用しにくい。そこで，記録データから CSV（comma separated value）すなわちカンマ区切りのテキスト形式ファイルに変換するプログラムを開発した。この CSV ファイルを用いればエクセルなどの表計算ソフトで開くことができる上，データの処理，解析プログラムを開発する際にも入力データとして読み込みやすい。

本船のデータ収集システムからのデータを変換した CSV ファイルの形式を図 4.6 に示す。この図中，最左列の A から AT の項はエクセルで読み込んだときの列名を示している。すなわち，CSV の各行中で左から順にカンマで区切ったデータ項目を意味する。それぞれデータの内容，書式，意味を説明している。A 列から AT 列までが 1 行の CSV データとなる。

この変換プログラムを用いて，本船のデータ収集システム記録データを CSV に変換した結果の例を図 4.7 に示す。記録ファイルから変換したファイル名の拡張子を “.txt” から “.csv” に変えたものである。

Col	Data	Format	Meaning
A	YYYY/MM/DD,	04d/02d/02d	Date, Received (Local Time)
B	HH:MM:SS,	02d:02d:02d	Time, Received (Local Time)
C	mmm,	3d	Millisecond, Received (Local Time)
D	YYYYMMDD,	8d	GPS date
E	hhmmss.oo,	9.2f	GPS time
F	oo,	2d	latitude (integer) [deg]
G	oo.oooo,	.4f	latitude (minutes)
H	c	1c	N or S
I	ooo,	2d	Longitude (integer) [deg]
J	oo.oooo,	.4f	Longitude (minutes)
K	c	1c	E or W
L	oo.oooooo,	.6lf	latitude in deg
M	ooo.oooooo,	.6lf	Longitude in deg
N	ooo,	03d	GPS course [deg]
O	oo.o,	.1f	GPS speed in knots
P	oo.o,	.1f	GPS speed in kmh
Q	oo.o,	.1f	Depth in m
R	oo.o,	.2f	Water Speed (EM Log) in knots
S	ooo.o,	.1f	Wind Direction [deg]
T	c	1c	R (Relative) or T (True)
U	ooo.o,	.1f	Wind Speed [m/s]
V	c	1c	unit M (m/s)
W	ooo.o,	.1f	*Calculated* True Wind Direction [deg]
X	oo.o,	.2f	*Calculated* True Wind Speed [m/s]
Y	ooo.o,	.1f	Gyro Compass Heading [deg]
Z	oo.o,	.1f	Rudder Angle [deg]
AA	ooo.o,	.1f	Main Engine Revolution [rpm]
AB	ooo.o,	.1f	Main Engine Speed [rpm]
AC	oooo,	d	Engine T/C Speed [rpm]
AD	oooo,	d	Shaft Horse Power [kW]
AE	oo.o,	.1f	Fuel Pump Mark [mm]
AF	oooo,	d	FO Flow [L]
AG	oooo,	d	E/R Atomosphere Pressure [hPa]
AH	ooo,	d	Shaft Thrust [kN]
AI	oo,	d	Sea Water Temperature [C]
AJ	o.ooo,	.3f	M/E Scav. Air Pressure [MPa]
AK	oo,	d	M/E Scav. Air Temperature [C]
AL	ooo,	d	M/E No.1 Cyl. EXH Gas Outlet Temperature [C]
AM	ooo,	d	M/E No.2 Cyl. EXH Gas Outlet Temperature [C]
AN	ooo,	d	M/E No.3 Cyl. EXH Gas Outlet Temperature [C]
AO	ooo,	d	M/E No.4 Cyl. EXH Gas Outlet Temperature [C]
AP	ooo,	d	M/E No.5 Cyl. EXH Gas Outlet Temperature [C]
AQ	ooo,	d	M/E No.6 Cyl. EXH Gas Outlet Temperature [C]
AR	ooo,	d	M/E T/C EXH Gas Inlet Temperature [C]
AS	ooo,	d	M/E T/C EXH Gas Outlet Temperature [C]
AT	ooo,	d	M/E T/C Blower Air Inlet Temperature [C]

図4.6　航海・機関データを変換したCSVファイルの各行中のデータ項目および形式

.csv に変換したファイル

```
========
100615-0.csv
========
2010/06/15, 07:00:00, 247, 20100614, 220000.00, 34, 11.4710, N, 132, 59.3740, E, 34.191183, 132.989567, 251,
13.7, 25.3, 24.8, 10.92, 4.0, R, 8.1, M, 291.5, 1.35, 253.2, 1.0, 101.3, 101.1, 10608, 2364, 30.7, 11382,
940, 275, 19, 0.076, 25, 318, 344, 316, 342, 334, 331, 335, 263, 31
2010/06/15, 07:00:01, 010, 20100614, 220001.00, 34, 11.4700, N, 132, 59.3700, E, 34.191167, 132.989500, 251,
13.6, 25.1, 24.8, 10.89, 8.0, R, 7.8, M, 314.0, 1.55, 253.2, 1.0, 101.1, 101.1, 10608, 2364, 30.7, 11382,
940, 275, 19, 0.076, 25, 319, 344, 316, 342, 334, 331, 335, 263, 31
2010/06/15, 07:00:02, 051, 20100614, 220002.00, 34, 11.4690, N, 132, 59.3650, E, 34.191150, 132.989417, 251,
13.6, 25.1, 25.0, 10.88, 3.0, R, 5.7, M, 48.9, 1.40, 253.3, 1.0, 101.1, 100.6, 10601, 2364, 30.7, 11383,
940, 275, 19, 0.075, 25, 319, 344, 316, 342, 334, 331, 335, 263, 31
2010/06/15, 07:00:03, 053, 20100614, 220003.00, 34, 11.4670, N, 132, 59.3610, E, 34.191117, 132.989350, 251,
13.6, 25.1, 25.0, 10.88, 355.0, R, 5.8, M, 84.1, 1.21, 253.3, 1.0, 101.3, 100.8, 10594, 2364, 30.8, 11383,
940, 275, 19, 0.075, 25, 319, 344, 316, 343, 334, 331, 335, 263, 31
2010/06/15, 07:00:04, 054, 20100614, 220004.00, 34, 11.4660, N, 132, 59.3570, E, 34.191100, 132.989283, 251,
13.6, 25.1, 25.0, 10.87, 4.0, R, 7.4, M, 315.7, 0.90, 253.3, 1.0, 101.0, 100.8, 10594, 2364, 30.8, 11383,
940, 275, 19, 0.075, 25, 319, 344, 316, 343, 334, 331, 335, 264, 31
```

図 4.7　変換したCSVファイルの例

4.2.4　気圧温度湿度変換器からのデータ収集

VDR データには風向風速以外の気象に関するデータがないため，気圧，湿度，気温については，別途準備した計器を搭載している。計器は気圧湿度温度変換器（Combined Pressure, Humidity and Temperature Transmitter）VAISALA 製 PTU307-C を採用した。この計器は，気圧，温度，湿度をデジタルデータに変換して，シリアルインターフェイス（RS-232C）から出力するものである。この装置は Nav.Lk の後ろ側の壁に取り付け，そこから壁を貫通してセンサーのケーブルを通し，船橋後部の壁の外側にラジエーションシールドを使用して温度・湿度センサー（実際には温度プローブと補償用温度プローブ）を取り付けて，外気温度と湿度を計測している。

図 4.8 (a) に温度・湿度センサーを内蔵したラジエーションシールドを船橋後部の外部壁面に取り付けた様子，同図 (b) に気圧センサーを内蔵した本体を Nav.Lk 内部の壁面に取り付けたところを示す。

(a) ラジエーションシールド中の温度センサー

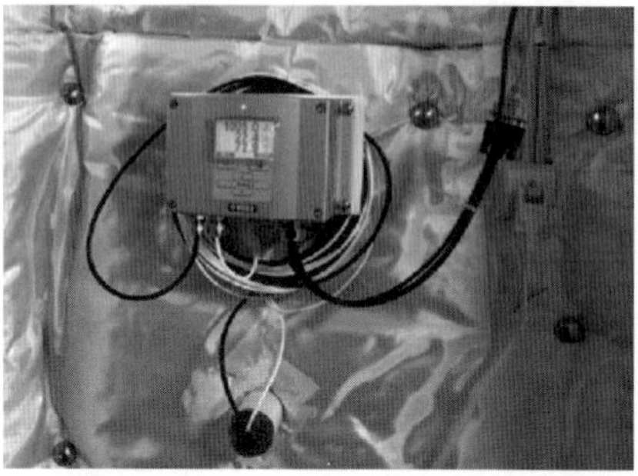

(b) 気象センサーユニット(気圧センサーを内蔵)

図4.8　気圧・温度・湿度の計測

```
コマンド：SEND
(例)
>send
P= 1021.6 hPa T= 23.3 'C RH= 5.7 %RH

コマンド：SEND D
(例)
>send d
24.1720 15.0399 -3.5743 189.2324 15.0709 15.0399 23.9765
ここで測定値は左から：
 24.1720＝湿度プローブの温度(℃)
 15.0399＝RH(%RH)
 -3.5743＝Tdf(C)
189.2324＝静電容量(pF)
 15.0709＝RH生データ：静電容量を調整して計算(%RH)
 15.0399＝増加補正係数で補正したRH(%RH)
 23.9765＝追加温度プローブ(オプション)の温度(℃)
```

図4.9　気圧温度湿度変換器が出力するデータの例

気圧温度湿度変換器からのデジタルデータの転送は，図 4.9 に示すように，コマンドを PC から送信することで，その応答として計測値を返すので，これを受信して記録する。開発したこの機器用のデータ記録プログラムでは，コマンドの送信に対して計測値を返す種類のコマンドを利用した。データ記録の間隔は5秒としたので，5秒毎に繰り返しコマンドを送信し，その結果として出力されるデータをファイルに記録する。具体的なコマンドは，図4.9に示した“SEND”と“SEND D”の2種類である。このうちSENDコマンドでは，気圧，温度，湿度が出力される。また，SEND Dコマンドは，温度と湿度に関して図中のとおり，より詳細なデータが出力される。データの記録はSENDコマンドだけで十分であるが，念のためSEND Dコマンドの結果も同時に記録することとした。

図4.10に気圧・温度・湿度データの記録ファイルの例を示す。5秒毎のSEND DコマンドおよびSENDコマンドの結果を記録している。SEND Dコマンドの結果の行の項目は，左から順に，湿度プローブの温度（℃），RH（% RH），Tdf（C），静電容量（pF），RH生データ：静電容量を調整して計算（% RH），増加補正係数で補正したRH（% RH），追加温度プローブの温度（℃）である。

記録ファイル：V*YYMMDD*-0.csv（1日1ファイル）

```
========
V100615-0. csv
========
20100615, 070000, 029, 20. 0128, 91. 8740, 18. 6332, 213. 2803, 91. 7931, 91. 7611, 19. 9930
20100615, 070000, 087, P=, 1004. 6, hPa, T=, 20. 0, ' C, RH=, 91. 9, %RH
20100615, 070005, 029, 20. 0153, 91. 8750, 18. 6357, 213. 2803, 91. 7931, 91. 7612, 19. 9953
20100615, 070005, 087, P=, 1004. 7, hPa, T=, 20. 0, ' C, RH=, 91. 9, %RH
20100615, 070010, 030, 20. 0168, 91. 8936, 18. 6415, 213. 2877, 91. 8184, 91. 7864, 19. 9979
20100615, 070010, 088, P=, 1004. 6, hPa, T=, 20. 0, ' C, RH=, 91. 9, %RH
20100615, 070015, 029, 20. 0191, 91. 9141, 18. 6505, 213. 2990, 91. 8565, 91. 8246, 20. 0033
20100615, 070015, 088, P=, 1004. 6, hPa, T=, 20. 0, ' C, RH=, 91. 9, %RH
20100615, 070020, 029, 20. 0230, 91. 9469, 18. 6601, 213. 3086, 91. 8892, 91. 8572, 20. 0072
20100615, 070020, 088, P=, 1004. 6, hPa, T=, 20. 0, ' C, RH=, 91. 9, %RH
20100615, 070025, 029, 20. 0282, 91. 9676, 18. 6693, 213. 3154, 91. 9127, 91. 8807, 20. 0129
20100615, 070025, 088, P=, 1004. 6, hPa, T=, 20. 0, ' C, RH=, 92. 0, %RH
20100615, 070030, 031, 20. 0326, 91. 9663, 18. 6745, 213. 3168, 91. 9177, 91. 8858, 20. 0184
20100615, 070030, 089, P=, 1004. 6, hPa, T=, 20. 0, ' C, RH=, 92. 0, %RH
20100615, 070035, 029, 20. 0364, 91. 9430, 18. 6740, 213. 3094, 91. 8929, 91. 8610, 20. 0220
20100615, 070035, 089, P=, 1004. 7, hPa, T=, 20. 0, ' C, RH=, 91. 9, %RH
20100615, 070040, 029, 20. 0389, 91. 9120, 18. 6701, 213. 2986, 91. 8564, 91. 8246, 20. 0235
20100615, 070040, 089, P=, 1004. 6, hPa, T=, 20. 0, ' C, RH=, 91. 9, %RH
```

データ記録取得間隔は5秒毎

図4.10　気圧・温度・湿度データの記録の例

記録データの時間帯は日本標準時である。ファイルは1日分を1ファイルとして，PCの内部時計で日が変わる毎に新たなファイルを作成して記録している。ファイル名はV*YYMMDD*-*n*.txtで，気象データを示す文字Vに続き，*YY*は西暦年の下2桁，*MM*は月（1桁の場合は前に0を付ける），*DD*は日（1桁の場合は前に0を付ける）で，*n*はその日のうちに何らかの問題でシステムを再起動した際には，途中で記録が終わっているファイルを上書きしてすでに記録したデータを消すことがないように，1日のうちでファイルを更新する際には0から順に数字を増やす。

4.2.5　加速度センサーからのデータ収集

船体動揺の計測のため，*XYZ* 3軸（ロール，ピッチ，ヨー）の加速度，角度，角速度を計測できる姿勢方位基準装置を設置した。形式はCrossbow製AHRS400MB-200である（図4.11）。

図(a)は外観であり，図(b)は各軸の方向の基準を示している。

(a) 外観

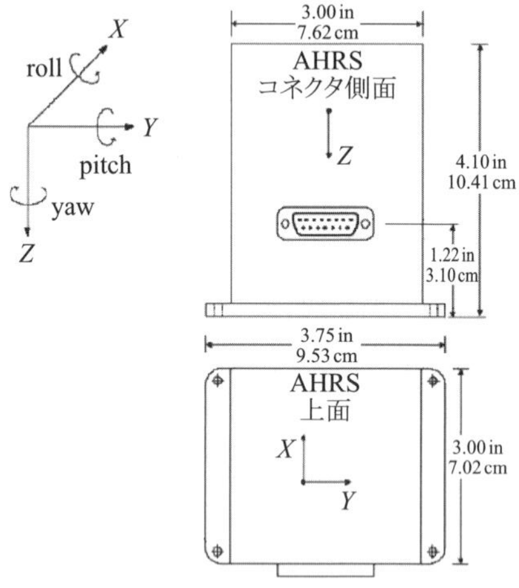

(b) 各軸の基準

図4.11　姿勢方位基準装置（AHRS400）

このセンサーを船橋の Nav.Lk 内で船幅方向の中心に位置する壁に取り付けており，センサーはほぼ船体左右の中心に位置している。

図 4.12 に，その設置状況を示す。

AHRS400 姿勢方位基準装置からは，デジタルデータがシリアルインターフェイス（RS-232C）を介して得られるので，これを PC に入力してデータを記録する。データの更新レートは最大 50 Hz，すなわち 20 ms 毎にデータが送信され続ける。送信されるデータの項目は表 4.5 に示すとおりである。

このデータを記録プログラムでは 100 ms 毎に（すなわち 10 Hz で）記録することとした。この 100 ms 毎という時間の基準は PC の内部時計を用いており，センサー内部の時計とは微妙にずれる。また，データ転送に時間を要するため，データを受信した瞬間はデータを計測した時点からすでにいくらか時間が経ってしまっていることになる。センサー内部のタイミングで 20 ms 毎に送られてくるデータのうち，PC の内部時計で 100 ms 毎に前後で最も近い受信データを記録している。なお，表 4.5 中の項目番号 14 にセンサー内部でデータが AD 変換された瞬間のタイミング情報が入っている。詳細なデータの時系

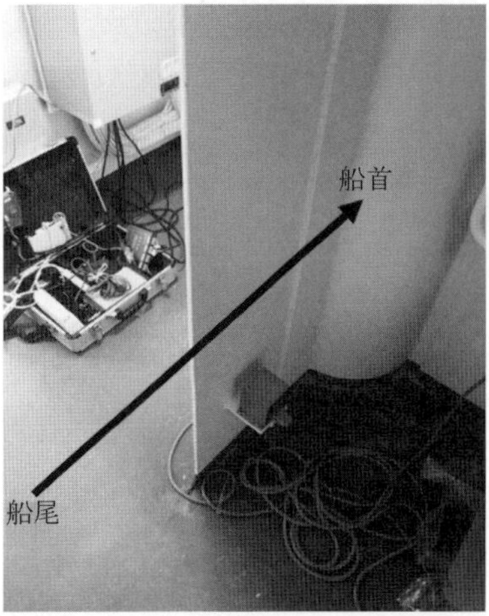

図 4.12　姿勢方位基準装置の設置の様子

表 4.5　姿勢方位基準装置のデータ項目

No.	Data
1	Roll Angle
2	Pitch Angle
3	Heading Angle
4	Roll Angular Rate
5	Pitch Angular Rate
6	Yaw Angular Rate
7	*X*-Axis Acceleration
8	*Y*-Axis Acceleration
9	*Z*-Axis Acceleration
10	*X*-Axis Magnetic Field
11	*Y*-Axis Magnetic Field
12	*Z*-Axis Magnetic Field
13	Temp Sensor
14	Time

列に対する変化を解析するような場合には，このタイミング情報を手がかりにデータの時刻を補正することが可能である。

記録するファイルは，データ量が多くなるため，1 時間毎に 1 ファイルとした。図 4.13 に記録ファイルの内容の例を示す。

各行は，左から年月日，時分秒，ミリ秒に続いて，表 4.5 のデータ項目をカンマで区切って順に並べている。時間帯は日本標準時である。

ファイルは 1 時間分を 1 ファイルとして，PC の内部時計で時が変わる毎に新たなファイルを作成して記録している。ファイル名は，A*YYMMDDHH*-*n*.txt で，船体動揺を示す文字 A に続き，***YY*** は西暦年の下 2 桁，***MM*** は月（1 桁の場合は前に 0 を付ける），***DD*** は日（1 桁の場合は前に 0 を付ける），***HH*** は時

記録ファイル：A*YYMMDDHH*-0.csv（1 時間 1 ファイル）

```
========
A10061507-0.csv
========
20100615,065959,998,0.203247,2.719116,112.417603,0.311279,0.411987,0.421143,-0.045776,0.006775,0.995728,
-0.151611,-0.337097,0.253510,26.81,26723
20100615,070000,110,0.214233,2.730103,112.450562,0.466919,0.164795,0.640869,-0.045776,0.002563,1.000122,
-0.151474,-0.336868,0.253281,26.75,11297
20100615,070000,205,0.126343,2.752075,112.390137,-1.455688,0.430298,-0.146484,-0.047424,0.010803,0.995911,
-0.151245,-0.336502,0.253418,26.81,18903
20100615,070000,305,0.131836,2.763062,112.384644,-0.613403,0.128174,-0.073242,-0.045959,0.004211,0.995361,
-0.151520,-0.337372,0.254105,26.81,29107
20100615,070000,399,0.115356,2.757568,112.406616,-0.549316,0.402832,0.512695,-0.045410,0.002930,0.999023,
-0.151108,-0.336594,0.254700,26.81,36817
20100615,070000,500,0.148315,2.752075,112.368164,-0.622559,-1.071167,-0.201416,-0.048157,0.010620,0.992432,
-0.151291,-0.336960,0.256256,26.81,47101
20100615,070000,599,0.175781,2.757568,112.379150,0.933838,-0.128174,0.082397,-0.045959,0.006226,0.998474,
-0.151291,-0.337189,0.255753,26.81,54707
20100615,070000,690,0.192261,2.774048,112.368164,0.347900,0.979614,0.329590,-0.046692,0.000732,0.997559,
-0.151337,-0.336502,0.253647,26.86,64939
20100615,070000,790,0.170288,2.785034,112.401123,0.064087,1.034546,0.952148,-0.047974,0.009705,0.996643,
-0.151337,-0.336594,0.253418,26.86,7039
20100615,070000,905,0.208740,2.746582,112.346191,-0.183105,-0.228882,-0.100708,-0.045776,0.001831,1.000122,
-0.151474,-0.336594,0.253418,26.81,57001
20100615,070001,000,0.230713,2.708130,112.401123,-0.521851,0.256348,0.100708,-0.045410,0.003113,1.000488,
-0.151337,-0.336502,0.253281,26.86,1781
```

図 4.13　船体動揺データの記録の例

(1桁の場合は前に0を付ける) で，nはその時のうちに何らかの問題でシステムを再起動した際には，途中で記録が終わっているファイルを上書きしてすでに記録したデータを消すことがないように，1時間のうちでファイルを更新する際には0から順に数字を増やす。

4.2.6　レーダー波浪観測装置

従来，波浪データ (波高，波向，波長) などの観測はもっぱら目視により行うものであり，計器によって客観的に値を得るという性質のものではなかった。船首にマイクロ波の送受波器を海面に向けて取り付け，その海面との距離の変化から波高を計測するマイクロ波波高計という機器が実用化され，波高のみについては計測する手法がある。しかし，波向については計測不可能である。一般的な舶用レーダーにおいて，通常は雑音としてフィルタにより除去するべき自船付近の海面反射映像の情報から，波高だけでなく，波向，波長，スペクトルなどを解析する船舶用レーダー波浪観測装置が近年開発された。供試船には，JRC日本無線製のレーダー波浪観測装置を搭載している。図4.14にその構成を示す。

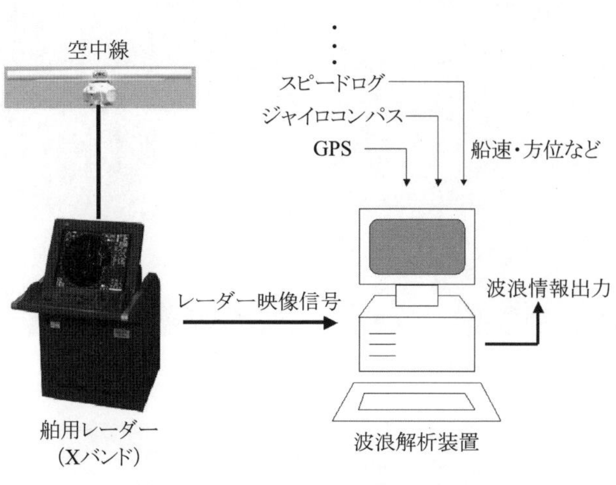

図4.14　レーダ波浪観測装置の概要

レーダー波浪観測装置では，波浪計測のためにレーダーレンジを 1.5 NM 以下に設定しなければならず，通常の航海で使用するレンジとは異なった設定にする必要があるため，航海用とは別に波浪解析のために専用の舶用レーダーを搭載する必要がある。供試船に搭載した波浪解析用の舶用 X バンドレーダーの空中線の設置の様子を図 4.15 に示す。

解析した波浪のスペクトル情報は，PC（解析装置メインユニット）内のハードディスクにファイルとして保存される。記録の間隔は 2 分毎である。また，波浪観測装置 PC のシリアルインターフェイス（RS-232C）から，波高，波向などのデータが出力されるので，これを本船のデータ収集システムデータ記録用 PC のシリアルインターフェイスと接続し，データを記録する。そのデータは P センテンスで，書式は表 4.6 のとおりである。また，図 4.16 に船橋内のレーダー本体（左）と波浪観測装置の PC（右）を示す。

図 4.17 に記録ファイルの例を示す。

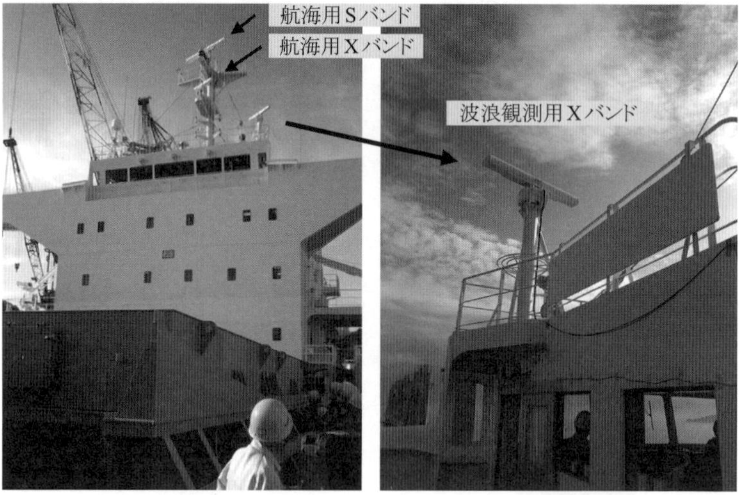

図 4.15　波浪観測用 X バンドレーダーの空中線の設置の様子

表 4.6　レーダー波浪観測装置から出力されるセンテンスとデータの内容

$PJHA	有義波高，平均波長，瞬時波向など
$PJRC	有義波高，波向，波長，計算波速，理論波速など

図4.16　レーダーと解析用PC

記録ファイル：R*YYMMDD*-0.csv（1日1ファイル）

```
========
R100615-0.csv
========
20100615,070001,372,$PJRC,-999.999,,,-999.999,-999.999,-999.999,-999.999,-999.999,-999.999,-999.999,
-999.999,-999.999,10-06-14,23:00:00.000
20100615,070001,664,$PJHA,00.3,0.069,5,10496990.75,5,151103266.00,5,110.4,160.6,10-06-14,23:00:00.000
20100615,070202,333,$PJRC,-999.999,,,-999.999,-999.999,-999.999,-999.999,-999.999,-999.999,-999.999,
-999.999,-999.999,10-06-14,23:02:00.000
20100615,070202,643,$PJHA,00.3,0.050,5,9890574.38,5,198924642.00,4,164.3,148.0,10-06-14,23:02:00.000
20100615,070402,338,$PJRC,-999.999,,,-999.999,-999.999,-999.999,-999.999,-999.999,-999.999,-999.999,
-999.999,-999.999,10-06-14,23:04:00.000
20100615,070402,651,$PJHA,00.3,0.019,5,6200442.81,5,324334856.00,4,185.4,173.1,10-06-14,23:04:00.000
20100615,070601,370,$PJRC,-999.999,,,-999.999,-999.999,-999.999,-999.999,-999.999,-999.999,-999.999,
-999.999,-999.999,10-06-14,23:06:00.000
20100615,070601,680,$PJHA,00.3,0.011,5,4158196.94,5,387745888.00,4,200.6,176.6,10-06-14,23:06:00.000
20100615,070802,348,$PJRC,-999.999,,,-999.999,-999.999,-999.999,-999.999,-999.999,-999.999,-999.999,
-999.999,-999.999,10-06-14,23:08:00.000
20100615,070802,655,$PJHA,00.3,0.008,5,3134155.69,5,392722708.00,4,222.2,189.5,10-06-14,23:08:00.000
```

図4.17　波浪データの記録の例

記録データの時間帯は日本標準時である。ファイルは1日分を1ファイルとして，PCの内部時計で日が変わる毎に新たなファイルを作成して記録している。ファイル名はR*YYMMDD*-*n*.txtで，レーダーによる波浪計測を示す文字

R に続き，*YY* は西暦年の下 2 桁，*MM* は月（1 桁の場合は前に 0 を付ける），*DD* は日（1 桁の場合は前に 0 を付ける）で，*n* はその日のうちに何らかの問題でシステムを再起動した際には，途中で記録が終わっているファイルを上書きしてすでに記録したデータを消すことがないように，1 日のうちでファイルを更新する際には 0 から順に数字を増やす。

4.2.7　データ回収

供試船は，平成 22 年（2010 年）6 月 24 日の新造引き渡し以来，平成 25 年（2013 年）6 月現在，一度も日本には入港していない。図 4.18 に就航後しばらくの期間の航跡を示す。

データ確認用サマリーはメールで毎日，衛星通信のデータ回線により送信されるが，記録システムのデータそのものは，容量が大きいため，通信回線により転送するということはしていない。そのため，適当な時期に訪船してデータを回収する必要がある。

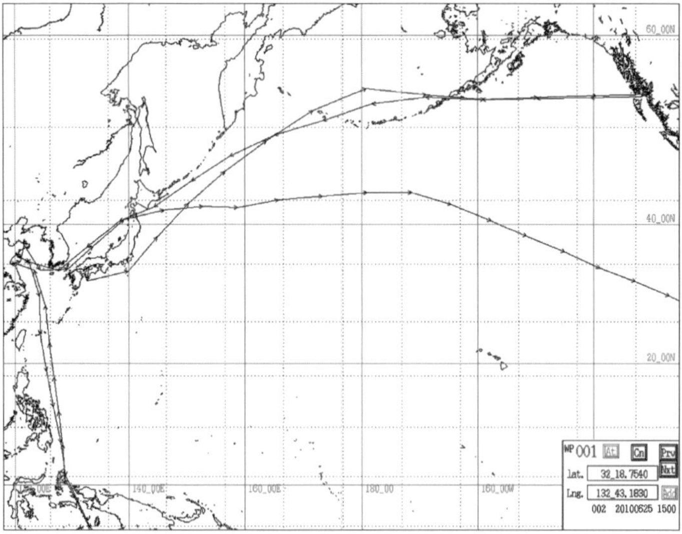

図 4.18　供試船の航跡の例（約1カ月分）

回収したデータを用い，本船のデータ収集システムデータと船体動揺データについて概略の傾向をつかむため前処理を行った結果を以下に示す。図 4.19 (a)～(j) は各データ項目を1時間毎に平均した値を，例として 2010 年 7 月の 1 カ月分についてグラフに表したものである。

図 4.19　航海および機関データの記録例

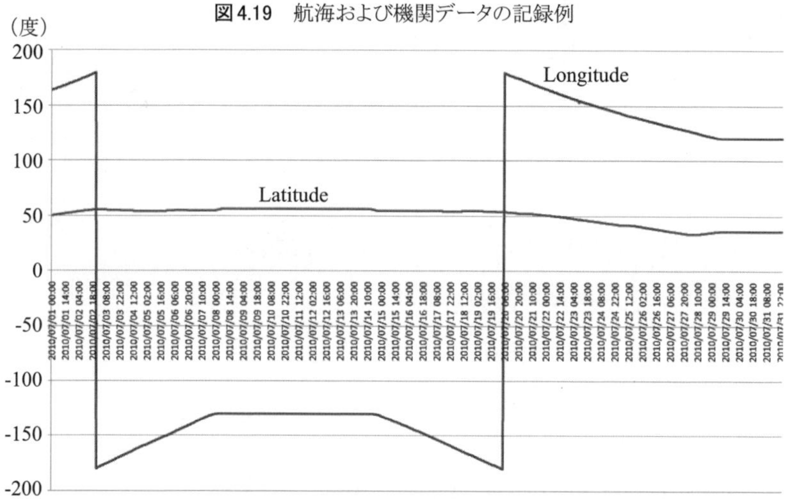

(a) GPS船位（緯度・経度）

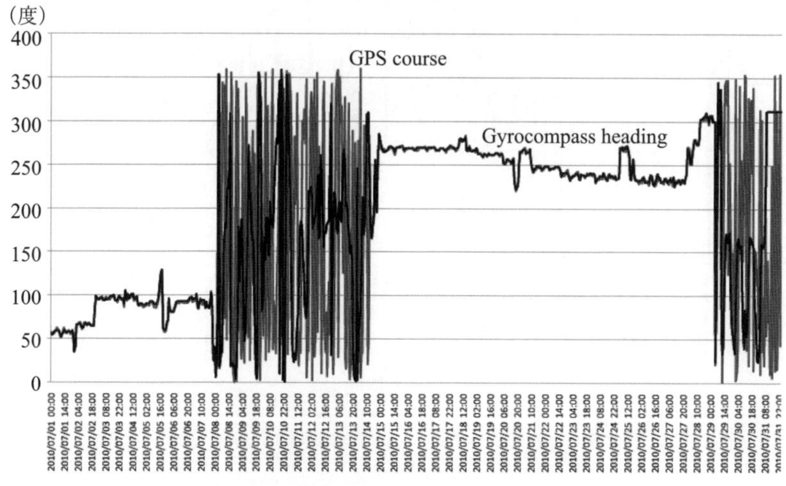

(b) GPS針路とジャイロコンパス船首方位

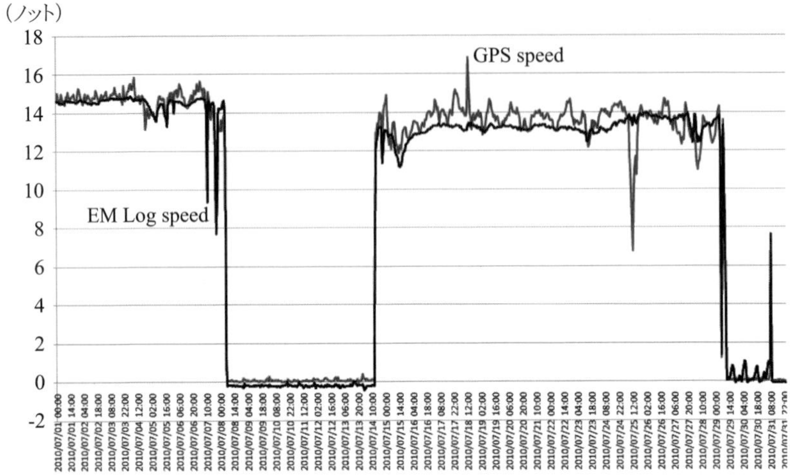

(c) GPS(対地)速力とEMログ(対水)速力

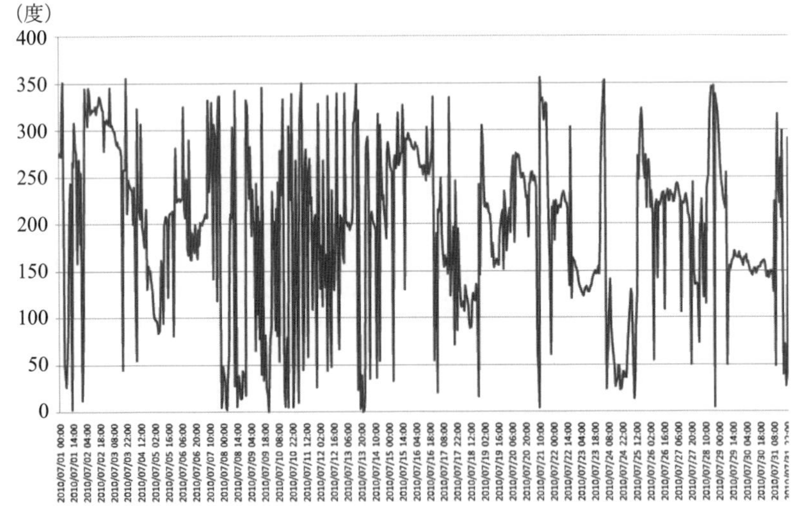

(d) 真風向

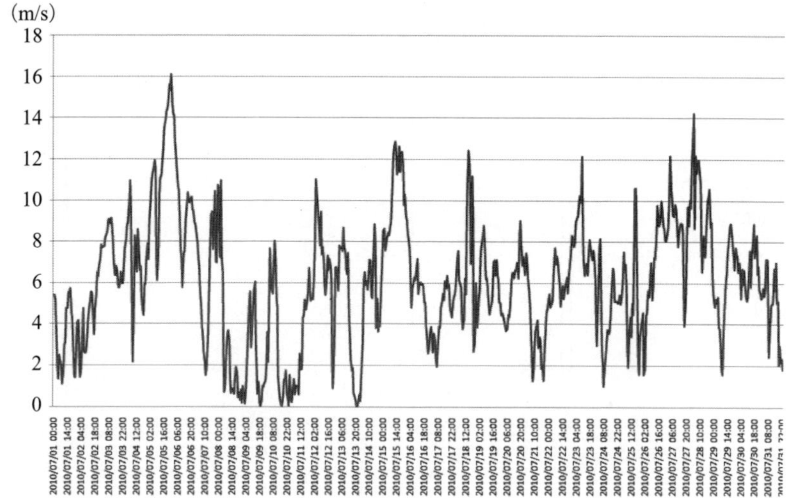

(e) 真風速

(f) 気圧

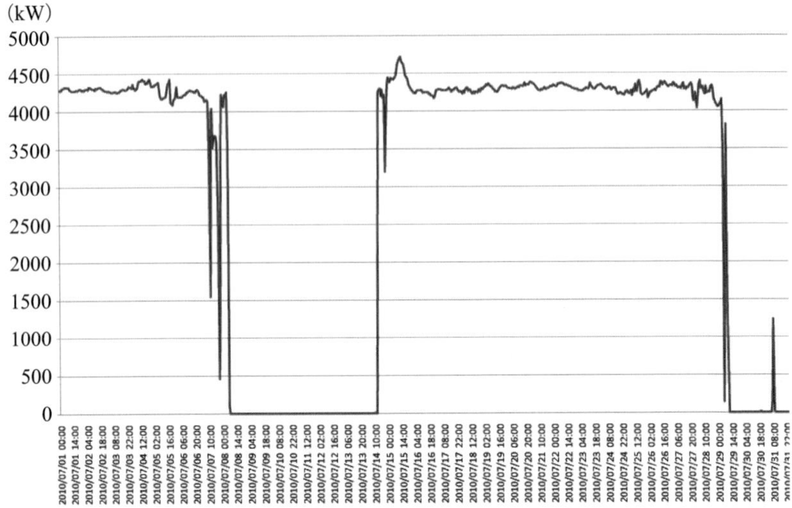

(g) 主機関出力

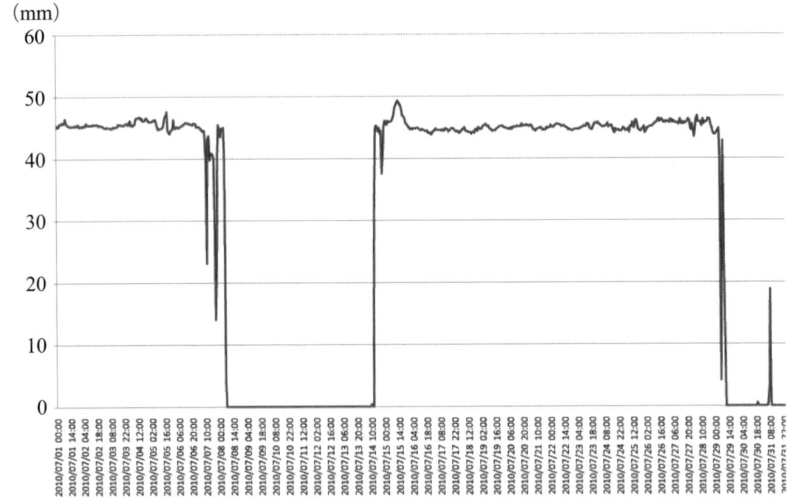

(h) 負荷(FO Pump Mark)

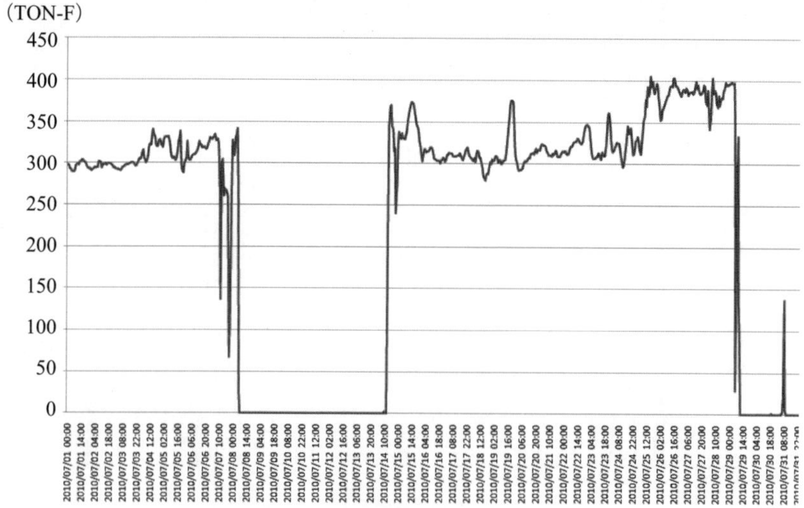

(i) 主軸スラスト

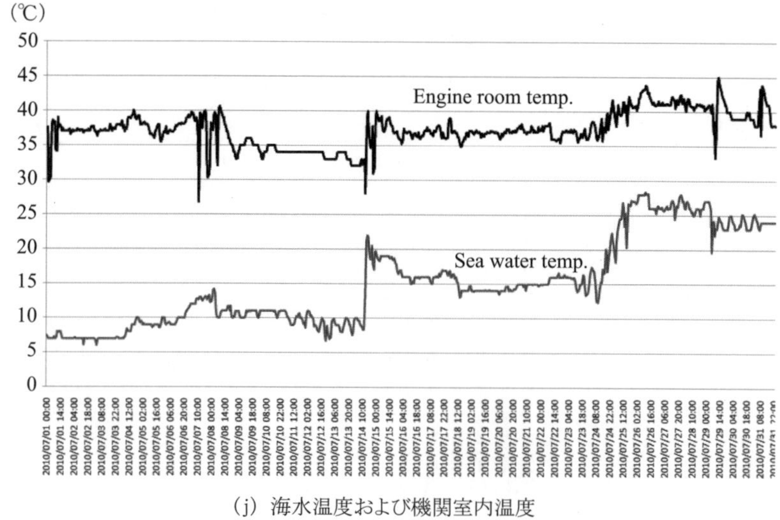

(j) 海水温度および機関室内温度

図4.20は，船体動揺（姿勢方位基準装置）の振幅および周期のデータを，振幅については1時間毎に3分の1有義値を求めグラフにしたものである。例として2010年7月の1カ月分を示す。

図4.20　船体動揺データの記録例

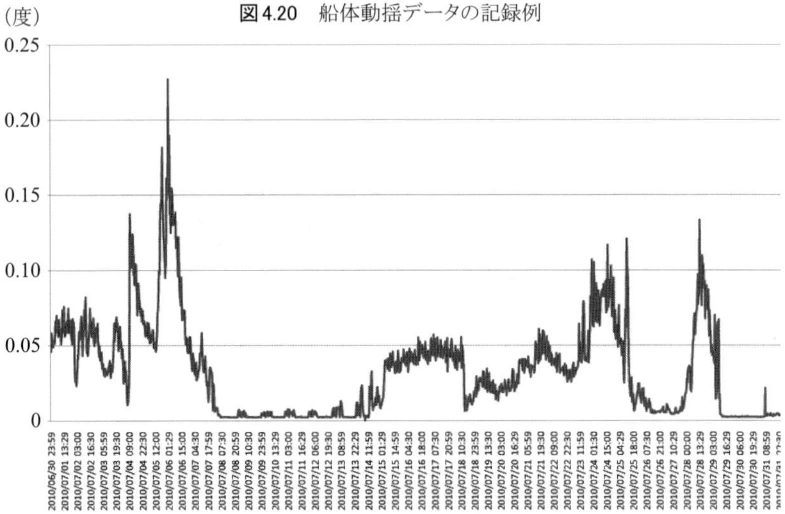

(a) ロールの振幅(3分の1有義値)

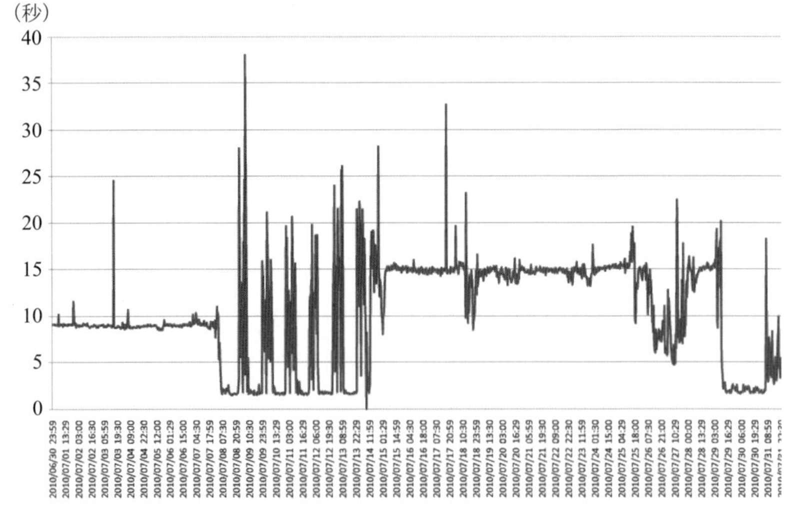

(b) ロールの周期

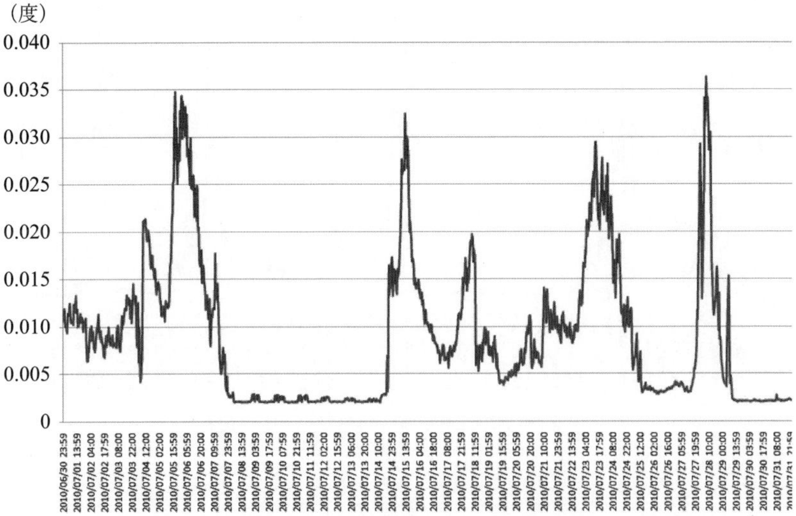

(c) ピッチの振幅（3分の1有義値）

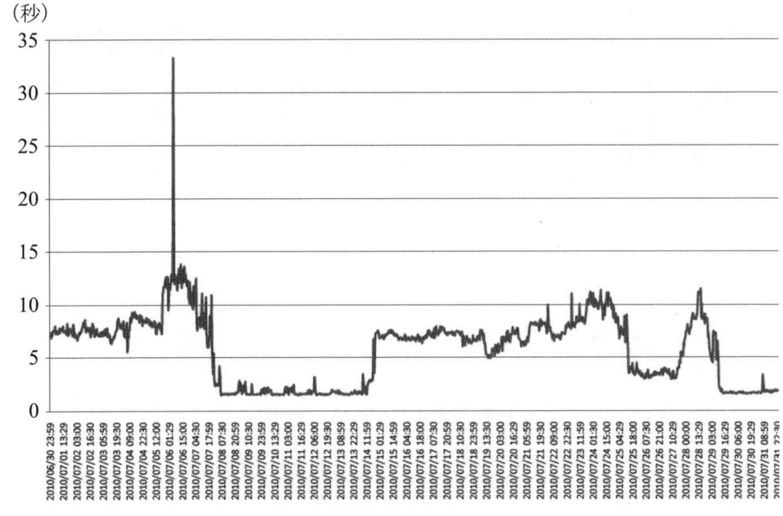

(d) ピッチの周期

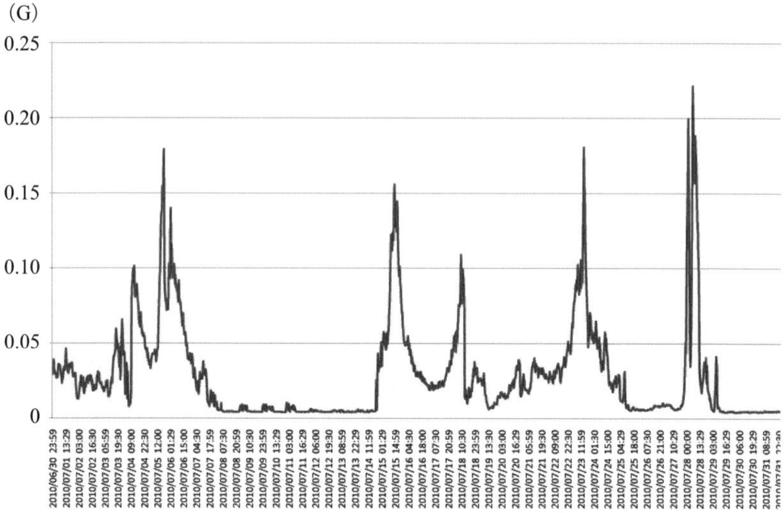

(e) Z 軸方向加速度の振幅(3分の1有義値)

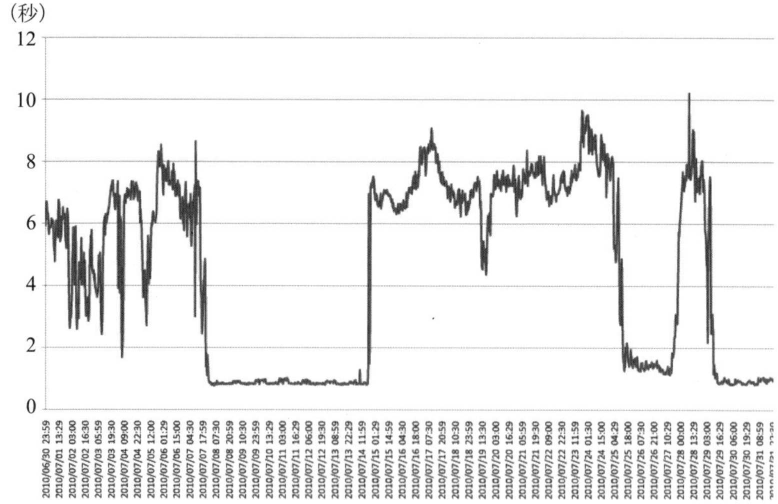

(f) Z 軸方向加速度の周期

図4.19および図4.20のグラフはいずれも横軸が時間経過（日）で，2010年7月1日から7月31日の1カ月間の変化を示している。図4.19 (c) の船速および (g) の主機出力などから見て，7月8日～14日頃および7月29日以降は，入港している状態で大きくは動いていないことがわかる。図 (a) の船位より，前月から航海を続けていたが，東に進み7月2日には経度が東経180度から急に西経180度（–180）に変化していることから日付変更線を西から東に越えたことを示し，さらに東へ進んで7月8日には北緯55度，西経130度あたりで停まっている。実際には米国アラスカ州付近に入港していた。この部分では，船速はGPS（対地）およびEMログ（対水）ともに14.5ノットから16ノットの間で変化している（図c)。風は7月5日～6日頃に突出して強くなっており，平均で15 m/sを超えている（図e)。この期間の風向は，225度（南西）あたりを中心に西風が吹いていたようである（図d)。

次に船体動揺のデータ（図4.20）を見てみると，本船のデータ収集システムからのデータで7月5日頃，風が突出して強くなっていたが，やはりその頃にローリングが3分の1有義値で0.2を超えて大きくなっている（図a)。また，ピッチング（図c）およびZ軸加速度（図e）についても同様の傾向で7月5日頃，突出して大きくなっている。前月から続き7月1日から8日頃には，ローリングの動揺周期は約9秒でほぼ一定である（図b)。また，7月14日から29日頃の航海では，動揺周期が約15秒である。これは，それぞれの航海中は貨物の重量や積み付け状態が同じで，ローリングの動揺周期はほとんど変化していないことを示していると考えられる。

4.3　動力負荷特性

航行中船舶の性能は，平水中・実海域にかかわらず，機械動力発生源である主機関（原動機)，動力変換器としての推進器および最終的な動力消費としての船体推進における動力と負荷の平衡特性および過渡特性により定まる。本節では，原動機（ディーゼル機関あるいは蒸気タービン機関)，推進器（スクリュープロペラ，以後，プロペラ）および船体（排水量型）の三者間の動力負荷特性について述べる。

4.3.1　動力伝達の流れ

船舶推進システムにおける基本的な3要素は「原動機」「プロペラ」「船体」であり，推進器は原動機に対する負荷として船体に対する動力として作用する（回転動力から直進動力への）動力変換器と言える。動力の形態は，原動機からプロペラに伝達される回転動力と，前進速度の環境においてプロペラが発生する推力（スラスト）により船体抵抗に逆らって船体が進む船速，すなわち直進動力の2種類に大別できる。

$$\text{回転動力 (W), (J/s), (N}\cdot\text{m/s)} = \text{トルク (N}\cdot\text{m)} \times \text{回転角速度 (rad/s)} \tag{4.1}$$

$$\text{直進動力 (W), (J/s), (N}\cdot\text{m/s)} = \text{力 (N)} \times \text{速度 (m/s)} \tag{4.2}$$

図4.21　船舶推進システムにおける基本3要素

船舶推進システムにおける原動機からプロペラを経て船体の運動へ伝達される動力の流れを図4.22および(4.3)～(4.7)式に示す。

制動出力，軸出力，伝達出力（＝プロペラ吸収出力）は回転動力の形態であり，スラスト出力（＝プロペラ発生出力），有効出力は直進動力の形態である。

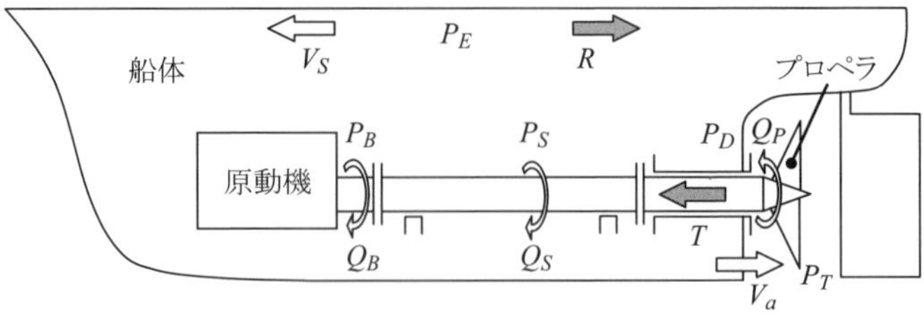

図4.22　船舶推進システムにおける動力の流れ

(1) 回転動力（Rotary Power）

ここでは，原動機とプロペラの軸は直結とし，減速歯車の存在は考えない（なお，歯数 N_S から歯数 N_L に減速する場合は，回転角速度が N_S/N_L 倍，トルクが N_L/N_S × 歯車伝達効率倍 となる）。

- **制動出力**（Brake Power）：P_B（W）

原動機の出力軸における動力である。原動機単独で行われる工場出荷時の性能試験では動力計により計測されるが，船舶に搭載された動力プラントの状態では，実質上モニターできない。なぜなら，原動機出力軸直後にはスラスト軸受が設けられており，原動機とスラスト軸受の間では軸のねじり歪みの計測ができないため駆動トルクを把握できないからである。したがって，船舶動力プラントの状態における機械動力の最上流の値として，軸出力を用いることが一般的である。

$$P_B = \omega \cdot Q_B = 2 \cdot \pi \cdot n \cdot Q_B \tag{4.3}$$

ここで，Q_B：原動機の駆動トルク（N·m）
ω：回転角速度（rad/s）$= 2 \cdot \pi \cdot n$
n：原動機回転速度＝軸回転速度
＝プロペラ回転速度（rps），（1/s）

- **軸出力**（Shaft Power）：P_S（W）

中間軸を伝わる動力である。中間軸のねじり歪みを検出し，軸回転速度との積から演算される。

$$P_S = \omega \cdot Q_S = 2 \cdot \pi \cdot n \cdot Q_S \tag{4.4}$$

ここで，Q_S：中間軸のねじり歪みより求められる軸トルク（N·m）

- **伝達出力**（Delivered Power）：P_D（W）＝プロペラ吸収出力

原動機から中間軸，プロペラ軸を経て，プロペラに伝達される動力。プロペラから見ると，プロペラ軸を通じて原動機から吸収する動力。

$$P_D = \omega \cdot Q_P = 2 \cdot \pi \cdot n \cdot Q_P \tag{4.5}$$

ここで，Q_P：プロペラに伝達されるトルク
＝プロペラが吸収するトルク（N·m）

（2）直進動力（Linear Power）

- スラスト出力（Thrust Power）：P_T（W）＝プロペラ発生出力
  プロペラが発生する動力である。

$$P_T = T \cdot V_a = T \cdot (1 - w) \cdot V_S \tag{4.6}$$

ここで，T：プロペラの発生スラスト（N）
　　　　V_a：プロペラの前進速度（m/s）
　　　　w：伴流係数

- 有効出力（Effective Power）：P_E（W）
  船体の直進運動として有効に利用される動力である。

$$P_E = R \cdot V_S = (1 - t) \cdot T \cdot V_S \tag{4.7}$$

ここで，R：船体曳航抵抗（N）
　　　　V_S：船速＝船体の進行速度（m/s）
　　　　t：スラスト減少係数

自航する船舶では，船体の存在とプロペラの作動が相互に影響を及ぼし合うため，船速とプロペラの前進速度が一致せず，また，自航スラストと曳航抵抗が一致しない。これらの影響を示す数として自航要素2種が以下のように定義される。なおこれらに，船尾不均一伴流中で作動する推進器の効率と一様流中（均一流中）における効率の比を示すプロペラ効率比（Relative Rotative Efficiency）を加えた3種が自航要素であるが，ここでは後者には言及しない。

（3）自航要素（Self Propulsive Factors）

- 伴流係数（Wake Fraction）：w
  船尾に設けられたプロペラ近傍の流れは無限上流から船体に流入する速度すなわち船速とは異なり，船体の伴流の影響で船速より遅くなる。

$$V_a = (1 - w) \cdot V_S \tag{4.8}$$

- スラスト減少係数（Thrust Deduction Coefficient）：t
  自航時は，プロペラの流体吸引作用のため船尾船底の船体表面圧力が低圧となり，自航時の抵抗は曳航時の抵抗より大きくなる。曳航抵抗を基準に考えると，プロペラ発生スラストは船尾船底圧力の船首尾方向成分を面積積分した力だけ，見かけ上，減少したと言える。

$$R = (1 - t) \cdot T \tag{4.9}$$

4.3.2 動力伝達における損失

船舶推進システムにおける動力の流れにおいて各部で以下のような損失がある。

- **軸系における損失**

  原動機から中間軸に至る過程では，スラスト軸受，減速機（存在する場合），中間軸受などによる摩擦損失があり，伝達トルクがわずかに減少する。また，中間軸からプロペラに至る過程では，中間軸受，軸封水装置，船尾管軸受などによる摩擦損失があり，伝達トルクがわずかに減少する。
- **プロペラにおける損失**

  プロペラは軸から回転動力を得て，上流から流体を吸引して下流に加速して送出することの反作用によって上流に向かう力，すなわちスラストを発生する。このようなプロペラの流体作動の過程で動力変換損失が発生する。
- **船体とプロペラの相互作用における損失・利得**

  船体とプロペラの相互作用において損失が発生する。ただし，船体とプロペラによっては，損失ではなく利得の場合もある。

4.3.3 動力伝達における効率

船舶推進システムにおける動力の流れにおいて各部で定義される効率は以下のとおりである。

- **伝達効率（Transmission Efficiency）：**η_t

$$\eta_t = \frac{P_D}{P_S} \tag{4.10}$$

- **プロペラ効率（Propeller Efficiency）：**η_P

$$\eta_P = \frac{P_T}{P_D} = \frac{T \cdot V_a}{2 \cdot \pi \cdot n \cdot Q_P} = \frac{J}{2 \cdot \pi} \cdot \frac{K_T}{K_Q} \tag{4.11}$$

ここで，$J = \dfrac{V_a}{n \cdot D}$：プロペラ前進率　(4.12)

$K_T = \dfrac{T}{\rho \cdot n^2 \cdot D^4}$：スラスト係数　(4.13)

$K_Q = \dfrac{Q_P}{\rho \cdot n^2 \cdot D^5}$：トルク係数　(4.14)

D：プロペラ直径（m）

ρ：流体密度（kg/m^3）

- **船体効率（Hull Efficiency）：**η_h

$$\eta_h = \frac{P_E}{P_T} = \frac{1-t}{1-w} \tag{4.15}$$

船体効率は，「効率」と定義されるが相互影響を示す指標であり，他の効率とは異なり，相互作用による利得の場合には 1.0 を超える場合がある。(4.15) 式は (4.6)～(4.9) 式の関係より示すことができ，相互影響を示す指標であることが容易に理解できる。

- **推進効率（Propulsive Efficiency）：**η

$$\eta = \frac{P_E}{P_S} = \frac{P_D}{P_S} \cdot \frac{P_T}{P_D} \cdot \frac{P_E}{P_T} = \eta_t \cdot \eta_P \cdot \eta_h \tag{4.16}$$

推進効率は，船舶推進システムにおける動力伝達の全体効率を示すものである。なお，船舶動力プラントの状態における機械動力の最上流の値として制動出力 P_B ではなく軸出力 P_S を用いることは，すでに述べた理由に基づくものである。

4.3.4 動力伝達における要素の特性

本項では船舶推進システムにおける動力負荷特性を理解するために必要な，船体抵抗特性，プロペラ特性，原動機特性の概要について述べる。

(1) 船体抵抗特性

船体抵抗の成分分離把握，模型船の水槽における曳航抵抗試験結果から実船抵抗を推測するための相似則などの基礎にはここでは触れず，実船の船体抵抗特性の表現方法を確認するに留める。全船体曳航抵抗（N）を船体の慣性力（N）を代表的に示す指標（$= 1/2 \cdot \rho \cdot S \cdot {V_S}^2$）で無次元化した（除した）値を全船体抵抗係数という。船体抵抗特性は一般に，フルード数（あるいはレイノルズ数）を横軸とした船体抵抗係数の曲線で表現される。典型的な例を図 4.23 および図 4.24 に示す。

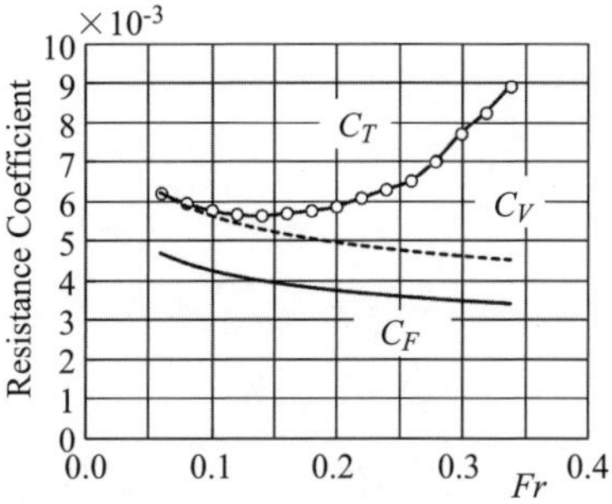

図 4.23　模型船曳航抵抗試験結果の一例

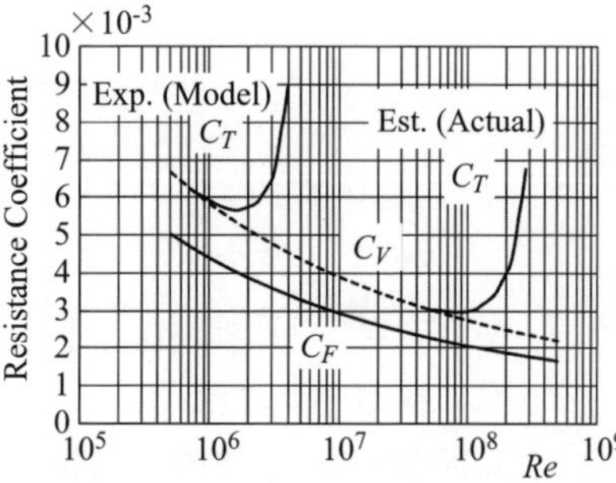

図 4.24　実船曳航抵抗予測結果の一例

$$C_T = \frac{R_T}{\frac{1}{2} \cdot \rho \cdot S \cdot {V_S}^2} \tag{4.17}$$

$$Fr = \frac{V_S}{\sqrt{g \cdot L_{WL}}} \tag{4.18}$$

$$Re = \frac{L_{WL} \cdot V_S}{\nu} \tag{4.19}$$

ここで，C_T：全船体抵抗係数

C_F：摩擦抵抗係数

C_V：粘性抵抗係数

R_T：全船体抵抗（N）（ただし，曳航抵抗）

L_{WL}：船体の水線長（m）

S：船体の浸水表面積 (m^2)

V_S：船速＝船体の進行速度（m/s）

ρ：流体密度（kg/m^3）

ν：流体動粘性係数（m^2/s）

g：重力加速度（m/s^2）

Fr：フルード数（重力に対する慣性力の比の平方根）

Re：レイノルズ数（粘性力に対する慣性力の比）

動力負荷の平衡の観点から，船体抵抗とスラストが平衡した状態で船速が安定する。自航時の船体抵抗をスラスト特性の表現と同じ指標で無次元化した数を，船体抵抗のプロペラ係数と定義する。

$$K_R = \frac{R_T}{(1-t)\cdot\rho\cdot n^2\cdot D^4} \tag{4.20}$$

ここで，K_R：船体抵抗のプロペラ係数

t：スラスト減少係数

n：プロペラ回転速度（rps），（1/s）

D：プロペラ直径（m）

船体抵抗特性が風波，動揺，汚損，経年などのため劣化する場合，船体抵抗が増大し，船体抵抗係数および船体抵抗のプロペラ係数が増大する。

（2）プロペラ特性

プロペラ特性は，前進率を横軸とした，トルク係数，スラスト係数，プロペラ効率の曲線で表現される。それぞれの変数は (4.11)～(4.14) 式で示される。これら一般的なプロペラ性能曲線（J–K_T，K_Q，η_P）に，(4.20) 式で示す船体抵抗のプロペラ係数曲線（J–K_R）を重ねて，図 4.25 に示す。

定常状態では，プロペラの発生スラストと自航時の船体抵抗が平衡しているので，K_T 曲線と K_R 曲線の交点における前進率が運転点となる。

プロペラ特性が汚損・経年などのため劣化する場合，プロペラが吸収するトルクが増大し，発生するスラストが減少する。したがってトルク係数は増加，スラスト係数は減少，したがってプロペラ効率は大きく減少する。

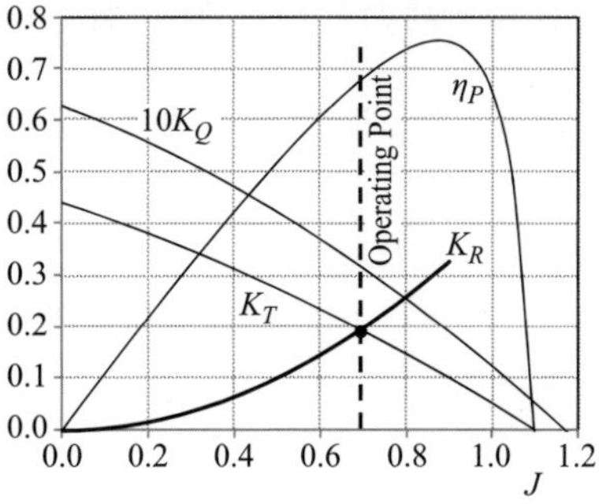

図4.25　プロペラ特性曲線と船体抵抗のプロペラ係数曲線の一例

(3) 主機関特性

レシプロ機関（ディーゼル機関）は，シリンダ，ピストン，クランク機構を有し，シリンダ容積分の作動流体をサイクル毎に交換する容積型機関である。すなわち，サイクルあたりの燃料供給量を設定する機構であり，設定一定の場合，回転速度が変化してもトルクは変化しない「定トルク特性」が基調と言える。

負荷が減少し吸収トルクが減少すると，主機関回転数が増大し，単位時間あたりの燃料供給量（エネルギー供給量）が増大する（サイクルあたりの燃料供給量は一定である）ため，原動機トルクは一定基調であり，さらに回転数を増大させる傾向にあり，負荷変動に対して「不安定」な性質を示す。

タービン機関（蒸気タービン機関）は，ノズル，回転羽根機構を有し，作動流体を高速で連続的に流動させる流動型機関である。すなわち，絞りあるいは初段のノズル数を設定し，別装置（ボイラーなど）で生成された作動流体流量，すなわち単位時間あたりのエネルギー供給量を設定する機構であり，設定一定の場合，回転速度が変化しても出力は変化しない「定出力特性」が基調と言える。

負荷が減少し吸収トルクが減少すると，主機関回転数が増大するが，単位時間あたりのエネルギー供給量が一定基調であるため，回転数の増大に伴い原動機トルクが減少するため，回転数の増大が抑えられる傾向にあり，負荷変動に対して「安定」と言える。

4.3.5　動力と負荷の平衡特性

本項では，船舶推進システムにおける3要素，原動機（主機関），プロペラ，船体，それぞれの要素特性を近似的に扱い，平衡特性の基本的な考え方について述べる。なお，船体とプロペラの相互影響を示す自航要素は，伴流係数 w およびスラスト減少係数 t は運転条件による変化を無視し，プロペラ効率比 η_r は 1.0 とする。

(1) 基準状態

ここでは，3要素の要素特性が基準性能を維持している場合について，運転条件の変化に関する平衡特性について述べる。

船体抵抗のプロペラ係数 K_R（4.20式）に，全船体抵抗係数 C_T（4.17式），伴流係数 w（4.8式），スラスト減少係数 t（4.9式）およびプロペラ前進率 J（4.12式）を代入して整理すると，次式が得られる。

$$\begin{aligned} K_R &= \frac{R_T}{(1-t)\cdot\rho\cdot n^2\cdot D^4} \\ &= \left[\frac{S}{2\cdot D^2}\cdot\frac{1}{(1-t)\cdot(1-w)^2}\cdot C_T\right]\cdot J^2 = k\cdot J^2 \end{aligned} \tag{4.20'}$$

一般商船の平水中における船速変更範囲内では全船体抵抗係数 C_T は船速の変化（フルード数の変化）に対してその変化は大きくない。したがって，次の近似が成り立つ。

$$C_T(V_S)\approx \text{const.}\quad t(V_S)\approx \text{const.}\quad w(V_S)\approx \text{const.}\quad \therefore k(V_S)\approx \text{const.} \tag{4.21}$$

したがって，平水中の船体抵抗のプロペラ係数 K_R は，図4.25に示すとおり J を横軸とした原点を通る放物線で表される。船体抵抗とプロペラ特性の平衡は，自航抵抗 $R_T/(1-t)$ とプロペラ発生スラスト T が一致することが条件であり，図4.25中に示す黒点●における前進率 J が運転点となる。したがって，平水中で主機設定すなわち運転条件を変更しても，プロペラ特性曲線中の平衡点（運転点●）は動かないことが理解でき，以下に示す関係が導かれる。

$$\left.\begin{aligned} J &= \frac{V_a}{n \cdot D} \approx \text{const.} & \therefore V_a &\propto n \\ K_T &= \frac{T}{\rho \cdot n^2 \cdot D^4} \approx \text{const.} & \therefore T &\propto n^2 \\ K_Q &= \frac{Q_P}{\rho \cdot n^2 \cdot D^5} \approx \text{const.} & \therefore Q_P &\propto n^2 \\ P_D &= 2 \cdot \pi \cdot n \cdot Q_P & \therefore P_D &\propto n^3 \end{aligned}\right\} \tag{4.22}$$

各変数を基準平衡値（一般には定格点，添字 0）との比で表すと，(4.22) 式で示す平衡特性は次式のように表される。

$$\left.\begin{aligned} & V_a/V_{a0} \equiv \overline{V}_a = V_S/V_{S0} \equiv \overline{V}_S = \overline{n} \equiv n/n_0 \\ & T/T_0 \equiv \overline{T} = \overline{n}^2 \\ & Q_P/Q_{P0} \equiv \overline{Q}_P = \overline{n}^2 \\ & P_D/P_{D0} \equiv \overline{P}_D = \overline{n}^3 \end{aligned}\right\} \tag{4.23}$$

これらプロペラと船体の平衡特性と，4.3.4 (3) で述べた主機関の型式による基調特性を活用して，以下のような課題について近似的な解を導くことができる。これらにより，基準状態における動力負荷平衡特性に関する理解が促進される。

〔演習課題 1〕 S/B 回転数は，一般に R/Up 回転数を基準として，Full 80 %，Half 50 %，Slow 30 % 程度に定められている。S/B 操船において，30 %～80 % の範囲で瞬時に回転数を変更するのに対し，S/B Full から R/Up までのわずか 20 % の増速に長時間かけるのはなぜか。

解答例 1

$$\overline{n} = 0.8, \quad \overline{P}_D = \overline{n}^3 = 0.512$$

したがって，回転数 80 % から 100 % まで 20 % の増速は，出力では約 51.2 % から 100 % への大幅な増大となる。そのため，熱負荷，諸流量の急変による異常発生を避けるために長時間かけて徐々に増速する。

〔演習課題 2〕 ディーゼル主機関 9 シリンダのうち，2 シリンダの燃料供給を遮断したら，トルク，出力，回転数，船速はどの程度低下するか。

解答例2　ディーゼル機関は定トルク特性が基調であるので，以下のように導かれる。

$$\overline{Q}_B = \overline{Q}_P = 7/9 = 0.778$$
$$\overline{n} = \overline{Q}_B{}^{1/2} = \overline{Q}_P{}^{1/2} = \sqrt{7/9} = 0.882$$
$$\overline{V}_S = \overline{n} = 0.882$$
$$\overline{P}_D = \overline{n}^3 = \overline{Q}_P \cdot \overline{n} = (7/9)^{3/2} = 0.686$$

〔演習課題3〕中速ディーゼル機関2基＋プロペラ1軸の船において，片舷の機関故障のため片肺運転することとなった。トルク，出力，回転数，船速はどの程度低下するか。

解答例3　ディーゼル機関は定トルク特性が基調であり，片肺運転だから，トルクが1/2となる。したがって，以下のように導かれる。

$$\overline{Q}_B = \overline{Q}_P = 1/2 = 0.5$$
$$\overline{n} = \overline{Q}_B{}^{1/2} = \overline{Q}_P{}^{1/2} = \sqrt{0.5} = 0.707$$
$$\overline{V}_S = \overline{n} = 0.707$$
$$\overline{P}_D = \overline{n}^3 = \overline{Q}_P \cdot \overline{n} = 0.5^{3/2} = 0.354$$

〔演習課題4〕ガスタービン機関2基＋プロペラ1軸の船において，片舷の機関故障のため片肺運転することとなった。トルク，出力，回転数，船速はどの程度低下するか。

解答例4　ガスタービン機関は定出力特性が基調であり，片肺運転だから，出力が1/2となる。したがって，以下のように導かれる。

$$\overline{P}_D = 1/2 = 0.5$$
$$\overline{n} = \overline{P}_D{}^{1/3} = 0.5^{1/3} = 0.794$$
$$\overline{V}_S = \overline{n} = 0.794$$
$$\overline{Q}_B = \overline{Q}_P = \overline{n}^2 = 0.630$$

※ 演習課題3と4より，片肺運転により運航に与える影響は，ディーゼル機関に比べてタービン機関の方が軽微であることがわかる。

〔**演習課題 5**〕常用定格速力 16 kt のタンカーが 10 kt に減速すれば，一航海あたりの燃料節約はどの程度になるか。ただし，燃料消費率 *SFC* は出力の関数 $\overline{SFC} = \overline{P}_D^{\,-0.15}$ とする。

解答例 5　一航海あたりの燃料消費量 C は，航程を L とすると，$C = SFC \cdot P_B \cdot \dfrac{L}{V}$ であるから，以下のとおり導かれる。

$$\overline{C} = \overline{SFC} \cdot \frac{\overline{P}_D}{\overline{V}_S} = \frac{\overline{P}_D^{\,0.85}}{\overline{V}_S} = \left(\overline{V}_S^{\,3}\right)^{0.85} \cdot \overline{V}_S^{\,-1} = \overline{V}_S^{\,1.55} = \left(\frac{10}{16}\right)^{1.55} = 0.483$$

したがって，51.7 %の節約となる。

(2) 負荷変化状態（風波，動揺，汚損，経年劣化）

ここでは，3 要素の要素特性のうち，原動機（主機関）は基準性能を維持しているものの，プロペラ特性および船体抵抗特性が風波，動揺，汚損，経年などのため劣化する場合の平衡特性について述べる。4.3.4 (1) および (2) で既述のとおり，船体抵抗特性は風波，動揺，汚損，経年などにより船体抵抗が増大し，船体抵抗係数および船体抵抗のプロペラ係数が増大し，プロペラ特性は汚損・経年などにより，トルク係数は増加，スラスト係数は減少，したがってプロペラ効率は大きく減少する。

基準状態における船体抵抗のプロペラ係数およびプロペラ特性の典型例を示す図 4.25 に対し，船体抵抗が 50 %増大，プロペラ性能が劣化（トルク係数が 10 %増加，スラスト係数が 5 %低下）した場合の性能曲線を重ね合わせて図 4.26 に示す。基準状態における運転点●は，性能劣化により運転点○に変化する。ここで，性能劣化による影響は，性能曲線の変化だけでなく，運転点（K_T 曲線と K_R 曲線の交点における J）が変化することを理解することが重要である。

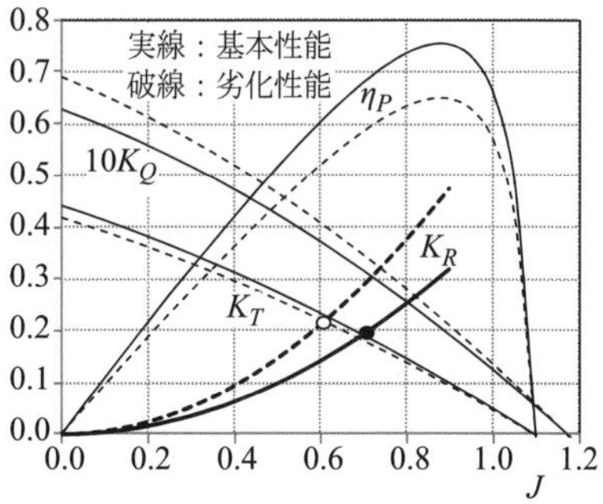

図 4.26　プロペラ特性曲線と船体抵抗のプロペラ係数曲線の性能劣化の一例

(2-1) 船体付加抵抗（風波，動揺，汚損，経年劣化を含む）発生時の推進系平衡

船体抵抗が他船の曳航や風浪，動揺，汚損，経年などにより変化（一般に増大）する場合における主機関特性とプロペラ特性の平衡について考える。このとき，プロペラ特性は変化しないものとする（プロペラ特性変化時の平衡は (2-2) で述べる）。すなわち，図 4.26 において K_T，K_Q，η_P 曲線は基本性能（実線）であり，船体抵抗性能を示す K_R 曲線が基本性能から変化（たとえば破線のように劣化）する場合を考える。J–K_T 曲線，J–K_Q 曲線上では，(4.12) 式，(4.13) 式，および (4.14) 式から，次の関係が成り立つ。

$$\left.\begin{aligned} J/J_0 &\equiv \overline{J} = \overline{V}_S \cdot \overline{n}^{-1} \\ K_T/K_{T0} &\equiv \overline{K}_T = \overline{T} \cdot \overline{n}^{-2} \\ K_Q/K_{Q0} &\equiv \overline{K}_Q = \overline{Q}_P \cdot \overline{n}^{-2} \end{aligned}\right\} \tag{4.24}$$

したがって，船体付加抵抗のため負荷が変化して平衡動作点が変化した場合，次のようになる。

$$\left.\begin{aligned} \overline{V}_S &= \overline{J} \cdot \overline{n} \\ \overline{T} &= \overline{K}_T \cdot \overline{n}^2 \\ \overline{Q}_P &= \overline{K}_Q \cdot \overline{n}^2 \\ \overline{P}_D &\equiv \overline{n} \cdot \overline{Q}_P = \overline{K}_Q \cdot \overline{n}^3 \end{aligned}\right\} \tag{4.25}$$

ここで，主機関特性は 4.3.4 (3) で述べた近似特性を用いる。すなわち，以下の関係が成り立つ。

$$\text{ディーゼル主機関の場合}\quad \overline{Q}_B = \overline{Q}_P \approx 1 \qquad \therefore \overline{n} = \overline{K}_Q^{\,-1/2} \tag{4.26}$$

$$\text{タービン主機関の場合}\quad \overline{P}_B = \overline{P}_D \approx 1 \qquad \therefore \overline{n} = \overline{K}_Q^{\,-1/3} \tag{4.27}$$

これら平衡特性を活用して，以下のような課題について近似的な解を導くことができる。

〔演習課題 6〕 図 4.25 に示す性能のプロペラを備えた船舶において，定格運転時のプロペラ作動点が $J_0 = 0.700$ であり，船体抵抗性能が変化した場合，ディーゼル機関，タービン機関それぞれの主機とプロペラの平衡特性を図示せよ。

解答例 6　図 4.25 から読み取ったプロペラ性能，プロペラ性能比率およびこれらと (4.24)～(4.27) 式の関係から求めた平衡特性を表 4.7 に示す。また，比船速 $\overline{V}_S$ に対する比回転数 $\overline{n}$ および比スラスト $\overline{T}$ の関係を図 4.27 に示す。

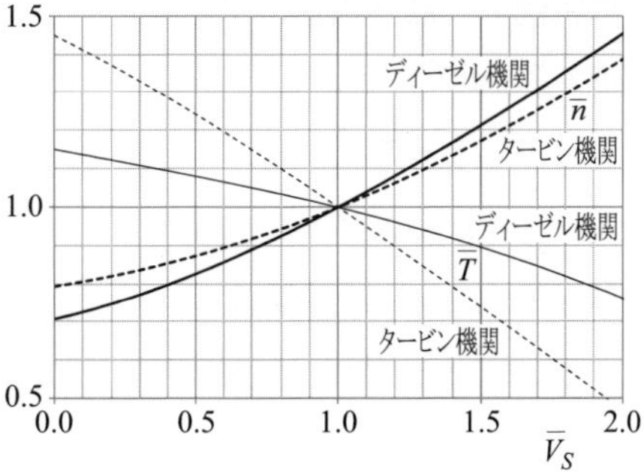

図 4.27　船体抵抗性能変化時の平衡特性（解答例 6）

表 4.7　船体抵抗性能変化時の平衡特性（解答例 6）

プロペラ性能（図 4.25）AU4-55 P/D＝1.0	J		0.000	0.200	0.400	0.600	0.700	0.800	1.000	1.100
	K_T		0.440	0.381	0.312	0.234	0.192	0.147	0.051	0.000
	$10\cdot K_Q$		0.628	0.557	0.472	0.371	0.315	0.255	0.124	0.053
	η_P		0.000	0.217	0.421	0.603	0.679	0.735	0.656	0.000
プロペラ性能比率（定格点基準）	$\bar{J}$		0.000	0.286	0.571	0.857	1.000	1.143	1.429	1.571
	$\overline{K}_T$		2.294	1.984	1.626	1.221	1.000	0.767	0.266	0.000
	$\overline{K}_Q$		1.993	1.770	1.498	1.178	1.000	0.810	0.394	0.167
	$\bar{\eta}_P$		0.000	0.320	0.620	0.888	1.000	1.083	0.967	0.000
タービン機関平衡特性（図 4.27）	$\bar{n}$	$\overline{K}_Q^{-1/3}$	0.795	0.827	0.874	0.947	1.000	1.073	1.364	1.814
	$\overline{T}$	$\overline{K}_T\cdot\bar{n}^2$	1.448	1.356	1.242	1.094	1.000	0.883	0.496	0.000
	$\overline{V}_S$	$\bar{J}\cdot\bar{n}$	0.000	0.236	0.499	0.812	1.000	1.226	1.949	2.851
ディーゼル機関平衡特性（図 4.27）	$\bar{n}$	$\overline{K}_Q^{-1/2}$	0.708	0.752	0.817	0.921	1.000	1.111	1.594	2.444
	$\overline{T}$	$\overline{K}_T\cdot\bar{n}^2$	1.151	1.121	1.086	1.036	1.000	0.947	0.677	0.000
	$\overline{V}_S$	$\bar{J}\cdot\bar{n}$	0.000	0.215	0.467	0.790	1.000	1.270	2.277	3.840

〔**演習課題 7**〕図 4.25 に示す性能のプロペラ（演習課題 6 と同一）を装備したタービン船が，自船の 2 倍の抵抗を持つ船を曳航することになった。常用のノズル数ならびに蒸気弁開度（すなわち常用の蒸気流量）で航海する場合，スラスト軸受の荷重，軸回転数，船速はどの程度になるか，独航時との比を求めよ。

解答例 7　船体の速度平衡時には，次の関係が成り立つ。

$$\overline{T} = \overline{R} = \overline{V_S}^{\,2}$$
$$\because C_T(V) \approx \text{const.}$$

自船の 2 倍の抵抗を持つ船を曳航すると抵抗は 3 倍であるから，図 4.28 に示すとおり，$\overline{T}$ 曲線と $3\cdot\overline{R}$ 曲線の交点が平衡点となる。したがって，スラスト軸受荷重は 18.3 %増大，軸回転数は 9.8 %低下，船速は 37.2 %低下する。

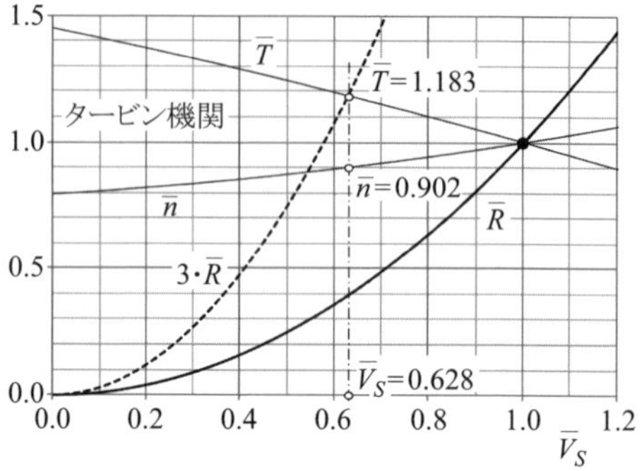

図 4.28　タービン船による他船曳航時の平衡特性（解答例 7）

解答例 7 の補足　タービン船ではなくディーゼル船の場合，図 4.29 に示す結果となり，図 4.28 と比較するとタービン船に比べてディーゼル船の方が船速に与える影響が大きいことがわかる。スラスト軸受荷重は 6.7 %増大，軸回転数は 14.4 %低下，船速は 40.4 %低下する。

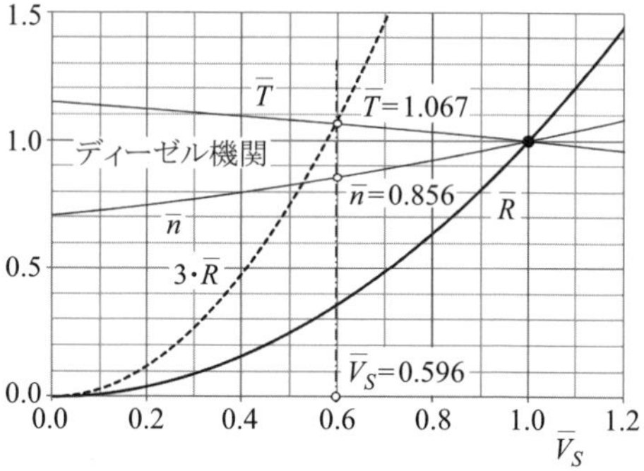

図 4.29　ディーゼル船による他船曳航時の平衡特性（解答例 7 の補足）

〔**演習課題 8**〕碎氷船の主機として，ディーゼル機関を用いる場合と，タービン機関を用いる場合の砕氷能力を比較せよ。ただし，プロペラ性能は，演習課題 6 と同一で表 4.7 とする。

解答例 8　砕氷時の船速はほぼゼロであり Bollard Pull の状態（$J = 0$）と同一である。

$$\overline{K}_T = \frac{0.440}{0.192} = 2.292, \quad \overline{K}_Q = \frac{0.628}{0.315} = 1.994$$

ディーゼル機関の場合

$$\bar{n} = \overline{K_Q}^{-1/2} = 0.708, \quad \bar{T} = \overline{K_T} \cdot \bar{n}^2 = 1.149$$

タービン機関の場合

$$\bar{n} = \overline{K_Q}^{-1/3} = 0.794, \quad \bar{T} = \overline{K_T} \cdot \bar{n}^2 = 1.447$$

砕氷能力は砕氷時（Bollard Pull 状態）におけるスラストが大きいほど優れているので，ディーゼル船に比較してタービン船の方が砕氷能力は高いと言える。

（2-2）プロペラ特性変化時の推進系平衡

船体抵抗が他船の曳航や風浪，動揺，汚損，経年などにより変化（一般に増大）する場合における主機関特性とプロペラ特性の平衡について考える。このとき，プロペラ翼表面に海洋生物が付着するなど表面粗度が増大するとプロペラ性能は劣化する。すなわち，図 4.26 において K_T，K_Q，η_P 曲線が基本性能（実線）から劣化性能（破線）のように変化する場合を考える。

〔演習課題 9〕 ディーゼル船のプロペラが，表面汚損によりトルク 10 %増大，スラスト 5 %低下を招いた場合，回転数，出力，船速は常用時の何%になるか。ただし，船体抵抗は不変とし，プロペラ性能は演習課題6と同一で表 4.7 とする。

解答例 9　船体抵抗が不変であれば，(4.20′) 式で示す $K_R = k \cdot J^2$ 曲線は不変であり，図 4.30 の太実線である。

定格点（図中●，$J_0 = 0.700$, $K_{T0} = 0.192$，$K_{Q0} = 0.0315$）における平衡条件から，$k = K_{T0}/J_0 = 0.392$ であり，5 %低下した K_T 曲線との交点（図中☆）からプロペラ性能劣化時の運転状態は以下のとおりとなる。

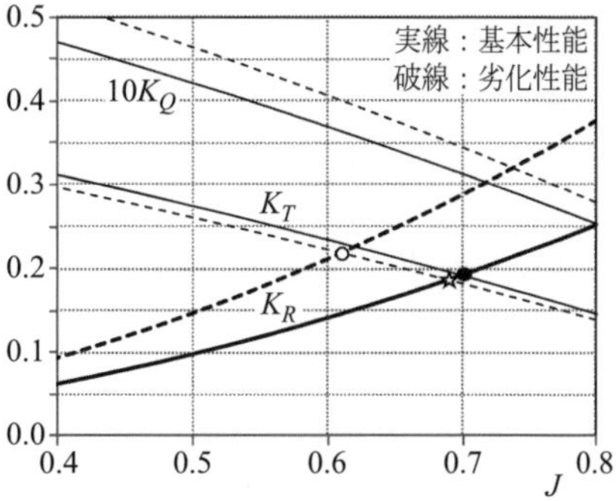

図 4.30　プロペラ特性変化時の平衡特性（解答例 9 & 10）

$$J = 0.690, \quad K_T = 0.186, \quad K_Q = 0.0321$$

ディーゼル機関の特性である定トルク特性により，比回転数，比出力，比船速を求める。

$$\overline{n} = \overline{K_Q}^{-1/2} = (321/315)^{-1/2} = 0.991$$
$$\overline{P_B} = \overline{P_D} = \overline{Q} \cdot \overline{n} = 1.000 \times 0.991 = 0.991$$
$$\overline{V_S} = \overline{J} \cdot \overline{n} = (690/700) \times 0.991 = 0.976$$

〔**演習課題 10**〕演習課題 9 と同一船のプロペラ性能劣化だけでなく，同時に船体表面汚損により船体抵抗が 50 %増大した場合，回転数，出力，船速は常用時の何%になるか。

解答例 10　船体抵抗 50 %増大は，(4.20′) 式の k 値が 1.5 倍になったことを意味する。プロペラ汚損時の K_T 曲線と $K_R = (0.392 \times 1.5) \cdot J^2$ 曲線との交点（図中○）からプロペラ性能劣化時かつ船体抵抗増大時の運転状態は以下のとおりとなる。

$$J = 0.610, \quad K_T = 0.219, \quad K_Q = 0.0402$$

したがって，比回転数，比出力，比船速は以下のとおり求められる。

$$\overline{n} = \overline{K_Q}^{-1/2} = (402/315)^{-1/2} = 0.885$$
$$\overline{P_B} = \overline{P_D} = \overline{Q} \cdot \overline{n} = 1.000 \times 0.885 = 0.885$$
$$\overline{V_S} = \overline{J} \cdot \overline{n} = (610/700) \times 0.885 = 0.771$$

4.3.6　動力と負荷の動特性

(1) 動力負荷変動時の動特性実測例

コンピュータ技術，計測技術，データ蓄積技術の進展に伴い，実船が実海域を航行中に得られる運航データが，短い時間インターバルで多くの項目のデータとして蓄積されるようになってきている。これらデータを分析すると，定常状態における動力負荷の平衡特性だけでなく，過渡状態における動特性の把握が可能である。

外航貨物船（2万8000DWT）の動力負荷変動時のプロペラ回転数と船速の関係に注目した動特性実測例を図4.31に示す。図中○印は定常状態における速力試験結果を表し，回転数3条件における往復航の試験結果が原点を通る直線近傍にあり，この直線が本船の定常特性と言える。図中Case 1からCase 4の4種の曲線は，加速・減速を緩急で行った際の瞬時の計測結果である。Case 1は急減速，Case 2は緩加速，Case 3は緩減速，Case 4は急加速の結果を示す。緩やかな加減速の場合は概ね定常特性に沿って状態変化するが，急激な加減速の場合は定常特性から大きく外れ，定常特性に比較して，急減速では回転数に対し船速が過大であり，急加速の場合は逆に過小の傾向を示す。これらは，軸系回転運動の時定数に対し，船体系直進運動の時定数が極めて大きいことから見られる現象である。

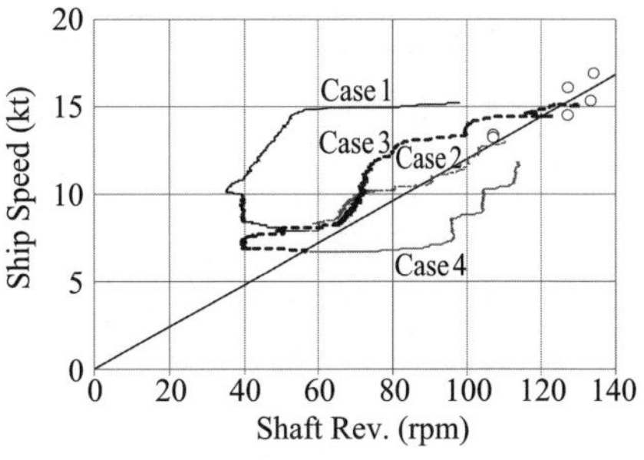

図4.31　動力負荷変動時の「回転数–船速」動特性実測例

同時に計測されたプロペラ回転数と軸出力の関係に注目した動特性実測例を図4.32に示す。速力試験結果○印は3乗曲線近傍にあり，この近似曲線が定常特性を示す。Case 1からCase 4の4種の計測結果（1秒に1データ）をすべて●で示すが，いずれの場合も概ね定常特性（3乗曲線）近傍にまとまっており，軸出力特性は船速特性のように緩急加減速の違いに基づく顕著な動特性の差が見られない。これは，先述の軸系回転運動の時定数が小さいことを改めて理解できる材料である。

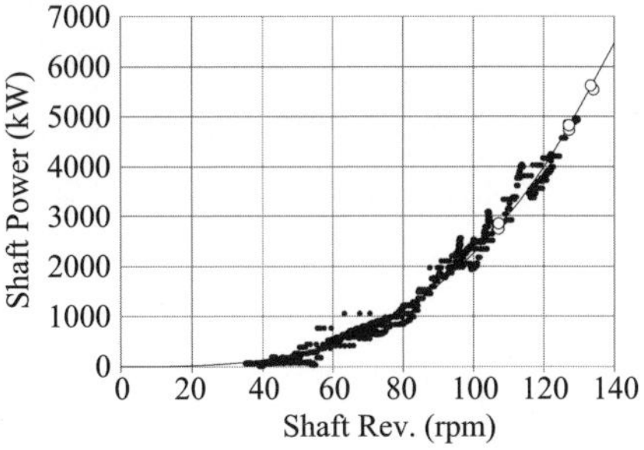

図4.32　動力負荷変動時の「回転数–軸出力」動特性実測例

(2) 動力負荷システムの動特性解析モデルの概要

(1) の実測例で紹介したような動力と負荷の動特性の全体像を把握するためには，4.3.1 項で述べた，「原動機とプロペラ」および「プロペラと船体」の 2 つの視点に基づく動力–負荷のバランスを両立する解析モデルを構築し，ガバナーを含む原動機特性，プロペラ性能，軸系回転慣性モーメント，船体質量，船体付加質量，船体抵抗特性を考慮して解析を行わなければならない。ここでは，動特性解析モデルの一例として図 4.33 にブロック図を示す。解析の主な流れは下記のとおりである。

- 主機操縦ハンドル操作による回転数設定変化 n_{set} が外乱として与えられる。
- 運転回転数 n と n_{set} との差に基づきガバナーにより燃料噴射ポンプマークが定められる。
- 燃料噴射量増減に伴い，プロペラへの伝達（供給）トルク Q_D が変化する。
- プロペラの吸収（消費）トルク Q_P と Q_D との差，および軸系回転慣性モーメントから回転角加速度が定まり，単位時間あたりの回転数増減量が定まり，新たな運転回転数 n が定まる。
- プロペラ発生スラスト T と船体曳航抵抗 R のバランスおよび船体の慣性質量から船体加速度が定まり，単位時間あたりの船速増減量が定まり，新たな船速 V_S が定まる。このとき，伴流係数 w およびスラスト減少係数 t を考慮しなければならない。すなわち，プロペラ前進速度 V_a は $(1-w)\cdot V_S$ であり，自航抵抗は $R/(1-t)$ である。

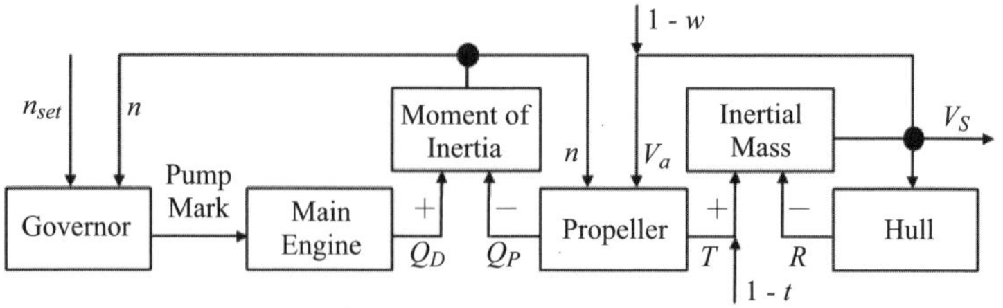

図 4.33　動力負荷の動特性モデルの一例

4.4　実海域航行船舶の性能計測

4.4.1　研究の背景

企業活動のグローバル展開による世界規模での貨物物流が当然となった現在，世界各地で発生する気候変動や政治経済の情勢変化に対する迅速な対応が国家や企業の死活問題となる。2011 年の東日本大震災やタイで発生した豪雨浸水などによる製造業への被害やイラン情勢の緊迫による原油価格の高騰，欧州での通貨危機に起因した世界不況など，いずれも国際的な輸送活動がベースとなる各国経済に深刻な打撃を与える事象が連続している。時代の変化とともに国際物流の大部分を占める海上輸送の技術革新の分野においても船舶の耐航性能，操縦性，強度設計の背景もあり，輸送の効率化は努力目標でなく，必須項目となった。海上輸送にて輸送時間，燃料消費などの効率化を目的としたウェザールーティングの研究が進められている[1),2)]。一方，国際航海のほとんどは気象条件の厳しい外洋を航行しなければならず，数千海里におよぶ航海において荒天に遭遇する確率は高い。ウェザールーティングでは波浪予報の結果をもとに安全性の検討を行うが，国際航海中における波浪時の船体運動と船速低下の影響を長期間にわたって分析した結果を反映させるまでには至っていない。著者らは輸送の安心・安全，大気環境，海上物流からなる「輸送三原則」の観点から，国際航海に従事する貨物船を対象に 1 年間以上にわたる船体運動，航海および気象海象に関する現地観測を実施してきた[3)]。本研究では安心・安全の観点から国際航海時に発生する荒天時の船体運動の状況を整理・分析し，気象海象と船体運動の関係性について考察した。

4.4.2　海上輸送の評価の流れ

海上輸送は数多くの技術革新を経て現在に至っているが，船の構造から見た安全性の検討と，輸送の効率性から見た経済性の検討に大別される。前者は耐航性の分野を中心に，波浪中の船体運動，波浪荷重，船体抵抗などの研究が多く実施され[4),5),6)]，後者は輸送計画，ウェザールーティングなど輸送時間の短縮を目的に研究されている。安全性と経済性はつねにトレードオフの関係にあるが，ウェザールーティングでは波浪や風による船速低下，機関出力の変化を過去のデータから近似モデル化し，気象海象の影響を受けるなかでの最適航路を考える学問体系として発展してきた。しかし，波浪中の船体運動は波浪条件を入力とした複雑な応答系であり，高波浪時には非線形な影響も顕著となる。航海中の船速低下は船体運動が顕著になることにより起こりうる現象であり，非線形外力が卓越することによる抵抗増加と機関出力の低下により説明される[7), 8)]。この観点より，いくつかの実船実験が実施されており[9)]，シミュレーション精度の向上も鋭意図られている。図 4.34 に海上輸送の評価観点を取りまとめた流れを示す。

図に示すとおり，現状では気象海象の予報結果から船速変化を推定しているケースが多いが，船体運動の影響を考慮したモデリングには改善の余地がある。その背景には国際輸送中に発生する船体運動の観点より船の航海・機関の状況，波浪などの気象海象との関係を十分に整理できていない点が挙げられる。本研究では輸送の安心・安全を確保しつつ，最適な航海ルートを検討する目的で必要な基礎データを取得するため，大型貨物船を対象に 1 年間にわたる船体運動，航海・機関データおよび気象海象に関するオンボード計測を実施した。

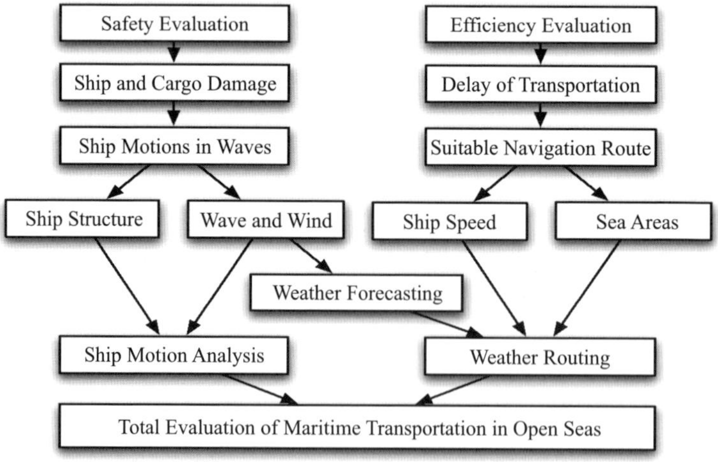

図 4.34　海上輸送の評価側面の関係

4.4.3　オンボード実船計測

国際航海中の船体運動，航海・機関項目，気象海象の関係を明確とするため，下記のオンボード計測を実施中である。

(1) オンボード計測システム

計測対象としたのは国際航海に従事する2万DWT級バラ積み貨物船であり，主要目は垂線間長160.4 m，幅27.2 m，満載喫水9.82 mである。積載貨物は材木（ログ），鋼材，肥料，その他多種にわたり，航海毎の積載状態によって喫水，排水量，重心位置が専用船に比べて変動が大きい。図4-35に計測対象としたバラ積み貨物船の外観を示す。

図4.35　2万DWT級バラ積み貨物船の外観

当該船舶は不定期船であるため，コンテナ船や旅客船のような定期航路を持たない。ここでは船体運動，航行情報，機関情報，気象海象の4系統にわたるオンボード計測システムを図4.36のように構築した。

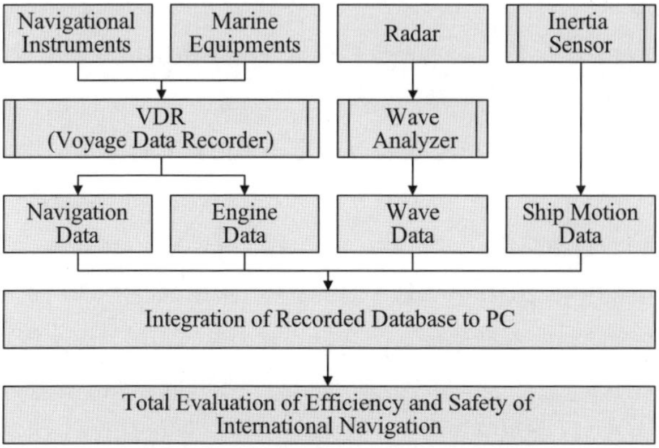

図4.36　オンボード観測システムの処理の流れ

船体運動についてはクロスボー社の慣性計測ユニットNAV440を船橋に設置し，3軸周りの船体運動（横揺れ，縦揺れ，船首揺れ）と3軸方向に働く加速度をPCに接続し，0.1 s毎に計測・収録した。位置，船速，方位，風向，風速，舵角など航海データはVDR（航行データ記録装置）に集積されるデジタル形式のデータから，また回転数，出力，軸馬力など機関データはエンジンデータロガーからIBSSと呼ばれる渦潮電機製のデータ収集装置に入力されており，ここからLANを介して接続したPCに1 s毎に収録した。これらの収録PCはOSとしてFreeBSDを用い，それぞれのデータ記録プログラムを新たに開発した。船体運動を考察するにあたり，船周りの波浪状況を知ることが極めて重要であるが，国際航海に従事するため，陸上の計測ではなく船上計測が必要となる。ここでは舶用レーダーにて計測される海面反射の情報をもとに波向，波長，スペクトルを求めるレーダー式波浪計（JRC社製）および専用のレーダーマストを船橋に設置した。波浪情報は2分毎に接続したPCに収録され，これをもとに波数スペクトルが得られ，有義波高，平均周期，主波向が計算される。当該船舶は2010年6月に海上試運転を実施した後，6月下旬から航海開始と同時に計測を実施し，現在も継続中である。計測データは開始1年後である2011年6月，カナダのナナイモ港に停泊中に回収した。本研究では1年間のデータを分析した結果を報告する。

(2) 主な航海ルート

当該船舶が太平洋を航行したときの航海ルート数例については図4.18を参照されたい。主な海域は太平洋，大西洋であるが，アジア，オセアニア，南米など時々刻々の貨物需要に応じて世界中を不定期に航行している。

(3) 船体運動の観測結果

図4.37～図4.39に2010年7月5日～7日，9月26日～30日，2011年5月28日～6月2日における横揺れおよび縦揺れの有義振幅（両振幅）の変動を示す。船体運動が卓越したしきい値として，それぞれ両振幅で横揺れを5°，縦揺れを1°と仮定した。これを超えたのは表4.8に示す年月日の15ケースであった。これらは1時間の時系列データを統計処理している。15ケース中で横揺

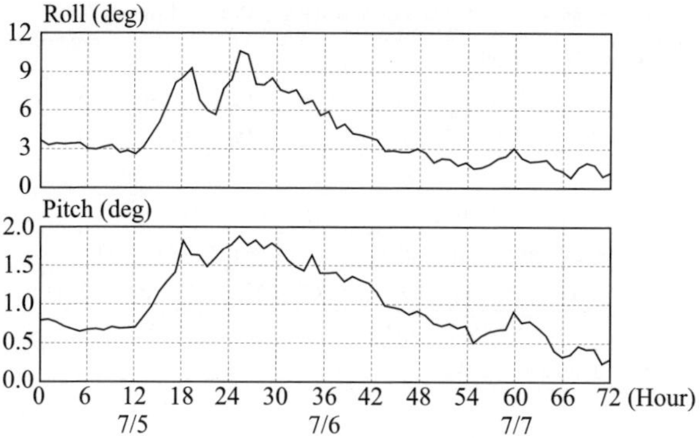

図4.37　2010年7月5日～7日における船体運動の変化（ケース1）

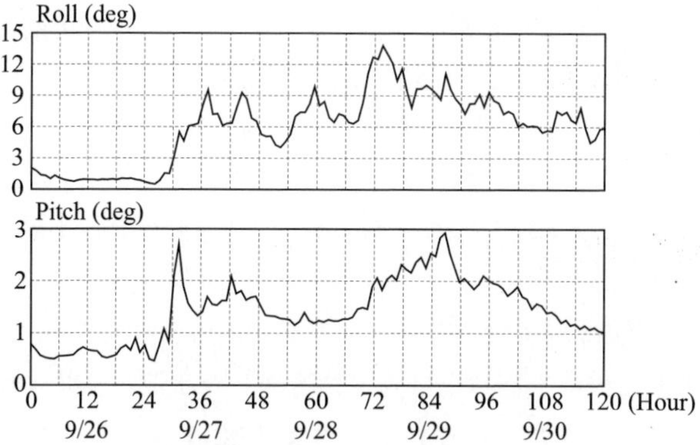

図4.38　2010年9月26日～30日における船体運動の変化（ケース3）

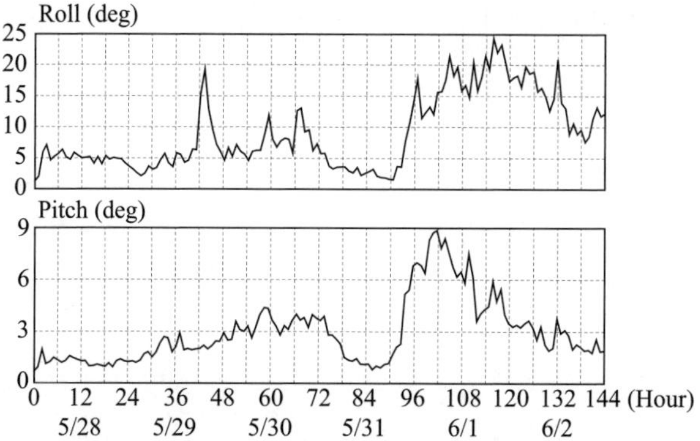

図4.39　2011年5月28日～6月2日における船体運動の変化（ケース14）

表4.8　Derived cases of larger ship motions

Case	Period	Case	Period
1	July 5-7, 2010	9	February 3-6, 2011
2	August 10-11, 2010	10	March 30-31, 2011
3	September 26-30, 2010	11	May 5-6, 2011
4	October 27-30, 2010	12	May 11-13, 2011
5	November 7-10, 2010	13	May 22-24, 2011
6	November 14-16, 2010	14	May 28 - June 2, 2011
7	December 16-18, 2010	15	June 7-9, 2011
8	January 5, 2011		

れと縦揺れがしきい値より非常に大きいのが8ケース，やや上回るのが4ケース，縦揺れが非常に大きいが横揺れはそれほど卓越していないのが4ケースであった。船体運動の継続期間は数日から1週間程度続いていたのが10ケース，1日程度でおさまったのが5ケースであった。

時期や航行海域によるばらつきはあるが，平均すれば月に1回～数回の頻度で船体運動が卓越している。これらは航行したときの気圧配置，波浪特性，相対波向，船体の載荷状態などが影響した結果であると言えるが，全体的には外洋を横断する航海では1回以上は荒天に遭遇した状況が予期される。図4.40および図4.41に2010年7月6日1時および2011年6月1日6時における船体運動のスペクトル解析結果を示す。

図より横揺れのピーク周期は両ケースとも8～9sであり，縦揺れに関して前者は8sと15sに2つのピークが存在するが，後者は9s近くに単独のピークが存在している。これは波向，船速，波周期から決定される出会い周期と固有周期の関係から考察できる。前者については後述するが，当時の波向が追波状態であったため，低周波数側にスペクトルピークが存在することで説明できる。後者については波浪データが存在しないが，縦揺れの周波数特性から向波状態であったと想像される。

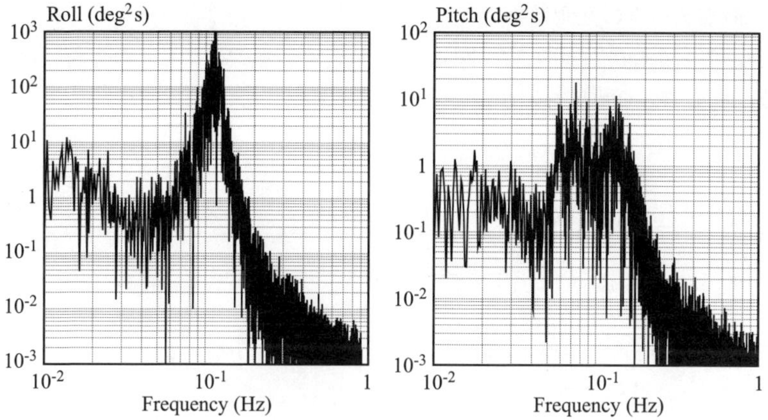

図 4.40　2010 年 7 月 6 日 1:00 における船体運動のスペクトル解析結果

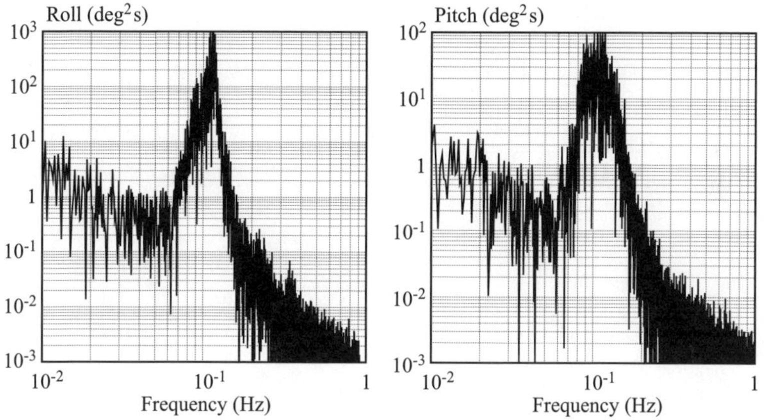

図 4.41　2011 年 6 月 1 日 6:00 における船体運動のスペクトル解析結果

(4) 航海データの観測結果

図4.42～図4.44に図4.37～図4.39に対応する船速，ジャイロ方位，機関回転数，真風速の平均値を示す。

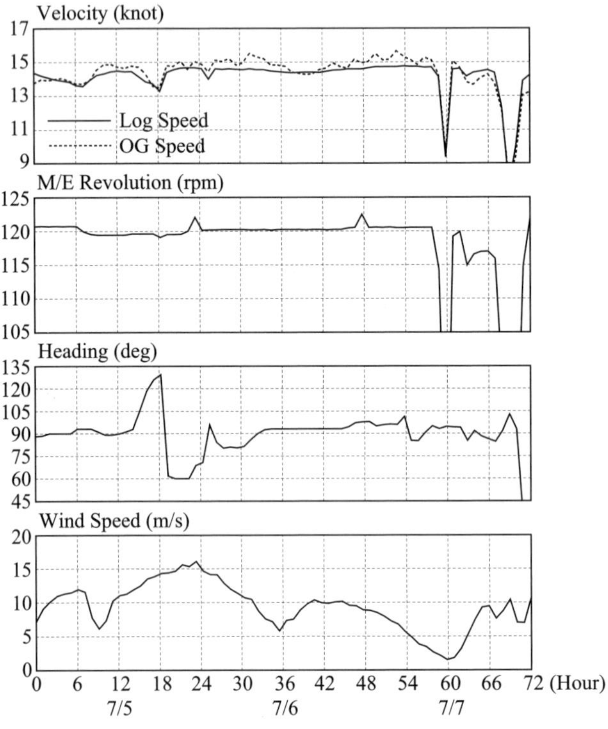

図4.42　2010年7月5日～7日における航海パラメーターの変化（ケース1）

図より船体運動が卓越した時期には，速力が低下しているケースと，顕著な変化が見られないケースに分かれる。機関回転数の変化は船速にほぼ追従しており，風についてはほとんどのケースで平均風速が 10 m/s 以上発生していることがわかる。これは低気圧にある程度近い海域を航行していたと考えられる。

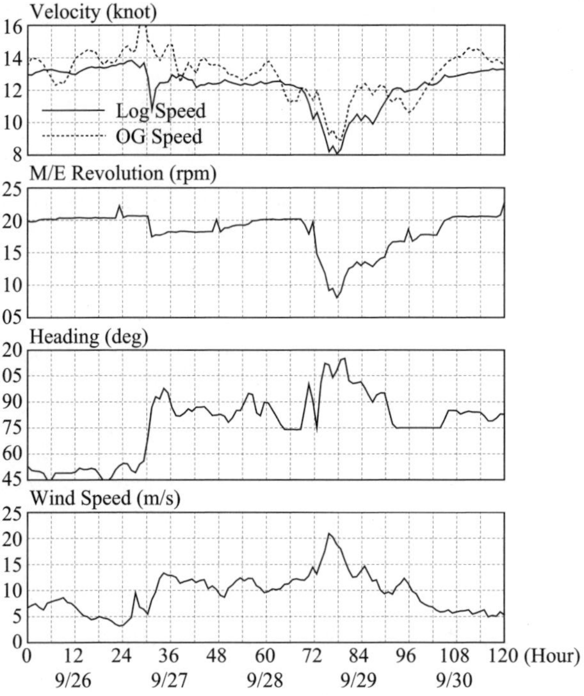

図 4.43　2010 年 9 月 26 日～30 日における航海パラメーターの変化（ケース 3）

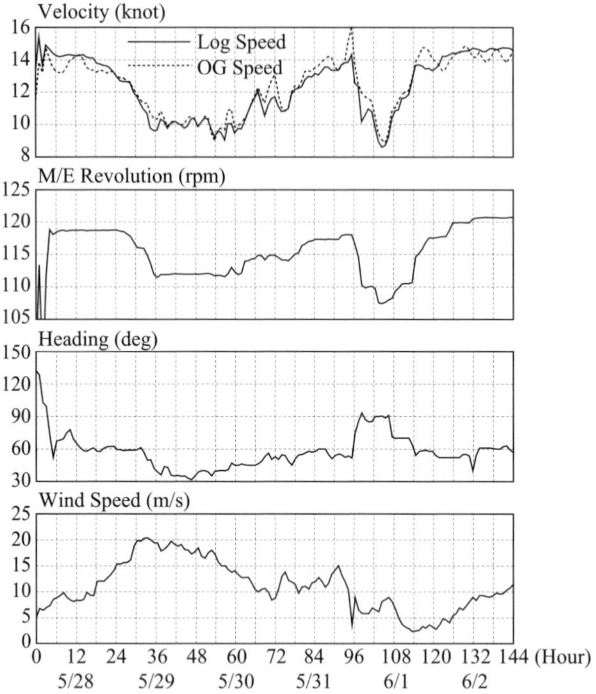

図4.44　2011年5月28日～6月2日における航海パラメーターの変化(ケース14)

(5) 波浪レーダーの観測結果

前述したとおり，波浪レーダーによるデータは2010年7月はじめの航海のみしか計測できていない。図4.45に7月1日～6日における有義波高，平均周期，主波向の変化を示す。図中の波向は船首方向を0°とし，船尾に向かって180°，さらに反対舷から船首に向かって360°と定義している。図より7月4日～6日にかけて有義波高が最大で3.5 mに達し，平均周期は8 s，波向は船尾後方からの追波状態であったことがわかる。

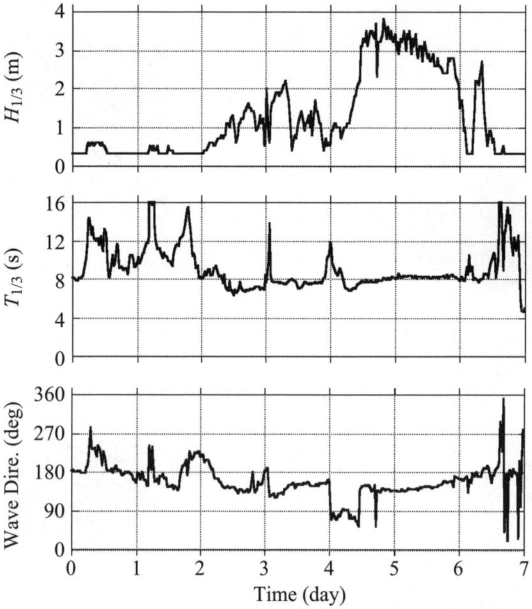

図 4.45　船体周りの観測波浪の変化

4.4.4　荒天航海時の特性分析

(1) パラメーター間の相関関係

これまで観測データの時間変化を整理したが，ここではパラメーター間の相関関係を明らかとする。相関分析に用いたデータは前述した船体運動のしきい値を超え，船速（これ以降，船速は対水速力を示す）が 6 ノットを超えた航海中の 15 ケースとした。図 4.46 に横揺れと縦揺れ，横揺れと船速，縦揺れと船速，鉛直加速度と船速の相関関係を示す。

図より一般的には横揺れと縦揺れは同時に増大する傾向であるが，2011 年 6 月はじめのデータでは横揺れが有義振幅 10° 程度に対し，縦揺れが 8° 発生しており，出会い周期と船体応答が強く影響している。船速との関係で見ると，横揺れが有義振幅 20° を超える状況であっても明確な船速低下を示す傾向は見

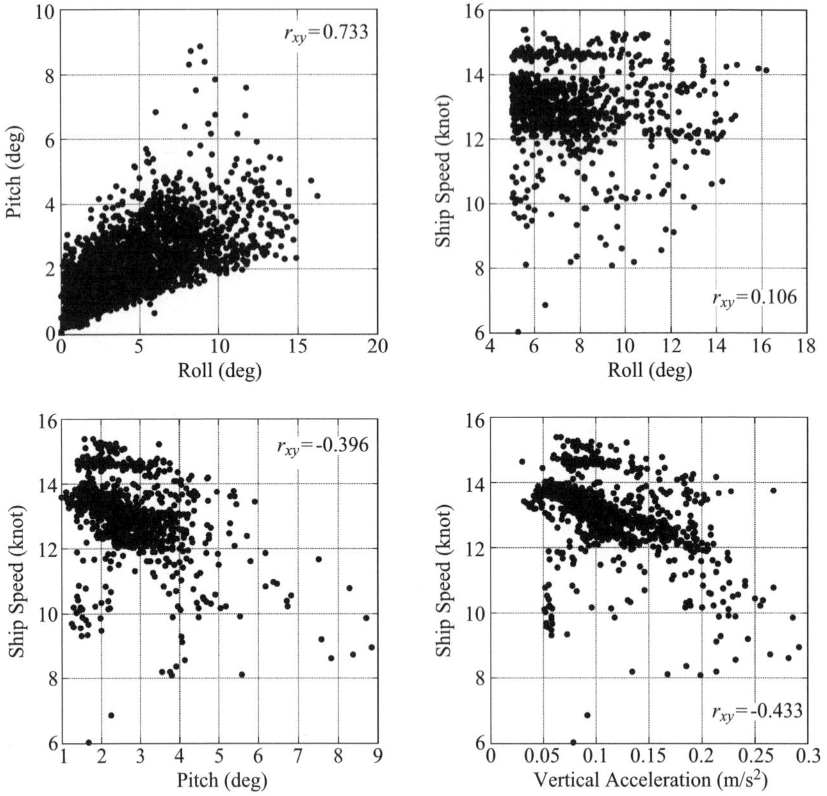

図 4.46　横揺れ，縦揺れ，鉛直加速度，船速の相関関係

られず，両者の相関係数も 0.106 にとどまっている。縦揺れとの関係では一次式より二次式で近似した方が近似精度は若干向上し，両者の相関係数は –0.396 であった。船橋における鉛直加速度の有義振幅との相関は縦揺れとのそれよりもさらに向上し，相関係数は –0.433 となった。これより船速低下は鉛直方向に強い加速度が作用する場合，すなわち縦揺れが卓越するときに発生することがデータより検証される。図 4.47 に船速，横揺れ，縦揺れ，鉛直加速度と機関回転数の相関関係を示す。

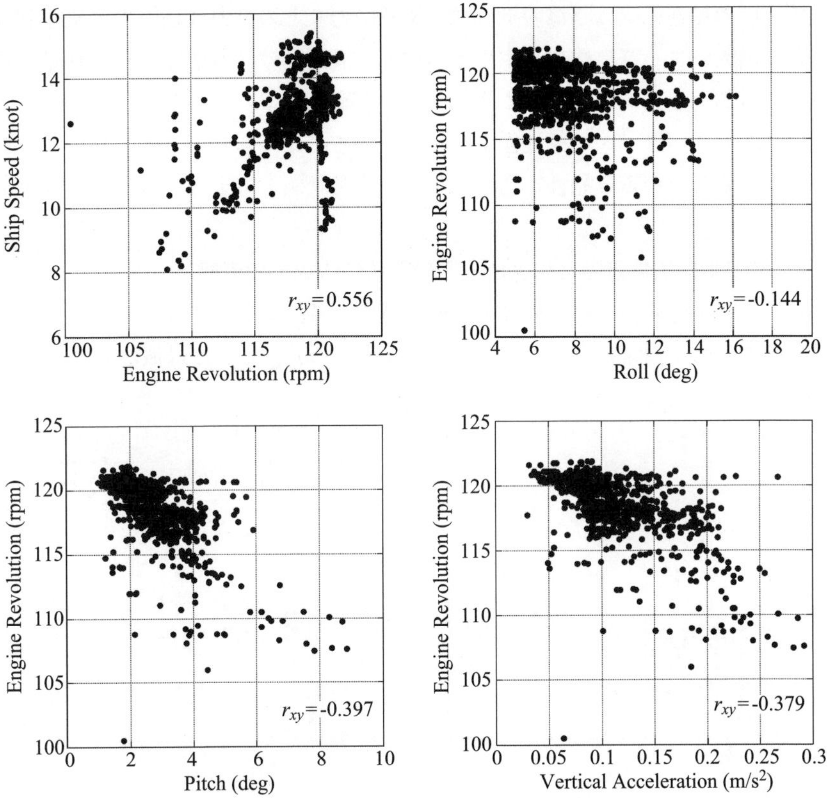

図4.47　機関回転数，船速，横揺れ，縦揺れ，鉛直加速度の相関関係

理論的に考えると船速と機関回転数は相関が非常に高いはずであるが，船体運動がしきい値を超えた条件下では両者の相関係数は 0.556 にとどまった。データ全体で両者の相関係数を求めると 0.606 に上昇するが，回転数が 120 rpm 近くあっても速力が 10 ノットを切るケースもあり，どのような状況であるのか確認を要する。横揺れについては船速との相関が低いため，回転数との相関係数も −0.144 と低い。縦揺れについては回転数との相関係数は −0.397 であり，船速との相関係数にほぼ等しい。鉛直加速度と回転数の相関係数は −0.379 であり，縦揺れとのそれより逆に若干低くなっている。

荒天時の船速低下は波浪の抵抗増加や風圧力などの外力に起因する非線形抵抗力の増大によって自然に発生するものと，機関への外力増加による負荷を低減する目的で意図的に減速する2パターンが存在する。ここで得られたデータではどちらのパターンで船速低下に至ったかまでは明らかとできておらず，この点が影響している可能性が高く，今後の検討課題と言える。

(2) 波浪中の船体運動と船速低下との関係についての考察

パラメーター間の相関分析により船体運動と船速に影響を与える傾向を見たが，それぞれが複雑に影響していることがわかった。ここでは波浪レーダーに

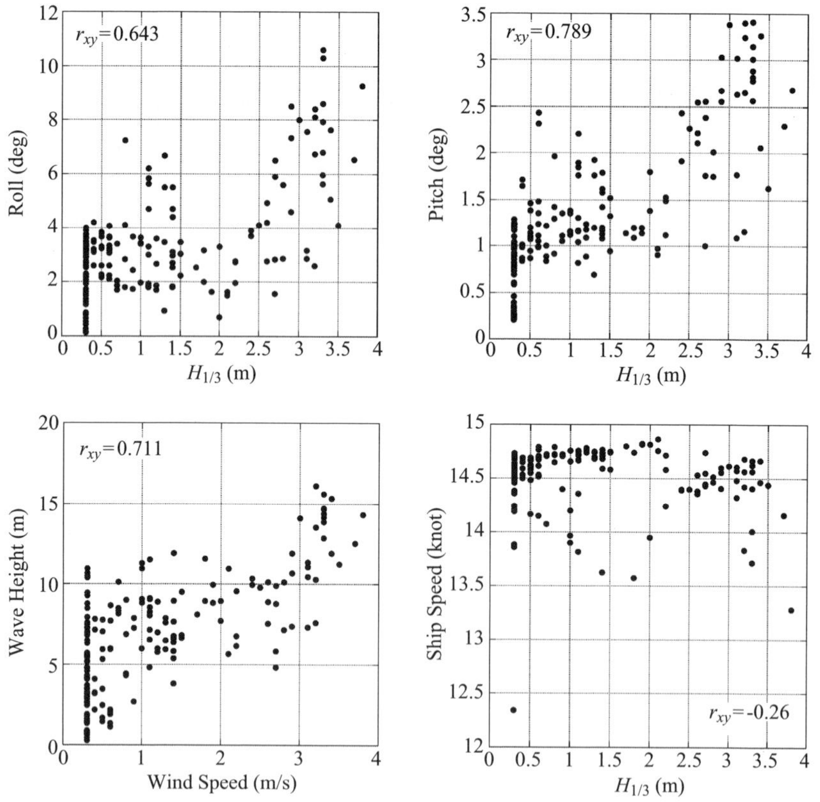

図4.48　有義波高，横揺れ，縦揺れ，風速，船速の相関関係

よりデータが得られている2010年7月はじめの航海における波浪と船体運動，航海および機関データとの関係を整理した。図4.48に有義波高と横揺れ，縦揺れ，風速，船速との相関関係を示す。

図より船周りの波高は横揺れ，縦揺れ，風速とは相関係数が0.6～0.8あり，いずれも波高の上昇とともに非線形な傾向が見える。ただし船速との相関係数は–0.26であり，波高だけでなく周期や波向も勘案した船体運動として評価する必要があることを示唆している。

ウェザールーティングの既研究では予報される波浪条件（波高，波向）をパラメーターとした船速推定のモデル式が提案されている。

その一例として次式に示すコンテナ船（総トン数：4万1442 GT，垂線間長：247.85 m，出力3万2700馬力のディーゼルエンジンを1基搭載）の船速推定式[9]を当てはめることで速力の再現を行う。

$$V = V_{calm} - \left(bH_{1/3} + cH_{1/3}^2\right) f(\theta) \tag{4.28}$$

ここで，V は波浪中の船速，V_{calm} は平水時の船速，$H_{1/3}$ は有義波高，b および c は観測により求められた係数（$b = 0.433822$，$c = -0.001583$），$f(\theta)$ は以下に示す波向 θ をパラメーターとする関数である。

$$f(\theta) = 0.75 \exp\left(-0.65\theta^2\right) + 0.25 \tag{4.29}$$

図4.49に2010年7月1日～7日における対水速力，対地速力の観測値と(4.28)式にて計算した速力の推定値の変化を示す。

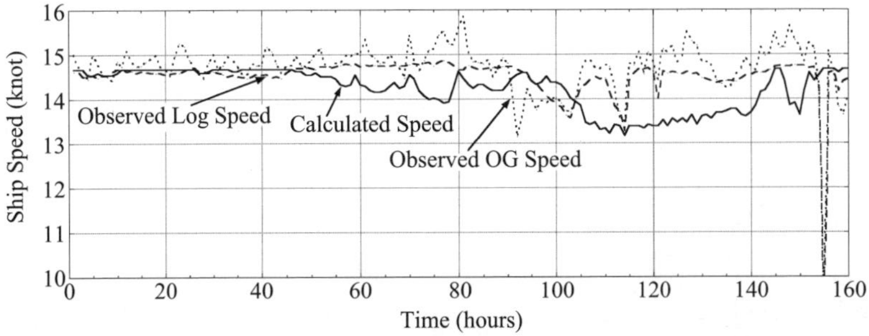

図4.49　2010年7月1日～7日における船速の観測値と推定値の比較

推定式はコンテナ船を対象としているため厳密な精度検証を目的としないが，速力が低下する定性的な傾向はある程度再現できており，式の係数を今回の実験船に適した形に修正すれば再現精度の向上が期待される。ここでは多変量パラメーターとしての相関関係をもとに多変量解析を行い，船体運動，回転数，風速などを説明変数とした重回帰分析をさまざまなパラメーターの組み合わせで比較した。本研究では，波浪データが計測できている期間（2010 年 7 月初旬）については波浪を説明変数に含めた推定式を，1 年間のデータについては波浪を説明変数に含めない推定式をそれぞれ次式のように求めた。

（波浪を説明変数に含めた推定式）

$$V = V_{calm} - 15.37 - 0.165\zeta + 0.052\zeta^2 + 0.206H_{1/3} - 0.66H_{1/3}^2 + 0.005020\theta - 1.377 \times 10^{-5}\theta^2 + 0.145N - 0.00019N^2 \quad (4.30)$$

（波浪を説明変数に含めない推定式）

$$V = V_{calm} - 5.696 + 0.221\zeta - 0.0123\zeta^2 + 6.861Z - 52.83Z^2 + 0.181U - 0.0105U^2 - 0.133N + 0.00137N^2 \quad (4.31)$$

ここで，ζ は縦揺れの有義振幅（deg），Z は鉛直加速度の変動成分に関する有義振幅（m/s^2），U は平均風速（m/s），N は機関回転数（rpm）を示す。(4.30) 式における V_{calm} は船舶の性能資料より通常の航海速力と設定されている 14 ノットに，(4.31) 式では当該航海における航海日誌により船舶管理者が 14.8 ノットの速力で通常航海するように指示した記録があったためその値に，それぞれ設定した。波浪による抵抗増加は 2 次の非線形成分であるため，いずれのパラメーターも 2 次の多項式としての重回帰分析をモデル化した。データの再現区間が異なるため比較はできないが，図 4.50 に示すとおり，(4.30) 式によって波浪データが計測できていた 10 日程度の船速データに対する決定係数 R^2 は 0.998，(4.31) 式による 15 ケース（1 年間）の船速データに対する決定係数 R^2 は 0.436 であった。図 4.51 に 2010 年 7 月 1 日～6 日における船速の観測値と (4.30) 式による推定値の比較結果を示す。

図より 96～120 時間（7 月 5 日）における船速低下は観測値と 1 ノット近くの誤差が見られる。

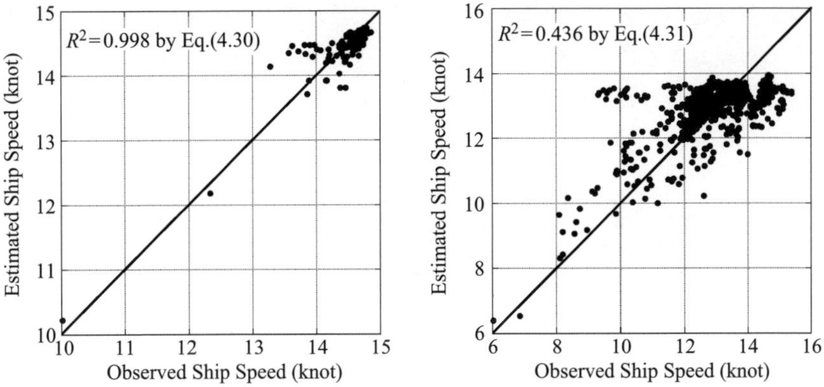

図 4.50　船速の実測値と(4.30)式および(4.31)式による推定値の相関関係

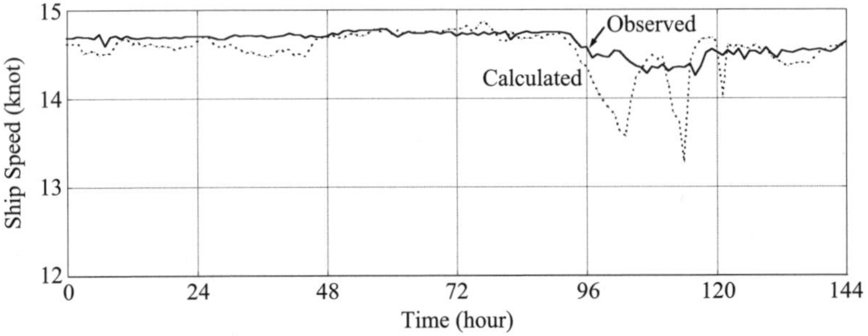

図 4.51　2010 年 7 月 1 日～6 日における船速の実測値と(4.30)式による推定値の比較

図 4.52 および図 4.53 に 2010 年 9 月末および 2011 年 5 月末～6 月はじめにおける船速の観測値と (4.31) 式による推定値の比較結果を示す。

図 4.52 より，最初に船速低下が発生したポイントは推定値が 3 ノット近く過小評価しているが，144 時間を超えたところ（9 月 29 日）では誤差は 1 ノット以内に収束しており，現象をある程度再現できている。図 4.53 では 24～60 時間（5 月 29 日～30 日）は逆に推定値が 1～2 ノット過大評価しているが，96 時間のポイント（5 月 31 日～6 月 1 日）での大きな船速低下は非常に精度よく再現できている。しかし，120 時間以降に速力が定常状態に戻った状況では 1

ノット程度過小であり，船体運動や機関回転数が微小な航海状態とあわせて精度よく再現できること，外力による自然減速か操船上の減速かによる影響を推定式に反映させることが今後の課題と言えよう。

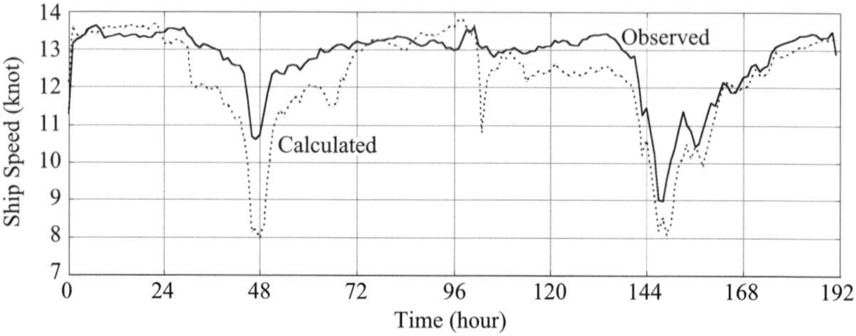

図4.52　2010年9月23日～30日における船速の実測値と(4.31)式による推定値の比較

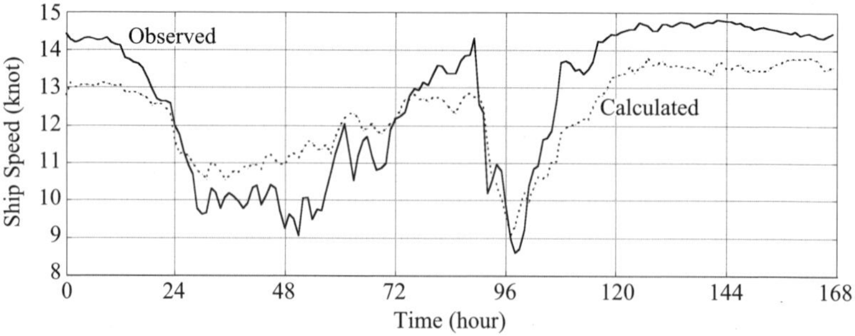

図4.53　2011年5月28日～6月3日における船速の実測値と(4.31)式による推定値の比較

4.4.5　結論と今後の研究課題

本研究では国際航海に従事する貨物船を対象に荒天に遭遇した航海時における船体運動の特性分析および船速低下の回帰推定を主体に検討した。結論および今後の課題は以下に要約される。

① 長期間にわたって国際航海に従事する船舶に対し，船体運動，航海・機関データ，波浪データを同時に連続観測できるシステムを構築した。しかし，船体運動が卓越することにより強い衝撃が発生する影響や動作トラブルで，気圧データおよび波浪データが一部の期間でしか観測できていない。この点については今後，システムの精度向上を図りたい。
② 荒天航海中の船体運動および航海・機関データの特性と関係を明らかとした。有義値ベースで横揺れは両振幅で15～25°，縦揺れは2～8°，風速もほとんどのケースで10 m/s 以上発生しており，低気圧の影響を受けながら航行していることがわかる。
③ 縦揺れの卓越時に船速低下は発生する頻度が高く，通常の航海速力14ノットに対し，8ノット近くまで低下している。ただし，抵抗増加などによる自然減速であるのか，操船上の意図的な減速であるかは今後の研究にてパターン分けして，それぞれについて影響を検証する必要がある。
④ 船速と各パラメーターの相関分析を行った結果，縦揺れ，鉛直加速度，機関回転数などとの相関が比較的高かったが，相関係数の値は0.3～0.5程度であり，一変数で説明できないことを示唆しており，またいずれも非線形な相関が窺える。これは過去の船速低下に関する研究結果とも一致し，抵抗増加をもとにした理論の妥当性を裏付ける。
⑤ 船周りの波浪と船体運動の相関は高いことが検証されたが，船速自体との相関係数は0.26であり，波高から直接推定するのは難しいため，波浪と船体運動，航海・機関データを多変量として推定するモデルを構築すべきと考えられる。
⑥ 2種類の重回帰式による船速低下の再現を行ったが，全体的に実測値よりも船速が小さい傾向であった。しかし，船速低下の状況は比較的良好に再現できており，船体運動が小さく，機関回転数が定常状態にあるときの再現式とあわせて精度向上を図る必要がある。このため，波浪レーダーによるデータ取得と気圧データの計測を含めたさらなるデータの蓄積を継続中である。
⑦ 抵抗増加や機関運転の影響の理論的考察を行うため，計測したデータに

対する船体運動の再現計算を実施し，船体運動の状況や船速低下の状況についても検証を進める予定である。

【参考文献】

1）高嶋恭子・加納敏幸・小林充：高精度気象・海象予測データに基づく内航船の省エネルギー運航について，日本航海学会論文集，No.118，pp.99–106，2008.
2）西山尚材・庄司るり・大津皓平・メザウィブラヒム：ウェザールーティングによる大洋航路の検討，日本航海学会論文集，No.125，pp.153–164，2011.
3）塩谷茂明・牧野秀成・嶋田陽一：輸送の三原則を統合した国際海上輸送システム創出の研究，日本船舶海洋工学会講演会論文集，Vol.10，pp.329–330，2010.
4）高石敬史・黒井昌明：波浪中船体運動の実用計算方法，第二回耐航性に関するシンポジウム，日本造船学会，pp.109–133，1977.
5）柏木正：前進しながら動揺する船の流体力学に関する新しい細長船理論の展開，日本造船学会論文集，第178号，pp.169–177，1995.
6）日本造船学会海洋工学委員会性能部会：実践 浮体の流体力学，成山堂書店，291p.，2003.
7）丸尾孟：波浪中の抵抗増加，造船協会誌，第383号，pp.305–314，1961.
8）内藤林・中村彰一・原正一：波浪中における船速低下の推定法に関する研究，日本造船学会論文集，第146号，pp.147–156，1979.
9）高嶋恭子・萩原秀樹・庄司るり：ウェザールーティングによる燃料節約―コンテナ船の航海データを用いたシミュレーション―，日本航海学会論文集，No.111，pp.259–266，2004.

第2部

海上輸送の環境保全対策

第1章　船舶運航にともなう生物の越境移動

1.1　船舶バラスト水

一般に，バラストとは，底荷，脚荷とも呼ばれ，船舶の積み荷が少ないときなど，転覆のおそれがあるときに，喫水を下げ船舶の復原力を確保する目的で船底に積み込まれる砂利や水のことである。バラストを積み込むことで，空荷航行時の推進効率を向上させ，船体強度を確保できる。海水がバラストとして使用され始めたのは，最初の鉄製蒸気船アーロン・マンビー号が建造された19世紀以降からと考えられる。そして，バラストタンク設備は，船種により異なるが，1960年以降，船舶の大型化と専用船化，ならびに造船技術の進歩によって急速に普及した。バラストポンプが大型化したことも，海水のバラスト水としての利用を促進させた要因の1つである。海水を利用することで，荷役中のトリムやヒールの調整が容易になり，コンテナ船では荷役時間が大幅に短縮した。

バラストタンクに搭載できる海水の総重量は，船種によって変動するが，液化天然ガス（LNG）運搬船のバラスト水積載率が最も大きく，設計値として概ね載貨重量トン数の80％に相当する。LNGの比重は，主成分であるメタン以外の成分の割合に応じて変化し，1気圧下で0.43～0.48である。このため，LNG運搬船は積載貨物重量に比べ，大きな体積を必要とする。バラスト水積載率が最も小さいのはコンテナ船で，載貨重量トン数の約30％である。

バラスト水は貨物の揚げ地港で採水され，貨物の積地港で排水されるので，「資源・エネルギーの輸入国は，バラスト水の輸出国」である。石油や天然ガスの国内需要の増加を見込むと，日本の港湾の海水が海外の港湾へ運ばれ排水される量は増加する。これにともない，バラスト水とともに大量に越境移動する生物種の管理が，いま以上に重要となる。

1.2 越境移動を阻止したい10種類の生物種

バラスト水は，貨物の揚げ地港で船底弁から船体へ採取される。接岸時に巻き上げられた港内堆積物も，バラスト水に混入してバラストタンクへ運ばれる。したがって，バラストタンクには，港内に棲息する有毒渦べん毛藻を含む植物プランクトンや堆積物中に存在する植物プランクトンのシスト，動物プランクトン，海洋細菌群集，甲殻類や貝類の卵や幼生など，多様な生物が侵入している。そのなかには，まひ性貝毒の原因となる有毒渦べん毛藻[1)]や病原性 *Vibrio cholerae*[2)] が含まれる。有毒渦べん毛藻（たとえば *Gymnodinium catenatum*, *Alexandrium catenella* や *Alexandrium tamarense* など）は，神経毒となる化合物を生合成する植物プランクトンである。貝類が有毒渦べん毛藻を捕食すると，有機質部分に毒性化学物質が蓄積される。この貝を人間が食すと，死亡率15 %程度と言われるまひ性貝毒による病気が発症する。スミソニアン環境リサーチセンターのRuizらは，病原性を示すO1型抗原またはO139型抗原を持つ *V. cholerae* を対象に，米国以外の港を出港し，次の寄港地として米国東海岸に位置するチェサピーク湾へ入港する船舶を対象に，バラスト水調査を行った[2)]。その結果，調査したO1抗原型 *V. cholerae* は15隻中15隻から，O139型抗原を持つ *V. cholerae* は14隻中13隻から検出されたことが報告されている。各抗原型はともにバラストタンク内の動物プランクトン試料からも検出されている。有毒渦べん毛藻やそのシスト，および病原性 *V. cholerae* が船舶バラスト水を介し世界の寄港地に拡散していることは自明である。まひ性貝毒やコレラ発症の予防および生物多様性の保全のために，これらの生物種の越境移動を阻止する早急な対策が必要である。

国際海事機関が示した，船舶バラスト水とともに越境移動させたくない10種類の生物種には，上述した有毒渦べん毛藻や病原性 *V. cholerae* に加え，黒海–カスピ海産ミジンコ，中国産ミトンガニ，マルハゼ，ヨーロッパ産ミドリガニ，アジア産大形褐藻，ゼブラ貝，キヒトデ，クシクラゲが含まれる。繁殖力が強い黒海–カスピ海産ミジンコは，バルト海の動物プランクトンコミュニティで優先種となっている。このミジンコは漁網の目詰まりの原因となり，漁業被害を起こしている。中国産ミトンガニは，西ヨーロッパ，バルト海，北アメリカ西海岸で繁殖している。マルハゼは，黒海，アゾフ海，カスピ海が原産であるが，バルト海や北アメリカへ棲息地を拡大している。マルハゼは貧栄養下でも繁殖力が強く，水産業への損害が大きい。ヨーロッパ産ミドリガニは，アメリカ，日本，南オーストラリア，南アフリカへ棲息地を拡大している。甲羅が固いので新しい海域で捕食されにくかったのが繁殖した原因の1つと考えられている。アジア産大形褐藻は，南オーストラリア，ニュージーランド，アメリカ西海岸，ヨーロッパ，アルゼンチンへ棲息地を拡大している。商業用貝類の生育場所と競合し，水産業に損害を与えている。ゼブラ貝は，黒海原産の繁殖力の強い二枚貝で，海洋構造物や船体表面へ幾重にも重なって大量に付着する。発電所の取水パイプ内で繁殖したゼブラ貝は，発電プラントへの冷却水供給不足を誘因し，発電所の運転が停止することもある。北米では，「経済へ与えた損失が最も大きい外来種」と言われている[3)]。帆立貝，カキ，ハマグリ，アサリなど商業用の二枚貝を捕食するキヒトデは，北太平洋から南オーストラリアへ越境移動し，漁業被害を拡大させている。動物プランクトンを大量に捕食するクシクラゲは，1990年代に黒海，アゾフ海の水産業に重大な損害を与えた。クシクラゲは北米から黒海，アゾフ海，カスピ海へ棲息地を拡大させており，食物連鎖や生態系へ影響を与えている。カスピ海でも同様の漁業被害が生じている。

1.3　船体付着生物の越境移動

バラスト水へ侵入した生物種のみならず，フジツボや二枚貝類も船舶とともに越境移動し，その棲息域を拡大させている[4)]。フジツボ付着期幼生（図1.1）は，固体表面上で付着行動が完了した直後に，フジツボへと変態する。日本の多くの港湾では，以前から棲息が確認されているタテジマフジツボ，アメリカフジツ

図1.1　フジツボの付着期幼生
付着期幼生の大きさは，100～200 μm×500～600 μm程度である。
（姫路エコテック(株)遠藤氏提供）

ボ，ヨーロッパフジツボ，およびキタアメリカフジツボに加え，新たにパナマ太平洋岸原産のココポーマアカフジツボの棲息が確認された[5)]。

船体付着したフジツボ類は，船底表面粗度を増加させ，船速低下の主要因となる。生物汚損により船底粗度が増加すると船体抵抗が増加し，船速を維持するために必要な軸馬力も増加する。船底汚損が進行することを想定し，船舶（水線長 142.0 m，船幅 18.0 m，喫水 6.4 m，没水船体表面積 3001 m^2，排水トン数 8768 tons）の速度を 15.4 m/s（30 knots）に維持するために要求される軸馬力の増加分を表 1.1 に示す[6)]。十分大きくなるまでフジツボが成長した船体では，船体抵抗値が 1088 kN 増加し，これにともない軸馬力が 47 %増加すると推定されている。内燃機関を主機関とする場合，燃料消費量を増加させることで機関出力を上げることができるが，排ガス量も増加するため，排ガス中に含まれる CO_2，SOx，NOx，すすなどの微粒子の大気への排出量が増加する。燃料消費率（g/kWh）の増加は，船舶運航の経済性を低下させる。船底の生物汚損対策は，付着生物の越境移動阻止と生物多様性の保全のみならず，船舶運航に係る海洋・大気環境への負荷低減と持続可能な経済活動を包括した重要な課題である。

船底粗度の増加を抑制する付着生物汚損対策として，1960 年代以降，有機スズ化合物が多用された。この化合物は，フジツボや多種多様な海洋微小生物に対して殺傷効果が高く，安価で比較的容易に合成できる利点があった。しか

表 1.1　船底汚損の進行にともなう船体抵抗の増加と船速を維持するために必要な軸馬力の増加

船体汚損状況	ΔR_{TS} (kN)		ΔSP (kW)	
なめらかな船体表面	—	—	—	—
船底防汚塗料を塗布した船体表面	66	3%	1,533	3%
軽微なバイオフィルムが形成された船体表面	182	7%	4,300	7%
重厚なバイオフィルムが形成された船体表面	303	12%	7,202	12%
小さなフジツボが成長した船体表面	485	19%	11,699	20%
中ぐらいの大きさにフジツボが成長した船体表面	715	28%	17,519	30%
大きくフジツボが成長した船体表面	1,088	43%	27,315	47%

ΔR_{TS}：船体抵抗の増加分，ΔSP：軸馬力の増加分

しながら，船体から溶出した有機スズ化合物が残留する湾内では，二枚貝の奇形や内分泌かく乱作用による生殖阻害が起こり，食物連鎖と生物濃縮によって，マグロなど大型回遊魚にも汚染が拡大した。2008 年に国際条約が発効し，有機スズ化合物の船底への使用が完全に禁止された。代替塗料として，シリコン系防汚塗料の開発が進んでいる。この塗料は撥水性が高く，当該塗料で被覆された船底は，バイオフィルムの形成を抑制し，フジツボのキプリス幼生（図 1.1 参照）の付着を遅らせる効果がある。さらに，航行中に船速が増加すると，フジツボなど付着生物が船底から剥離しやすくなる利点がある。

1.4　バラスト水を介して越境移動した生物種が定着する条件

図 1.2 に，船舶バラスト水へ侵入した生物種が越境移動し，寄港地で定着するまでの過程を示す。港湾の海水や堆積物中に棲息する生物種がバラストタンクへ侵入したからといって，これらの生物種が外来種として寄港地で定着するとは限らない。バラストタンク内は暗く，植物は光合成ができない。バラストタンク底部は酸素欠乏になりやすく，甲殻類が生存しにくい環境である。一般に，生物種が新しい環境に適応して繁殖・定着するには，航海中もバラストタンク内で生存し，バラストポンプ通過時に殺傷されず，バラスト排水時に寄港地へ侵入することが条件となる。

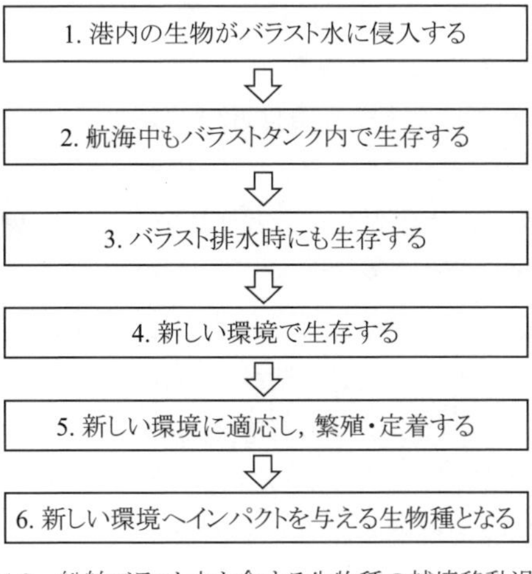
1. 港内の生物がバラスト水に侵入する
2. 航海中もバラストタンク内で生存する
3. バラスト排水時にも生存する
4. 新しい環境で生存する
5. 新しい環境に適応し，繁殖・定着する
6. 新しい環境へインパクトを与える生物種となる

図 1.2　船舶バラスト水を介する生物種の越境移動過程

越境移動した海域の海水温や栄養状態が外来種の繁殖に適していることも，

外来生物種が繁殖しやすくなる要因の1つである。地球規模で進む気候変動や沿岸域の富栄養化も，越境移動した外来生物種の繁殖・定着を促進させていると考えられる。外来生物種がひとたび爆発的な繁殖を起こすと，その海域の生態系や水産業へ大きなインパクトを与える。

1.5　オーストラリア研究者が実施した有毒渦べん毛藻の原産地調査

まひ性貝毒が発生した地域分布を図 1.3 に示す。1970 年には，北半球の中緯度付近に位置する日本や米国の東海岸，西海岸および英国付近に集約されていたまひ性貝毒の発症地域が，1990 年になると赤道付近のインド，タイ，ブルネイ，フィリピンや，南半球のオーストラリア，ニュージーランドへ拡大していることがわかる。この理由としては，まひ性貝毒に対する意識が高まったこと，および沿岸域の富栄養化にともない渦べん毛藻の爆発的繁殖が起きやすくなったことが挙げられるが，船舶バラスト水が渦べん毛藻の越境移動を介在していることも否定できない。

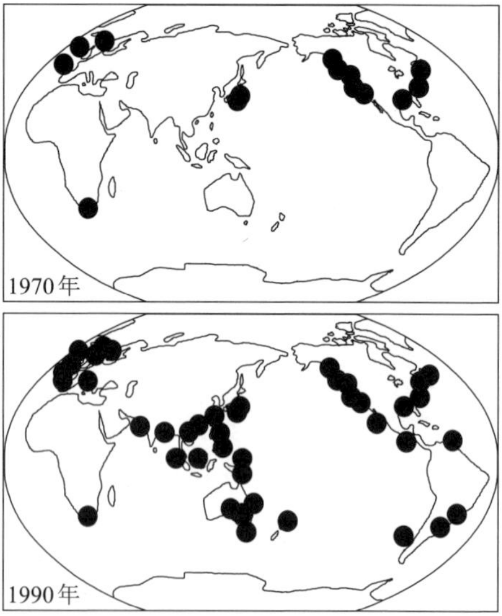

図 1.3　まひ性貝毒が発症した地域分布

船舶バラスト水が有毒渦べん毛藻の越境移動と密接にかかわっていることを学術的に示したのは，オーストラリアのタスマニア大学を中心とする研究グループであった。このグループは，有毒渦べん毛藻 *G. catenatum* のシストが海底の堆積物中に長期間生存できることに着目し，このシストがいつタスマニア島ホバート港に持ち込まれたかを海底の堆積物コアを採取し調査している。一般に，植物プランクトンが自然環境下で形成したシストは，生物種にも依存するが，生存力が高い。そして，これまで観察されていなかった植物プランクトンの爆発的な繁殖が起こった場合，その海域にすでに侵入していたシストが発芽したことが原因と考えられている。

Hallegraeff らはホバート港の海底堆積物を表面から 40 cm の深さまで採取し，試料中に含まれる *G. catenatum* シストがホバート港へ侵入した時期を ^{210}Pb 放射性同位体分析に基づく年代測定法を用いて推定している[1), 7)]。この調査は 1991 年と 1994 年に実施され，いずれの調査結果も，*G. catenatum* シストの全有毒渦べん毛藻に占める割合が顕著に増加し始めるのが 1972 年付近であること，およびその占有率は 2 %未満であることを示唆した。1972 年は，タスマニア島から日本へ向けた材木輸出が開始された時期とも一致する。外来生物種の有毒渦べん毛藻がタスマニア島ホバート港へ侵入した時期がタスマニア島へ寄港する日本の貨物船の隻数が増加し始めた時期と一致していることから，*G. catenatum* は船舶バラスト水とともに，日本からオーストラリアタスマニア島ホバート港へ越境移動したと考えられた。その 20 年後には，*G. catenatum* は内航船のバラスト水や商業用貝類の国内輸送を介して，Victoria や New South Wales などオーストラリアの主要港へ棲息域を拡大させている。*Alexandrium* sp. のシストは細胞壁の脆弱性により堆積物中で長期間生存できず，採取した堆積物コア試料から検出されなかった。

寄港地で一度に排水されるバラスト水の容量が大きいと外来生物種の繁殖・定着が起こりやすいように思われるが，必ずしも有毒渦べん毛藻の繁殖・定着に対する最も高いリスクになるとは限らない。むしろ，バラスト水が同じ寄港地へ，季節にかかわらず，繰り返し排水され続けると，外来種である有毒渦べん毛藻が繁殖・定着するリスクが高くなると考えられている。シストの生存力や発芽力に関しては，バラスト水採水時にすでにシスト形成がなされていた場合，バラストタンク内に侵入後に成体がシスト形成した場合と比べ，シスト自身の生存力や発芽力が高い傾向にある。また，バラスト水採水時の出港地の気候とバラスト水排水時の寄港地の気候が類似していると，越境移動した生物種が寄港地で繁殖・定着しやすくなる。

1.6　タスマニア島へ越境移動した有毒渦べん毛藻の原産地調査

タスマニア島へ侵入し繁殖・定着した有毒渦べん毛藻 *G. catenatum* の原産地を特定する取り組みとして，Oshima らは地理的に隔離されている日本の瀬戸内海，オーストラリアのタスマニア島，およびスペインのガリシア沿岸から，1986 年から 1988 年にかけて *G. catenatum* を採取し，同一条件下で培養して，それぞれが産生する毒素の生化学的特徴を比較している[8)]。その結果，毒素の生化学的性質が，培養温度，塩分濃度，硝酸塩やリン酸塩濃度にほとんど影響されないことがわかった。これは，地理的に隔離された海域に棲息する *G. catenatum* の類縁性を推定するのに，毒素の化学構造が利用できることを示唆している。

まひ性貝毒の化学構造を表 1.2 に示す。この天然物毒素には置換基が R_1 から R_4 まで 4 か所あり，毒素は 21 種類にも達する。産生した毒素を高速液体クロマトグラフィーで分析した結果，すべての単離株が R_4 位に N-スルホカルバモイル基を持つ毒素を産生することがわかった。これらの毒素は，毒素分類（表 1.2 参照）では，C1 から C4 およびゴニャウトキシン 5 と 6 のいずれかに該当する。タスマニア島から単離した *G. catenatum* からは，毒素 doGTX3 と doSTX が検出された。一方，播磨灘から単離した *G. catenatum* からは，これらの毒素化合物は検出されなかった。さらに，タスマニア島から単離した種から，新規 13-デオキシデカルバモイル毒素が発見された。これらの分析結果に基づけば，タスマニア島の *G. catenatum* は，スペインのガリシア沿岸や播磨灘から単離した *G. catenatum* と類縁性がかなり低い種であると推定できる。一方，ガリシア沿岸に棲息する *G. catenatum* は播磨灘から単離した種と類縁性が高いと言える。ガリシア地方の *G. catenatum* がバラスト水とともに瀬戸内海へ越境移動し定着したか，その逆に，瀬戸内海に固有の *G. catenatum* がガリシア地方へ越境移動し定着したと考えられる。

Scholin らは，北アメリカ，西ヨーロッパ，日本，オーストラリア，タイから単離した有毒渦べん毛藻 *A. tamarense* 48 個体から培養細胞を作成し，rDNA 遺伝子を構成する小サブユニットや大サブユニットの遺伝子断片の多型を比較

表1.2　まひ性貝毒の化学構造

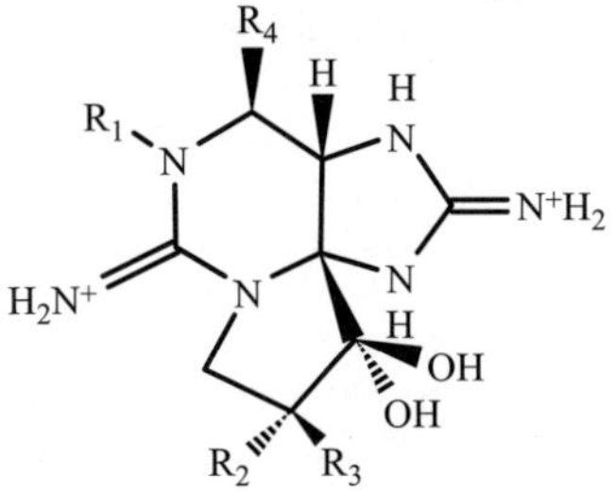

R_1	R_2	R_3	R_4 $-CH_2-O-C(=O)-NH_2$	R_4 $-CH_2-O-C(=O)-NH-SO_3^-$	R_4 $-CH_2OH$	R_4 $-CH_3$
H	H	H	STX	GTX5	dcSTX	doSTX
OH	H	H	neoSTX	GTX6	dcneoSTX	—
OH	OSO_3^-	H	GTX1	C3	dcGTX1	—
H	OSO_3^-	H	GTX2	C1	dcGTX2	doGTX2
H	H	OSO_3^-	GTX3	C2	dcGTX3	doGTX3
OH	H	OSO_3^-	GTX4	C4	dcGTX4	—

している[9)]。その結果，少なくとも遺伝的に系統が違う5つのグループに分類できることがわかった。これは，地理的に隔離された棲息環境下に，各固有種がとても長い時間をかけて進化を遂げていることを示唆している。遺伝子配列の比較から，日本の近海に棲息する *A. tamarense/catenella* が遺伝的多様性を示すことも明らかになっている。その理由として，地理的に隔離された他の海域から日本近海へ，これらの種が持ち込まれ定着したことが考えられる。加えて，オーストラリアへ越境移動した *A. catenella* はアジア域内から越境移動したと推定されている。

これらの研究成果を総合的に判断すると，オーストラリアのタスマニア島で新たに見つかった有毒渦べん毛藻の起源は，ヨーロッパ固有種とアメリカ固有種であり，これらが日本近海へ越境移動し定着が完了した状況下に，日本からオーストラリアへ越境移動したと推定できる（図1.4)。アメリカ東海岸と日本間の有毒渦べん毛藻の移動は，魚介類の輸出入を介して行われたと考えられる。

まず，①アジア域内へ，ヨーロッパ原産の有毒渦べん毛藻が越境移動した。②アメリカ西海岸と日本との有毒渦べん毛藻の移動は，魚介類の輸出入を介して行われた。③日本の固有種，ヨーロッパからアジア域内へ越境移動した種，および日本へ越境移動したアメリカ原産種が，日本-オーストラリア間の船舶運航によってタスマニア島ホバート港へ広まったと推定できる。

図1.4　船舶バラスト水を介した有毒渦べん毛藻の推定移動経路

1.7　病原性 *Vibrio cholerae* の生理・生化学

コレラ毒素を産生する病原性 *V. cholerae* は，細胞表面の抗原型が O1 型と O139 型に分類される 2 種類である。1861 年から現在に至るまでに 7 回，コレラの感染爆発が起きている。最初から 6 回目までは，古典型の O1 型が原因であった。一方，1961 年に始まる 7 回目の感染爆発は El Tor O1 型が原因である[10]。その後，7 回目の感染爆発を起こした El Tor O1 型は，アジアから南アメリカへ棲息域を拡大している。1992 年には，O1 型ではないがコレラを発症させる新しい O139 型コレラ菌が南アジアで検出された。

O1 型の O-抗原生合成遺伝子は，染色体 I 上の *wbe* クラスターに集約されている。この *wbe* クラスターは，*gmhD* 遺伝子と *rjg* 遺伝子間に存在する。*wbe* クラスターと左側で連結する *gmhD* 遺伝子は，細胞壁を構成する多糖類の生合成に必要なタンパク質をコードしている。右側で *wbe* クラスターと連結する *rjg* 遺伝子は，mRNA の 3′ 末端を加工する因子と類似した機能を有すると推定されるタンパク質をコードしている（図 1.5）[11]。O139 型は，O1 型 *V. cholerae* が持つ O1 型抗原遺伝子が O139 型の抗原遺伝子に置き換わった結果，出現したと考えられる。

アメリカ食糧と薬物管理局の McCarthy は，バラスト水から単離した O1 型 *V. cholerae* の滅菌海水中での生存力を，D 値（試料 1 ml 当たりの生菌数が

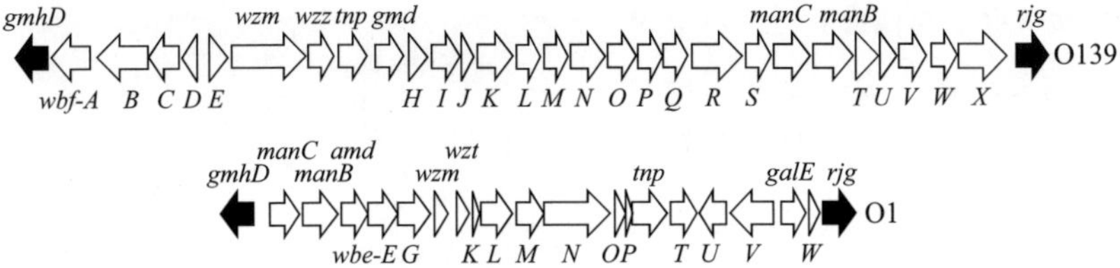

図1.5　O-抗原生合成遺伝子のO139*wbf*領域とO1*wbe*領域の比較

O139*wbf*領域とO1*wbe*領域は，それぞれ35 kbおよび22 kbの塩基から構成されている。図中，オープンリーディングフレームと転写方向は，矢印で示す。両抗原型に共通する連結遺伝子（*gmhD*と*rjg*）は黒い矢印で示す。

1 $\log_{10}$ 減少するのに要する時間）を指標に推定している。本株を滅菌海水に浮遊させた場合，水温 18 ℃，塩分濃度 3.2 %で，D 値は 36～240 日であった。海水温度を 30 ℃に上げると D 値は 60～120 日へ減少し，低海水温 6 ℃では，この値は 5～20 日へと，さらに減少した[12]。一方，滅菌処理をしない新鮮な海水に，生菌数が 1 ml 当たり 10^4 オーダーになるように本株を浮遊させると，D 値は 27 日（18～30 ℃）へと顕著に減少した。最も生菌数が減少したのは，水温 30 ℃，塩分濃度 2.3 %の条件で，生菌数が検出できなくなるまでに要した日数は，わずか 12 日であった。このことは，微生物群集がすでに形成した生態系には，侵入した微生物の生存を阻害する力があることを示唆している。

1.8　東京湾の *Vibrio* 属海洋細菌および病原性 *Vibrio cholerae* の調査

東京湾内には，東京港や横浜港など，日本有数の貿易港がある。外航船舶の寄港にともない，貨物積載時に東京湾へ排水されるバラスト水量も入港隻数に応じて増加すると推定される。Mimura と Miwa は，2008 年の 1 年間を通じて東京湾内の海洋細菌の総数や *Vibrio* 属細菌数の計数，および病原性 *V. cholerae* の検出を試みている[13]。試料採取位置を図 1.6 に示す。晴海埠頭から 4 試料，有明埠頭から 2 試料，横浜港から 2 試料，検疫錨地から 1 試料，そして浦賀水道から 1 試料の計 10 試料を，練習船の運航に合わせて，機関室の海水ポンプ空気抜き弁から採取し，試料中の生菌数は海水を含む寒天培地上に形成されたコロニー数（Colony-forming units, CFU）から推定した。東京湾に棲息する海洋細菌群集の季節変動を図1.7に示す。1年を通して，海水温度は11 ℃から25 ℃まで，海洋細菌の総数は$10^{3.9}$ CFU/mlから$10^{5.4}$ CFU/mlまで，それぞれ変動した。海洋細菌の総数と試料採取時の海水温度に相関は認められなかった。糖であるスクロースを代謝できない海洋*Vibrio*属細菌数は$10^{3.9}$ CFU/mlから不検出まで，スクロースを代謝できる海洋*Vibrio*属細菌数は$10^{2.0}$ CFU/mlから不検出まで，それぞれ変動した。

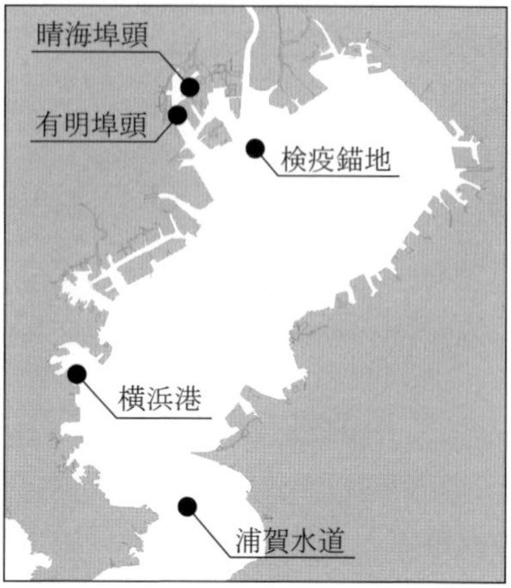

図1.6　東京湾の海水試料採取位置

スクロースを代謝できる*Vibrio*属海洋細菌の単離株は，すべて37 ℃でコロニー形成ができなかった。病原性*Vibrio cholerae*はスクロースを代謝し，かつ37 ℃で増殖できる。この調査に基づけば，東京湾に病原性*V. cholerae*が侵入し，棲息している可能性は低いと推定できる。

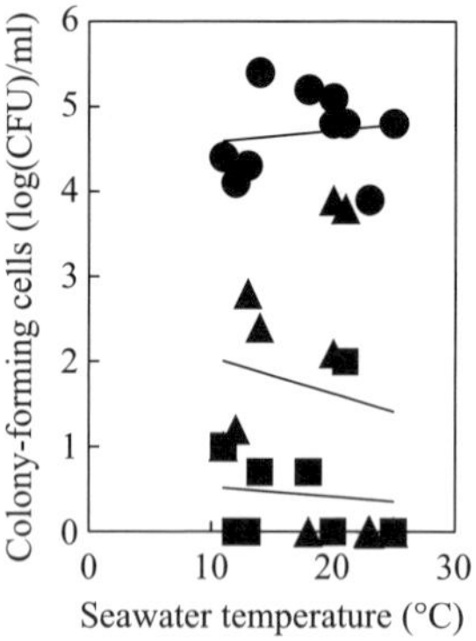

採水時の海水温度と採水試料中の海洋細菌群集の総数（●），スクロースを代謝できない*Vibrio*属海洋細菌数（▲），およびスクロースを代謝できる*Vibrio*属海洋細菌数（■）の関係を示す。採取した海水試料中の海洋細菌群集は海水を含む栄養寒天培地を使用して計数し，海洋*Vibrio*属細菌の生菌数は胆汁酸を含むTCBS寒天培地を使用して計数している。TCBS寒天培地はスクロースとpH指示薬として使用されるブロモチモールブルーも含んでいる。TCBS寒天培地にスクロースを代謝できる*Vibrio*属細菌が増殖しコロニーが形成されると，スクロース代謝産物により寒天培地が酸性化し，コロニーの色が黄橙色となる。一方，スクロースを代謝できない*Vibrio*属細菌は，増殖しても選択培地のpHが酸性化せず，単一コロニーはTCBS寒天培地と同じ青緑色を呈する。試料採取は2008年1月から11月にかけて実施した。

図1.7　東京湾に棲息する海洋細菌群集の季節変動

1.9　海洋細菌群集と競合する状態での *V. cholerae* 生存力の推定

Mimura と Miwa は，McCarth と同様の実験を，*Vibrio* sp. September1 株（*Vibrio* sp. Sep1 株）[14] から調整した休止細胞を使用して行っている。この株は船舶バラスト水から単離され，病原性が低く，かつ 37 ℃でも良好に増殖できる性質を有しているので，病原性 *V.cholerae* の代替株として実験室での実験に有用な株と思われる。筆者らは，本株から調整した休止細胞を東京湾や日本近海で採取した海水試料中に浮遊させ，試料中の微生物群集との競合下，当該休止細胞の生存力をコロニー計数法で推定している [13]。

東京湾に棲息する海洋細菌群集と競合した場合の，*Vibrio* sp. Sep1 株から調整した休止細胞の生菌数変化を図 1.8 に示す。実験に使用した海水試料は，東京湾から季節を通して 6 回，4 か所から採取している。海水試料へ添加した *Vibrio* sp. Sep1 株休止細胞の生菌数は 10^3 から 10^4 CFU/ml オーダーとし，海水試料中に棲息していた海洋細菌群集（$10^{3.5}$ から $10^{6.1}$ CFU/ml）との競合下に，当該休止細胞の生存力を TCBS 選択培地を使用したコロニー計数法で推定した。2009 年 9 月に有明埠頭から採取した海水試料を使用した場合を除き，*Vibrio* sp. Sep1 株は海洋細菌群集との共存下に置かれた場合，劇的に生菌数を減少させ，2 週間生存し続けることができなかった。一方，*Vibrio* sp. Sep1 株休止細胞を，滅菌処理（121 ℃，20 分）した海水試料へ添加すると，2 週間経過しても生菌数の顕著な減少は確認できなかった（各図左側）。*Vibrio* sp. Sep1 株休止細胞を含む海洋細菌群集の生菌数変化は，海洋細菌群集のみの生菌数変化と概ね一致している（各図右側）。これらの結果から，病原性 *V. cholerae* を含むバラスト水が東京湾へ排水された場合，侵入した *V. cholerae* は東京湾に棲息する海洋細菌群集との競合下に生存しなければならず，優先種になる可能性は極めて低いと推定できる。

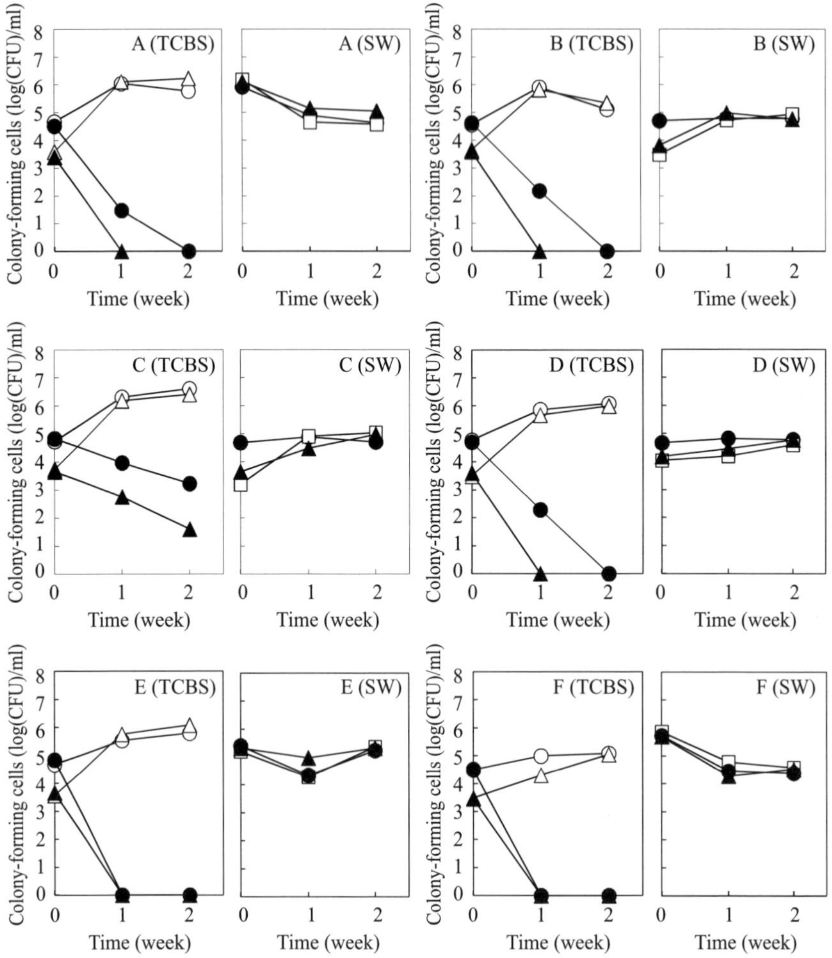

海水試料は，有明埠頭（A：2009年6月，B：2009年7月，C：2009年9月），晴海埠頭（D：2010年1月），検疫錨地（E：2010年1月），横浜港（F：2010年3月）から採取している。TCBS寒天培地（各図左側）を使用し，滅菌しない海水試料中（●，▲），および滅菌後の海水試料中（○，△）での *Vibrio* sp. Sep1株の生存数の変化を計数している。海水を含む寒天培地（各図右側）を使用し，当該株を含む海洋細菌群集の生菌数（●，▲），および海洋細菌群集のみの生菌数の変化（□）も計数している。実験は，海水採取時の海水温度に設定した恒温槽を使用し実施している。各試料採取時の海水温度は，22℃（A），26℃（B），23℃（C），14℃（D），11℃（E），および12℃（F）であった。

図1.8　東京湾に棲息する海洋細菌群集と競合する状態での *Vibrio* sp. Sep1株休止細胞の生菌数変化

1.10　日本からカタールへ向かうLNG船のバラスト水およびバラストタンク堆積物の微生物調査

筆者らは，2002年5月から2003年7月に6回（第一期）[14]，および2005年1月から2006年9月に7回（第二期）[15]，カタールと日本を往復するLNG運搬船ZEKREET号（総トン数11万トン）のバラスト水およびバラストタンク堆積物試料から，病原性 *V. cholerae* の検出を試みた。船上での海水試料採取のみならず，バラストタンク内堆積物の採取も本船航海士が担当された。ご協力，大いに感謝する次第である。

カタール航路の概略を図1.9に示す。日本からカタール・ラスラファン港までは，約2週間の航海である。その途中，本船はインド洋の公海上でバラスト水洋上交換を行い，日本寄港時に採取したバラスト水をインド洋の海水と交換してから，ラスラファン港へ入港している。海水試料の採取は，東新潟，知多，四日市，泉北などLNG基地に着桟した本船がLNG陸揚げ作業にともなうバラスト水採水時，カタールへ向け航行中の本船のバラストタンク内貯蔵海水の表層と中層（表層から深さ10 m），インド洋の公海上でのバラスト水洋上交換時，およびラスラファン港でのLNG積み込みにともなうバラスト水排水時に実施した。カタールから日本へ向かうLNG満載の復航時は，空になったバラストタンクから堆積物も採取した。第一期の6回の航海で採取した計42試料から病原性 *V. cholerae* の検出を試みたが，当該株と生理・生化学的性質が類似している2株，*Vibrio* sp. Sep1株と *Vibrio* sp. December1株（*Vibrio* sp. Dec1株）を除き，すべての試料から病原性 *V. cholerae* は検出できなかった。*Vibrio* sp. Sep1株は2

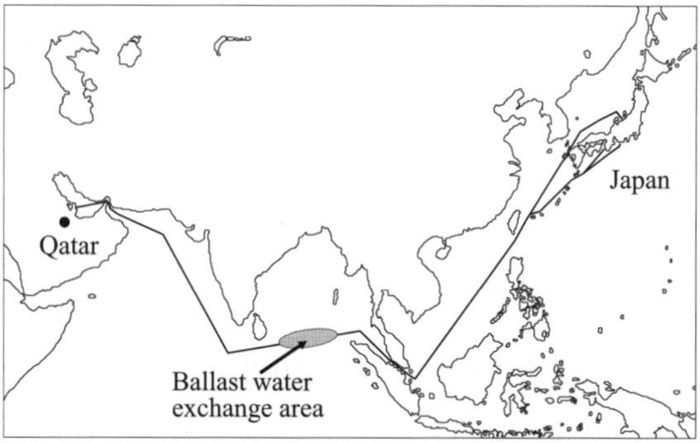

図1.9　日本–カタール航路の概略

回目の航海で，*Vibrio* sp. Dec1 株は 3 回目の航海で，バラストタンク内貯蔵海水の表層から単離された。16S rDNA の部分塩基配列をデータベースに登録されている標準株と比較した結果，いずれの株も *V. campbellii*，*V. alginolyticus*，および *V. mediterranei* と相同性が高かった。*Vibrio* sp. Sep1 株と Dec1 株の 16S rDNA 部分塩基配列は，登録番号 AB195981 および AB195982 としてデータベース DDBJ/GenBank/EMBL で公開されている。第二期の調査でも，第一期の調査同様，病原性 *V. cholerae* はすべての試料から検出できなかった。

生きた生物試料を得るには，船舶バラストタンク堆積物の試料採取は，入渠時ではなく，就航中に実施すべきである。船社の協力を得て，第一期と第二期を合わせ日本–カタール間 16 往復の航海を通して海洋細菌群集を含む貴重な試料が採取できた。バラスト水排水後のタンク底部から採取した堆積物試料には，貝殻や砂を多く含む試料もあったが，汚泥を多く含む試料も得られた。海洋細菌群集は汚泥に含まれる海水中に棲息していると仮定すると，生菌数は $10^{5.2}$ CFU/ml から $10^{6.0}$ CFU/ml の範囲に分布していると推定できた[14)]。バラスト水中に浮遊している海洋細菌群集の生菌数が $10^{5.0}$ CFU/ml 以下であったことから，バラストタンク堆積物の生物管理も，船舶を介した生物種の越境移動の阻止および生態系保全に重要であることが示唆される。

バラスト水洋上交換の有効性について，Tomaru らは 16S rDNA 塩基配列に基づく微生物群集解析を行い，バラスト水洋上交換前後で海洋細菌群集のコミュニティーが変わること，および生菌数も減少することを報告している[16)]。バラスト水洋上交換により，貨物の揚げ地港で採水したバラスト水に侵入した生物群集を，貨物の積地港へ越境移動させるリスクが減少していると考えられる。

1.11　バラスト水殺菌技術の開発

病原性 *V. cholerae* や有毒渦べん毛藻のグローバルな拡散を防ぎ，かつ越境移動生物種から生物多様性を保全するには，バラスト水は殺菌処理後に船外へ排水することが望ましい。バラスト水殺菌は，採水時または採水後に船上で行うことを想定し，開発が進められている。薬剤をバラスト水へ投入し殺菌する方法としては，過酢酸[17]や過酸化水素[18]の使用が検討されている。バラスト水を電気分解し，発生する塩素を殺菌剤として利用する方法もある[19]。この場合，大腸菌 10^6 CFU/100 ml を 250 CFU/100 ml 以下に殺菌するのに必要なエネルギーは，0.006 kWh/m^3 と試算されている。オゾン発生装置を搭載し，バラスト水をオゾン化して殺菌する方法もあるが[20, 21]，オゾン処理過程で毒性のある臭化物イオン種（HOBr，OBr^-）が生じることが指摘されている[22]。言うまでもなく，使用した薬剤，および副産物がバラスト水中に残留した状態でバラスト水を船外へ排水することはできない。加えて，酸化力の強い化学物質を殺菌剤として使用する場合，バラストタンクや海水配管に使用される鋼材の腐食が促進される。殺菌剤による腐食から鋼材を保護するための新規塗料の開発も必要である。バラスト水を窒素置換し溶存酸素が欠乏した状態にすると，動物プランクトンやエビ・カニなど甲殻類に致死効果があるのみならず，鋼材腐食を抑制する効果もある[23]。

物理的バラスト水殺菌方法として，エジプトからベルギーへ向かう載貨重量トン数2.3万トンの実船を使用し，熱殺菌法が試された[24]。機関室のボイラーで蒸気を発生させ，この蒸気とバラスト水とを熱交換させることで海水温度を55 ℃以上に上昇させ，バラスト水を熱処理するシステムである（図1.10）。蒸気との熱交換で温度が上昇したバラスト水（55～80 ℃）を熱処理前のバラスト水（～17 ℃）の予熱に使用し，熱処理直後のバラスト水温度を27 ℃以下に低下させた後，船外へ排水するように設計されている。このシステムは海洋細菌，植物プランクトン，および動物プランクトンの殺菌に効果があるが，熱交

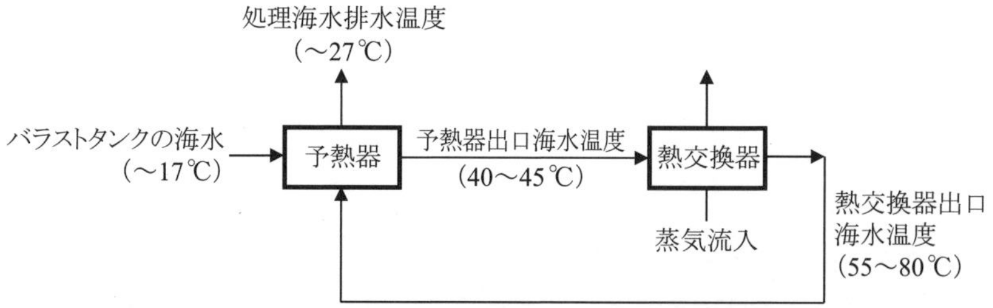

図1.10　バラスト水熱処理システムの概略

換器を通過する数秒間の処理時間では，バラスト水温度が55℃から80℃へ達しても，約5％の海洋細菌が生存したことが報告されている。完全殺菌には，たとえば排ガスエコノマイザーのような，煙道の排ガスを熱源として利用するなど，熱処理時間をより長くする工夫が必要である。

機械的殺菌法として，マイクロバブルを用いた衝撃圧殺菌の研究も進んでいる（図1.11）[25]。この方法は，マイクロバブルの気泡運動を利用した殺菌方法であり，マイクロバブルの収縮にともなう気泡表面電荷の濃縮によって生成されるフリーラジカルの酸化作用と，その直後の気泡の膨張運動により誘起される衝撃圧の力学的作用を利用する環境に優しい新しい殺菌技術として期待されている。しかしながら，上述した衝撃圧殺菌の特長を生かし，効果的で高効率な処理技術を確立するためには，マイクロバブルを効果的に収縮させるために必要な導入衝撃圧力波形と気泡径との最適条件の解明，船に搭載可能な小型で省エネルギーな水中衝撃波生成装置の開発，適切な気泡径および気泡数密度のマイクロバブルを生成・制御する技術の確立など，実用化へ向け解決すべき課題は多い。

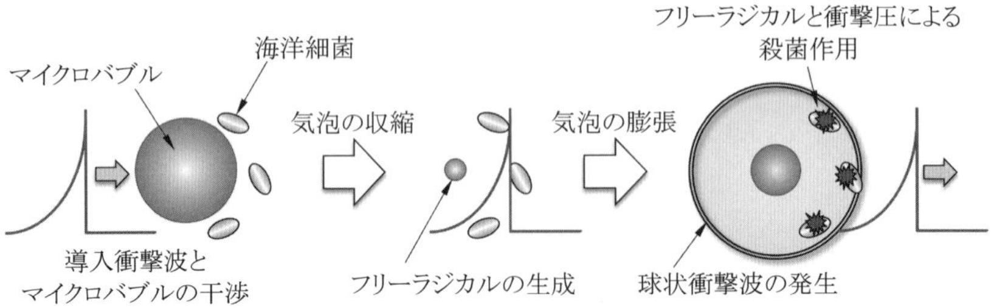

図1.11　マイクロバブルを用いた衝撃圧殺菌の概要

1.12　まとめ

バラストとして海水を利用するようになって以来，船舶と共に越境移動する海洋生物種が自然生態系を破壊し，水産業へ損害を与える事例が顕著になってきている。筆者らの研究では，越境移動した病原性 *V. cholerae* の生存力は強くないと推定できるが，海洋細菌群集と競合する不利な生存条件下でも優先種になりえた種が出現すると，感染爆発が起こることが危惧される。船舶を介して越境移動した生物種が，いま以上に自然環境下に形成された生態系を破壊する恐れもある。具体策として，バラスト水処理装置の実用化が挙げられる。数万トンのバラスト水を数時間で処理でき，かつ処理後のバラスト水中に毒性のある残留物や副産物が存在しない処理装置の実用化が待たれる。

【参考文献】

1）G. M. Hallegraeff: Transport of toxic dinoflagellates via ships' ballast water: bioeconomic risk assessment and efficacy of possible ballast water management strategies. *Marine Ecology Progress Series*, Vol.168, p.297–309 (1998)

2）G. M. Ruiz, T. K. Rawlings, F. C. Dobbs, L. A. Drake, T. Mullady, A. Huq, R. R. Colwell: Global spread of microorganisms by ships. *Nature*, Vol.408, p.49–50 (2000)

3）L. Roberts: Zebra Mussel Invasion Threatens U.S. Waters: Damage estimates soar into the billions for the zebra mussel, just one of many invaders entering U.S. waters via ballast water. *Science*, Vol.249, 1370–1372 (1990)

4）山口寿之，大城祐，稲川奨，藤本顕，木内将史，大谷道夫，植田育男，浦吉徳，野方靖行，川井浩史：外来種ココポーマアカフジツボの越境と遺伝的特性．遺伝，Vol.65，p.90–97（2011）

5）T. Yamaguchi, R. E. Prabowo, Y. Ohshiro, T. Shimono, D. Jones, H. Kawai, M. Otani, A. Oshino, S. Inagawa, T. Akaya, I. Tamura: The introduction to Japan of the Titan barnacle, *Megabalanus coccopoma* (Darwin, 1854) (Cirripedia: Balanomorpha) and the role of shipping in its translocation. *Biofouling*, Vol.25, p.325–333 (2009)

6）M. P. Schultza, J. A. Bendickb, E. R. Holmb and W. M. Hertel: Economic impact of biofouling on a naval surface ship. *Biofoulig*, Vol.27, p.87–98 (2011)

7）A. McMinn, G. M. Hallegraeff, P. Thomson, A. V. Jenkinson, H. Heijnis: Cyst and radionucleotide evidence for the recent introduction of the toxic dinoflagellate *Gymnodinium catenatum* into Tasmanian waters. *Marine Ecology Progress Series*, Vol.161, p.165–172 (1997)

8）Y. Oshima, S. I. Blackburn, G. M. Hallegraeff: Comparative study on paralytic shellfish toxin profiles of the dinoflagellate *Gymnodinium catenatum* from three different countries. *Marine Biology*, Vol.116, p.471–476 (1993)

9) C. A. Scholin, G. M. Hallegraeff, and D. M. Anderson: Molecular evolution of the *Alexandrium tamarense* 'species complex' (Dinophyceae): dispersal in the North American and West Pacific regions. *Phycologia*, Vol.34, p.472–485 (1995)

10) J. B. Kaper, J. G. Morris, Jr., and M. M. Levine: Cholera. *Clinical Microbiology Reviews*, Vol.8, p.48–86 (1995)

11) M. Li, T. Shimada, J. G. Morris, Jr., A. Sulakvelidze, and S. Sozhamannan: Evidence for the emergence of non-O1 and non-O139 *Vibrio cholera* strains with pathogenic potential by exchange of O-antigen biosynthesis regions. *Infection and Immunity*, Vol.70, p.2441–2453 (2002)

12) S. A. McCarthy: Effects of temperature and salinity on survival of toxigenic *Vibrio cholerae* Ol in seawater. *Microbial Ecology*, Vol.31, p.167–175 (1996)

13) H. Mimura and T. Miwa: Survival estimation of pathogenic *Vibrio cholerae* after invasion from ballast water discharged into Tokyo Bay, *The Journal of Japan Institute of Marine Engineering*, in press.

14) H. Mimura, R. Katakura, H. Ishida: Changes of microbial populations in a ship's ballast water and sediments on a voyage from Japan to Qatar. *Marine Pollution Bulletin*, Vol.50, pp.751–757 (2005)

15) H. Mimura, S. Okuyama, H. Ishida: Changes in marine bacterial populations in ballast water and sediment of a LNG carrier bound for Qatar from Japan. *The Journal of Japan Institute of Navigation*, 118, pp.123–133 (2008)

16) A. Tomaru, M. Kawachi, M. Demura, Y. Fukuyo: Denaturing gradient gel electrophoresis shows that bacterial communities change with mid-ocean ballast water exchange. *Marine pollution Bulletin*, Vol.60, pp.299–302 (2010)

17) Y. de Lafontaine, S. P. Despatie, E. Veilleux, C. Wiley: Onboard ship evaluation of the effectiveness and the potential environmental effects of PERACLEAN Ocean for ballast water treatment in very cold conditions. *Environmental Toxicology*, Vol.24, pp.49–65 (2009)

18) M. G. Smit, E. Ebbens, R. G. Jak, M. A. Huijbregtst: Time and concentration dependency in the potentially affected fraction of species: the case of hydrogen peroxide treatment of ballast water. *Environmental Toxicology and Chemistry*, Vol.27, pp.746–753 (2008)

19) K. G. Nanayakkara, Y. -M. Zheng, A. K. M. K. Alam, S. Zou, J. P. Chen: Electrochemical disinfection for ballast water management: Technology development and risk assessment. *Marine Pollution Bulletin*, Vol.63, pp.119–123 (2011)

20) J. C. Perrins, J. R. Cordell, N. C. Ferm, J. L. Grocock, R. P. Herwig: Mesocosm experiments for evaluating the biological efficacy of ozone treatment of marine

ballast water. *Marine Pollution Bulletin*, Vol.52, pp.1756–1767 (2006)
21）D. A. Wright, R. W. Gensemer, C. L. Mitchelmore, W. A. Stubblefield, E. van Genderen, R. Dawson, C. E. Orano-Dawson, J. S. Bearr, R. A. Mueller, W. J. Cooper: Shipboard trials of an ozone-based ballast water treatment system. *Marin Pollution Bulletin*, Vol.60, pp.1571–1583 (2010)
22）A. C. Jones, R. W. Gensemer, W. A. Stubblefield, E. van Genderen, G. M. Dethloff, W. J. Cooper: Toxicity of ozonated seawater to marine organisms. *Environmental Toxicology and Chemistry*, Vol.25, pp.2683–2691 (2006)
23）M. N. Tamburri, K. Wasson, M. Matsuda: Ballast water deoxygenation can prevent aquatic introductions while reducing ship corrosion. *Biological Conservation*, Vol.103, pp.331–341 (2002)
24）G. Quilez-Badia, T. McCollin, K. D. Josefsen, A. Vourdachas, M. E. Gill, E. Mesbahi, C. L. J. Frid: On board short-time high temperature heat treatment of ballast water: a field trial under operational conditions. *Marine Pollution Bulletin*, Vol.56, pp.127–135 (2008)
25）A. Abe and H. Mimura: Sterilization of Ships' Ballast Water in *Bubble Dynamics and Shock Waves* (Edited by C. F. Delale), Shock Waves 8, Springer Verlag, pp.339–362 (2013)

第2章　エンジン排出物質の拡散と低減技術

2.1　舶用エンジンを取り巻く環境

船舶の動力機関（エンジン）を取り巻く環境は大きく変動しており，船舶燃料価格の高騰に加え，環境に対する負荷を低減することが要求されている。船舶活動による環境汚染を防止する対策は，国際連合の専門組織である国際海事機関 IMO（International Maritime Organization）[1] が主導して実施している。本節では，船舶の動力源であるディーゼルエンジンが使用する燃料とその燃料が燃焼した際に排出する諸物質について概説し，それら物質の排出が国際的にどのように規制されているかについて説明する。

2.1.1　エンジンの燃料と排出物質

原油を精製して得られる燃料は，主に炭素と水素の化合物である炭化水素であり，炭化水素燃料（hydrocarbons fuel）と呼ばれる。原油精製は触媒反応を伴う複雑な化学処理プロセスであるが，概して沸点の違いを利用して蒸留する処理工程といえる。その処理では原油は蒸留装置で揮発性の高い成分から順番に蒸留され，ナフサ，灯油，ガソリン，軽油および重油などの炭化水素燃料となる。沸点が高く揮発性が低い炭化水素ほど分子を構成する炭素原子の数が多くなり，炭素数が 17 を超えると常温常圧では固体状になる。船舶で推進装置や発電機の動力源となっているディーゼルエンジンは，主に重油（heavy oil）を燃料としている。

日本工業規格 JIS（Japanese Industrial Standards）では，重油を動粘度などの性状から表 2.1 のように 1 種，2 種および 3 種に分類している（JIS K 2205：1991）。これらの重油は残渣油（residual oil）に軽質な炭化水素燃料を混合して動粘度を調整することで製造される。残渣油とは，原油精製プロセスで沸点

表2.1　JIS規格による重油の分類(JIS K 2205:1991)

<table>
<tr><td colspan="2"></td><td>反応</td><td>引火点</td><td colspan="2">動粘度
(50℃)</td><td>流動点</td><td>残留
炭素分</td><td>水分</td><td>灰分</td><td>硫黄分</td></tr>
<tr><td colspan="2">単位</td><td>－</td><td>℃</td><td colspan="2">mm^2/s</td><td>℃</td><td>質量%</td><td>容量%</td><td>質量%</td><td>質量%</td></tr>
<tr><td colspan="2">限界</td><td>－</td><td>最小</td><td>最大</td><td>最小</td><td>最大</td><td>最大</td><td>最大</td><td>最大</td><td>最大</td></tr>
<tr><td rowspan="2">1種
(A重油)</td><td>1号</td><td rowspan="6">中性</td><td rowspan="3">60</td><td rowspan="2">20</td><td rowspan="2">－</td><td rowspan="2">5</td><td rowspan="2">4</td><td rowspan="2">0.3</td><td rowspan="3">0.05</td><td>0.5</td></tr>
<tr><td>2号</td><td>2.0</td></tr>
<tr><td colspan="2">2種(B重油)</td><td>50</td><td>－</td><td>10</td><td>8</td><td>0.4</td><td>3.0</td></tr>
<tr><td rowspan="3">3種
(C重油)</td><td>1号</td><td rowspan="3">70</td><td>250</td><td>－</td><td>－</td><td>－</td><td>0.5</td><td rowspan="2">0.1</td><td>3.5</td></tr>
<tr><td>2号</td><td>400</td><td>－</td><td>－</td><td>－</td><td>0.6</td><td>－</td></tr>
<tr><td>3号</td><td>1000</td><td>400</td><td>－</td><td>－</td><td>2.0</td><td>－</td><td>－</td></tr>
</table>

が高いために蒸留装置に残留する成分のことである。JIS 重油 1 種（以下，A 重油）は残渣油に軽質燃料を 90 %程度混合したもの，JIS 重油 2 種（以下，B 重油）は残渣油と軽質燃料を半分程度ずつ混合したもの，JIS 重油 3 種（以下，C 重油）は残渣油に 10 %程度の軽質燃料を混合したものである。

A 重油は硫黄含有量の違いによって 2 つの種類があり，含有量を 0.5 %以下に抑えた 1 号 A 重油は LSA（Low Sulfur A）重油と呼ばれ，排ガスの環境規制がある地域で使用されている。C 重油は動粘度が高く室温条件ではエンジン燃料として使えないため，船舶では 100 ℃以上に加熱することで流動性を確保して使用している。B 重油は現在，日本ではほとんど製造されておらず，市場には流通していない。

最近では，灯油以上の高沸点留分からガソリンを製造する流動接触分解 FCC（Fluid Catalytic Cracking）の原料として残渣油を使用することも可能になり，いわゆる FCC 油が多く流通するようになっている。この FCC 油製造工程では触媒としてシリカアルミナ（SiO_2-Al_2O_3）触媒またはゼオライト（zeolite）触媒を使用するが，この触媒成分が製造される燃料油に残留する。この触媒成分の残留量が多いと，エンジンで金属相互の接触がある燃料噴射ポンプのプランジャとバレルといった箇所に異常な摩耗を生じさせて機器故障の原因となる。なお FCC 油には，分解ガソリン以外にも分解軽質軽油 LCO（Light Cycle Oil）があり，粘度が低く硫黄含有量も少ないことから残渣油に混合する動粘度調整材として使用されている。

ここで，重油の「heavy oil」あるいは重油燃料の「heavy fuel oil」いう呼称は，日本国内では一般的に使用されているが，海外では通じないことが多い。製品規格が異なるため厳密に対応しないが，灯油は kerosene，軽油は gas oil あるいは diesel fuel，A 重油は marine diesel oil あるいは diesel fuel，C 重油は residual oil に相当する。また残渣油が主成分の C 重油に対して，軽質な軽油などは distillate oil（「留出油」の意味）と呼称される。また船舶燃料はバンカー油（bunker oil）と呼ばれることがあるが，これは港で船に燃料を積み込むことを意味するバンカリング（bunkering）に由来する。

船舶燃料は，さまざまな国で供給されるため国際標準化機構 ISO（International Organization for Standardization）[2] によって「Petroleum products—Fuels (class F) —Specification of marine fuels（石油製品—燃料（クラス F）—舶用燃料の性状)」として規格化されており，最新の規格は第 4 版の ISO 8217：2010 である。この規格では船舶燃料を distillate marine fuels（舶用留出燃料）と residual marine fuels（舶用残渣燃料）に大別しており，それぞれは DM クラスおよび RM クラスと呼ばれる。表 2.2 および表 2.3 に各クラスの燃料性状規格の抜粋を示す。動粘度の値で JIS 規格の燃料と比較すると，DM クラスは軽油，RM クラスの RMA および RMB は A 重油，RME，RMG および RMK は C 重油に相当する。

残渣燃料である RM クラスは，機関故障の原因となる残留触媒成分（アルミニウム Al やケイ素 Si など）の許容最大含有量を規制している。また CCAI (Calculated Carbon Aromatic Index）を性状規格として導入しているが，CCAI とは燃料密度と燃料動粘度によって計算される残渣燃料の着火性を表す指標で

表 2.2　ISO 規格による舶用留出燃料の分類（抜粋）（ISO 8217:2010）

	動粘度 (40℃)		密度 (15℃)	セタン指数	引火点	流動点 (夏季)	流動点 (冬季)	残留炭素分	水分	灰分	硫黄分
単位	mm²/s		kg/m³	—	℃	℃	℃	質量%	容量%	質量%	質量%
限界	最大	最小	最大	最小	最小	最大	最大	最大	最大	最大	最大
DMX	5.500	1.400	—	45	43.0	—	—	—	—		1.00
DMA	6.000	2.000	890.0	40		0	-6	—	—	0.010	1.50
DMZ		3.000			60.0			—	—		
DMB	11.00	2.000	900.0	35		6	0	0.30	0.30		2.00

表2.3　ISO規格による舶用残渣燃料の分類（抜粋）（ISO 8217:2010）

<table>
<tr><th colspan="2"></th><th>動粘度
(50℃)</th><th>密度
(15℃)</th><th>CCAI</th><th>引火点</th><th>流動点
(夏季)</th><th>流動点
(冬季)</th><th>残留
炭素分</th><th>水分</th><th>灰分</th><th>硫黄分</th><th>Al＋Si</th></tr>
<tr><td colspan="2">単位</td><td>mm²/s</td><td>kg/m³</td><td>－</td><td>℃</td><td>℃</td><td>℃</td><td>質量%</td><td>容量%</td><td>質量%</td><td>質量%</td><td>mg/kg</td></tr>
<tr><td colspan="2">限界</td><td>最大</td><td>最大</td><td>最大</td><td>最小</td><td>最大</td><td>最大</td><td>最大</td><td>最大</td><td>最大</td><td>最大</td><td>最大</td></tr>
<tr><td>RMA</td><td>10</td><td>10.0</td><td>920.0</td><td>850</td><td rowspan="11">60.0</td><td rowspan="2">6</td><td rowspan="2">0</td><td>2.50</td><td>0.30</td><td>0.040</td><td rowspan="11">法定要求値（購入者が指定）</td><td>25</td></tr>
<tr><td>RMB</td><td>30</td><td>30.0</td><td>960.0</td><td rowspan="3">860</td><td>10.00</td><td rowspan="3">0.50</td><td rowspan="3">0.070</td><td rowspan="2">40</td></tr>
<tr><td>RMD</td><td>80</td><td>80.0</td><td>975.0</td><td rowspan="2">30</td><td rowspan="2">30</td><td>14.00</td></tr>
<tr><td>RME</td><td>180</td><td>180.0</td><td>991.0</td><td>15.00</td><td>50</td></tr>
<tr><td rowspan="4">RMG</td><td>180</td><td>180.0</td><td rowspan="4">991.0</td><td rowspan="7">870</td><td rowspan="7">30</td><td rowspan="7">30</td><td rowspan="4">18.00</td><td rowspan="7">0.50</td><td rowspan="4">0.100</td><td rowspan="7">60</td></tr>
<tr><td>380</td><td>380.0</td></tr>
<tr><td>500</td><td>500.0</td></tr>
<tr><td>700</td><td>700.0</td></tr>
<tr><td rowspan="3">RMK</td><td>380</td><td>380.0</td><td rowspan="3">1010.0</td><td rowspan="3">20.00</td><td rowspan="3">0.150</td></tr>
<tr><td>500</td><td>500.0</td></tr>
<tr><td>700</td><td>700.0</td></tr>
</table>

あり，下記の式で与えられる。

$$\mathrm{CCAI} = \rho - 140.7\log[\log(v + 0.85)] - 80.6 - 483.5\log[(t + 273)/323]$$
$$= \rho - 140.7\log[\log(v + 0.85)] - 80.6 - 210\ln[(t + 273)/323]$$

ここで，ρ：燃料密度@15 ℃（kg/m^3），v：燃料動粘度（mm^2/s），t：動粘度定義温度（℃）である。

この CCAI によって舶用残渣燃料の着火性の良し悪しも評価できるが，密度と動粘度の関係が不自然なバランスになっていないことも確認できる。すなわち，動粘度の高い廃潤滑油を燃料に混入するなどの不正がある場合には，CCAI の値が規制値から外れることになる。なお，次項で説明するように，燃料中の硫黄含有量は IMO によって段階的に規制値が変更されていく予定である。そこで RM クラスは，硫黄含有量は具体的数値で規格化されず，「Statutory requirements（法定要求値）」と記載されている。

上述の軽油や重油などの燃料をディーゼルエンジン（diesel engine）では燃焼室（combustion chamber）に直接噴射して燃焼させている。円筒型のシリンダと吸排気バルブ・ノズルを設置するシリンダヘッドおよび上下運動をするピストンで囲まれた空間を燃焼室と呼ぶ。エンジンでは，燃焼室に吸い込んだ空

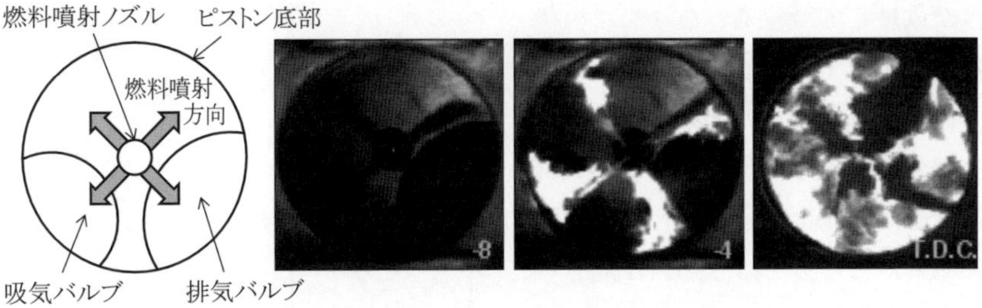

図 2.1 ディーゼルエンジンにおける燃料の燃焼状況

気を 1/15～1/20 程度の容積に圧縮することで高温高密度の雰囲気を形成する。ディーゼルエンジンはガソリンエンジンのような点火装置は必要とせず，高温高密度の空気と衝突することで燃料は蒸発し酸素と混合して着火に至る。図 2.1 は研究用の可視化ディーゼルエンジンで模擬燃料（n-$C_{13}H_{28}$ ノルマルトリデカン）が燃焼室内部で燃焼する様相を撮影したものである。画像の白く見える部分が火炎で，生成したススが高い温度によって輝いている。ディーゼルエンジンの燃焼室では，シリンダヘッド中央にある燃料噴射ノズルから 4 方向に燃料が噴射され（写真左），着火条件に達したところで火炎が発生し（写真中央），燃料の拡がりに沿うようにして火炎が成長している（写真右）ことがわかる。

このように，あらかじめ燃料と空気を十分に混合してから火花で点火するガソリンエンジンとは異なり，ディーゼルエンジンでは噴射された燃料の拡散に応じて火炎が発生・成長する。つまり，空間的に燃料と空気の混合割合が異なる不均一な燃焼をしており，空気との混合が十分でないところではスス（soot）が発生する。このススが燃焼室から排出されると微小な固形粒子，いわゆる粒子状物質 PM（Particulate Matter）を形成することになる。

ススが生成される機構には諸説あり定説は確立していないが，炭素数の多い炭化水素系燃料の場合は，図 2.2 のようにアセチレン C_2H_2（acetylene）や多環芳香族 PAH（Polycyclic Aromatic Hydrocarbons）を経由する機構で説明されることが多い。この機構は，燃料の熱分解で生成される C_2H_2 や PAH が重合を繰り返すことで微粒子の核を形成し，核同士の合体や表面への付着で大きさが成長して微粒子となり，この微粒子が重合することで固形粒子のススに至るというものである[3)]。PAHを燃料成分として含む燃料は，燃焼時にススの発生が多いことが実験的に明らかになっており，PAH成分を除去した軽油がクリーン燃料として市販されている。

また空気中に含まれる窒素ガスは，燃料燃焼による高温雰囲気の中で酸化されて，一酸化窒素NO，二酸化窒素NO_2，亜酸化窒素N_2Oなどの酸化物となる。これらの窒素の酸化物を窒素酸化物NOx（Nitrogen Oxides）と総称する。エンジンが排出するNOxには，燃料に含有する窒素化合物が酸化して生成するNOx（フューエルNOx）もあるが，窒素ガスが高温で酸化されるNOx（サーマルNOx）がほとんどの割合を占めている。さらに船舶燃料の重油には数%程度の硫黄分が含まれており，燃料の燃焼にともない酸化されて一酸化硫黄SO，二酸化硫黄SO_2などの硫黄酸化物SOx（Sulfur Oxides）になる。SOxの一部は，排気行程で冷却されて硫酸塩（Sulfate）となり，PMの構成要素となる。

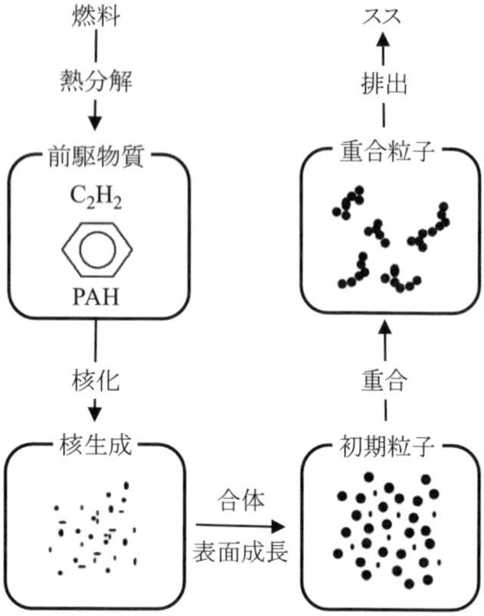

図2.2　ススの生成過程（アセチレン重合説）

2.1.2　エンジン排出物質の国際的規制

船舶は自国内の海域のみならず，公海上を航行して国相互の物流を担っているため，エンジンから排出される物質の規制は国際的な条約によって行う必要がある。そこで，IMOが主体となって各種委員会を設置し，委員会やその作業部会が開催する会議において排出規制の対象となる物質やその量が検討されている。そのなかで大気環境の汚染を防止する目的で，船舶のディーゼルエンジンが排出する物質，いわゆるエミッション（emission）を規制することが議論され，NOx，燃料油中の硫黄含有量などを規制することが決定している。

大気に拡散したNOxは，水や酸素と反応して強い酸性を示す硝酸となり，酸性雨や光化学スモッグの原因となる。N_2Oは，排ガスに含まれる濃度はわずかであるが，二酸化炭素の310倍の温室効果があるため地球温暖化への影響は大きい。またN_2Oは近年オゾン層を破壊する主要な原因物質であることも指摘されている[4)]。表2.4および図2.3はNOxの排出規制値で，エンジン回転数に応じて排出可能な最大量が設定されている。

これはIMOの海洋環境保護委員会MEPC（Marine Environment Protection Committee）で1997年に決議され，海洋汚染防止条約MARPOL 73/78（International Convention for the Prevention of Pollution from Ships）の付属書6（Annex VI）に第13規則（Regulation 13）として記載されている。この規制は

表2.4　IMOによる窒素酸化物の排出規制値

規制	船舶の建造日	排出限界値(g/kWh) nはエンジン定格回転数(rpm)		
		$n<130$	$n=130$〜1999	$n\geqq 2000$
1次	2000年1月1日以降	17.0	$45n^{-0.2}$	9.8
2次	2011年1月1日以降	14.4	$44n^{-0.23}$	7.7
3次	2016年1月1日以降*	3.4	$9n^{-0.2}$	2.0

＊技術的に評価をして2013年に決定する。実施時期が遅延する可能性もある。

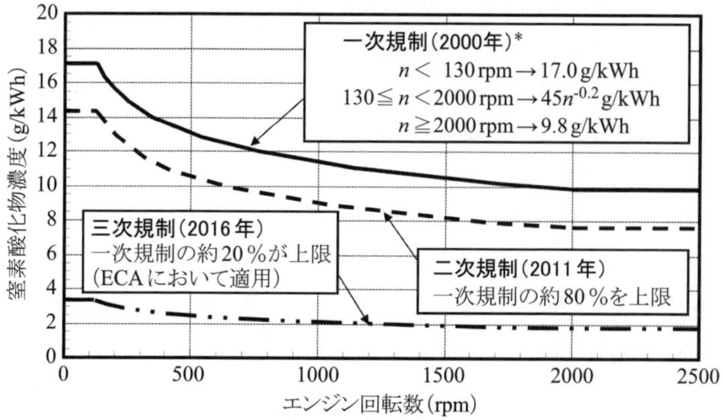

＊2005年に発効。外航船舶に搭載されたエンジンは2000年1月1日までさかのぼって適用される。

図2.3　IMOによる窒素酸化物排出濃度の規制値

1997年当時の技術水準に基づき設定されており，船舶に搭載される出力130kW以上のディーゼルエンジンに適用される。2016年には，エミッション制限海域ECA（Emission Control Areas）に限定されるが，第1次規制（Tier I）の20％を上限とする第3次規制（Tier III）が有効となる予定である。

一方SOxは，NOxと同様に大気中で水分と反応して強酸の硫酸になり，酸性雨の原因物質となる。また硫酸塩はPMとして拡散し，塗装膜の劣化などの環境破壊の要因になる。エンジンから排出されるSOxは，それが冷却されると水分と反応して硫酸塩に転じるため，測定場所や方法によって値が異なってくる。また，船舶で燃料を使用する機器はエンジン以外にもボイラや不活性ガス製造装置などがある。そのため，NOxのように機器に対して排出量規制を設定することは有効ではない。

そこで燃料油中に含有する硫黄分濃度で規制することをIMOのMEPCで決議し，2008年4月開催のMEPC57で表2.5のような改正案を決定した。この決議はMARPOL付属書6に第14規則（Regulation 14）として付加されている。硫黄分濃度を低減した船用燃料は，その処理コストの分だけ高額になる。そのため船舶運航費用の面から，大洋航海中（一般海域）とエミッション制限海域（ECA）では異なる燃料を使用することになる。一方，硫黄分には潤滑作用があり，従来のディーゼルエンジンではその潤滑性を利用して金属摩擦の低減を行ってきた。IMOの規制に応じた低硫黄燃料の使用により，金属摩耗などを要因とする機関故障の発生が懸念されている。

表2.5　IMOによる燃料油に含まれる硫黄分濃度の規制

適用日	燃料中の硫黄分濃度（質量%）	
	指定海域（ECA）以外	指定海域（ECA）以内
2010年7月1日まで	4.50％	1.50％
2010年7月1日以降	4.50％	1.00％
2012年1月1日以降	3.50％	1.00％
2015年1月1日以降	3.50％	0.10％
2020年1月1日以降*	0.50％	0.10％

＊効果の評価によって2018年に次期規制を2025年に延長するかを決める。

なお，現在IMOによってECAとして指定されている地域は次のとおりである。

① バルティック海（MARPOL 付属書 1 で規定）：SOx 規制のみ
② 北海（MARPOL 付属書 5 で規定）：SOx 規制のみ
③ 北米大陸沿岸地域（2012 年 8 月 1 日から発効予定。MARPOL 付属書 6 の付録 7 で規定）：SOx，NOx および PM を規制
④ 合衆国カリブ海地域（2014 年 1 月 1 日から発効予定。MARPOL 付属書 6 の付録 7 で規定）：SOx，NOx および PM を規制

さらに船舶活動によって排出される二酸化炭素 CO_2（carbon dioxide）は，温暖化ガスの削減を検討している気候変動枠組条約 UNFCC（United Nations Framework Convention on Climate Change）の締結国会議 COP（Conference of Parties）における議論によらず，IMO に対策の検討が委託されている。これは，船舶の運航には多数の国がかかわるため，排出源の国を特定することが困難なためである。

IMO の MEPC では CO_2 削減に向けた対策も議論され，船舶における検証などを経て，MEPC57 では CO_2 削減のためのガイドラインが示された。2011 年 7 月にはエネルギ効率設計指標 EEDI（Energy Efficiency）と船舶エネルギ効率マネジメントプラン SEEMP（Ship Energy Efficiency Management Plan）の具体的な指標を採択し，MARPOL 付属書 6 に「Regulations on energy efficiency for ships（船舶のエネルギ効率に関する規則）」のタイトルで新たな章として追加された。EEDI は新たに製造される船舶，SEEMP は 400 トン以上のすべての船舶に 2013 年 1 月 1 日から適用され，2015 年から具体的な削減の義務化が始まる。

EEDI を算出する式は，船舶の種類によって搭載する機器が異なるため定式化に至っていないが，概ね下記の関係式で表される。

$$\mathrm{EEDI} = \frac{CO_2\text{の排出量}}{\text{輸送仕事}}$$

$$= \frac{CO_2(\text{主機・補機・ボイラ燃焼}) - CO_2(\text{機械的・電気的な効率向上}) - CO_2(\text{風力・太陽電池などの省エネルギ})}{\text{貨物積載量（最大積載量）} \times \text{船速（主機定格出力の 75 \%時）}}$$

EEDI の値を低く抑えるためには，燃焼によって生じる CO_2 を削減するとと

もに，機械的な仕組みによる寄与も考慮されることになる。

SEEMPは，船舶の運航におけるCO_2削減を意図したもので，エネルギ効率運航指標EEOI（Energy Efficiency Operational Indicator）などで運航状態を客観的に評価する。CO_2削減に向けて船隊管理や航路の決定を効率よく行うこと，あるいは燃料消費の抑制のために点検やプロペラの汚染除去を頻繁に行うことなど，多岐にわたって船舶運航の高効率化を目指すものである。

2.2　次世代燃料のエンジン適用

船舶の運航において経費削減が必要となるなかで，舶用燃料価格は再び高騰しつつある。世界経済・政治の不安定な状況が燃料価格高騰の要因ではあるが，原油が有限な資源であることも考慮しなければならない。限られた地域から供給される原油の残存量が少なくなれば，今後自ずと価格は高騰する。次世代の船舶内燃機関を考えた場合，現在使用されている燃料に代替できるものを模索することは，1つの手段として必要なことである。本節では，「海上輸送の三原則」のプロジェクトで実施した次世代燃料をディーゼルエンジンに適用する研究の一部を紹介する。

2.2.1　ジメチルエーテルの混合利用

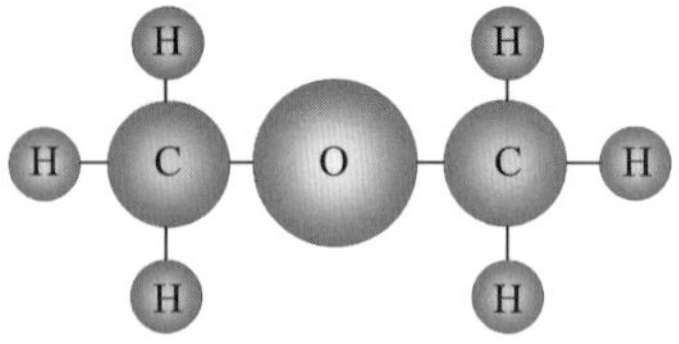

図2.4　ジメチルエーテルの分子構造

エンジン代替燃料の候補の1つに，ジメチルエーテルDME（Dimethyl Ether）がある。DMEは図2.4に示すように酸素原子にメチル基（CH_3）が2つ結合した最も単純な構造のエーテルである。物理的な特性が液化天然ガスに近いことから，元来スプレーの噴射剤として使用されているが，燃料としても優れた特性を持っている。DMEのセタン価（自己着火性の指標，値が大きいほど自己着火しやすいことを表す）は55～60であり，軽油の40～55よりも大きい値である。

さらに分子構造として炭素同士が直接結合していないこと，酸素原子を分子中に含んでいることなどから，燃焼時にスモークを発生しにくいという特徴がある。そこで Kozole ら（1988）は，DME の着火性の良さを利用して，アルコール燃料エンジンの着火補助剤として利用する研究を報告している。これが端緒となり，DME のエンジン研究・開発が盛んに行われるようになり，ディーゼルエンジンの主燃料に用いる研究は Hansen ら（1995）あるいは Kajitani ら（1997）によって行われている。

DME の大気圧における沸点は低く（−25 ℃），室温では気体状態である。圧力をかけて液化させ化石燃料に混合すると，互いに相分離することなく一様に溶解することができる。この混合燃料を再び大気圧場に開放した様子を撮影したものが図 2.5 の写真である。写真では液表面に気泡が多数見られるが，これらは DME が盛んに蒸発している様相を示している。この気化現象を燃料の微粒化促進に利用できないかと考え，ディーゼルエンジンに使用できるシステムを試作した。

図 2.5　大気開放したジメチルエーテル混合燃料

図 2.6 は液化 DME を従来液体燃料に混合するために作製した燃料タンクの

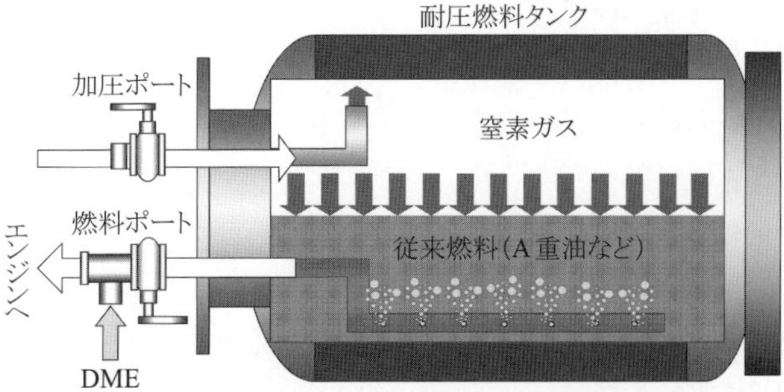

図 2.6　ジメチルエーテル混合用の耐圧燃料タンク

概略図である。この燃料タンクは最高5 MPa（約50気圧）の圧力に耐えうるように設計しており，容器底部に設置した細管の穴からDMEをバブリングして液体燃料中に溶解させる構造である。混合燃料の液面を不活性なガス（窒素ガス）で加圧することでDMEの液化状態を保っている。

この混合燃料のエンジン燃焼室における拡散状況を把握するために，大気圧場に単発で燃料を噴射する装置を製作し，高速度ディジタルカメラで燃料噴霧の計測を行った。図2.7は噴射開始後0.4ミリ秒の燃料噴霧の様相で，写真上端部にノズル（単一噴孔，ホールノズル）があり，鉛直下方に燃料を噴射している。A重油MDO（Marine Diesel Oil）100％の噴霧に比較して，DME混合の噴霧は半径方向（写真において水平方向）に広く拡散していることがわかる。そのため，ノズル出口から噴霧の先端までの長さは，混合燃料の場合はMDOの場合より短くなっている。

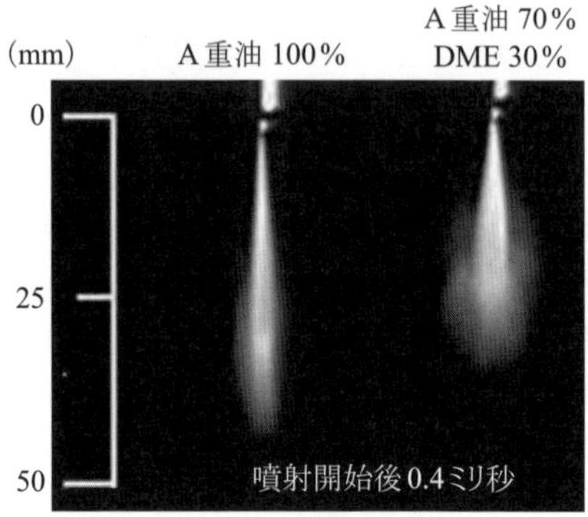

図2.7　燃料拡散状況の比較
（A重油とDME混合燃料）

この特性を燃料噴霧が空間において占める体積（噴霧体積）の時間変化として整理したものが図2.8である。燃料噴射開始後すぐに混合燃料の噴霧体積はMDOよりも大きくなり，噴射開始後0.6ミリ秒までは最大5倍程度の大きさで上回っている。噴霧体積が大きいことは同じ燃料量に対してより多くの空気を含むことを意味しており，液化DMEを従来燃料に混合することで燃料拡散が促進することがわかる。

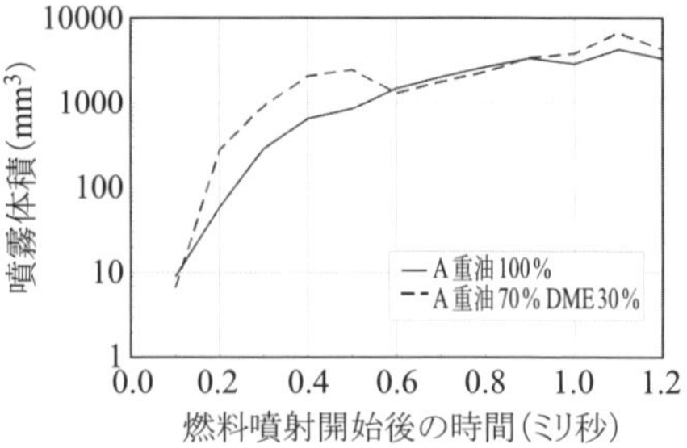

図2.8　噴霧体積の時間変化
（A重油とDME混合燃料）

この混合燃料を用いて，ディーゼルエンジン（単気筒直接噴射式）において燃焼解析を行った。耐圧型燃料タンクで加圧された燃料は，その圧力を保ったままタンク外に取り出し，エンジンの燃料噴射ポンプなどへと導くため，燃料配管や継手などを耐圧型のものに変更した。またDMEはゴムなどを膨潤させる作用があるため，各所のシール材を有機溶媒に対して耐性が高いものに変更した。

このエンジンシステムでエミッション解析を行った結果の一例を図2.9に示す。これはMDOに混合するDMEの割合を変化させて各エミッション濃度がどのように変化するかを確かめたものである。この結果から，NOxは最大で約3割，ススは約7割，またCO_2は約2割程度低減できることがわかった。

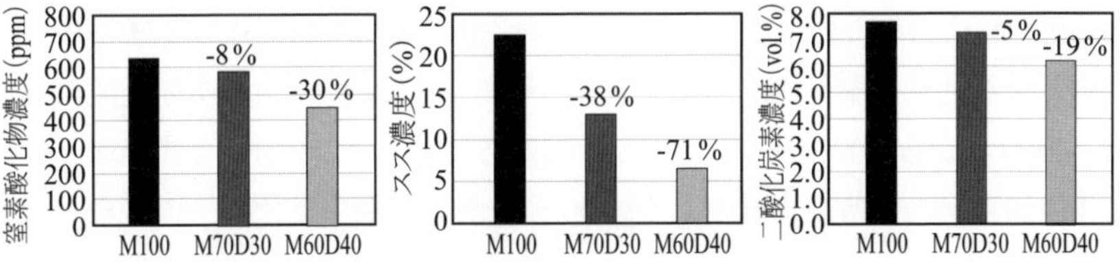

図2.9　エミッション濃度の比較（A重油とDME混合燃料）

以上の結果は，従来の化石燃料に液化DMEを混合することでエンジン内の燃料の微粒化特性および燃焼特性を改善できることを示している。なお，より重質な燃料であるC重油においてもA重油と同様の効果が液化DME混合によって得られることを確かめている。

2.2.2　バイオ燃料の有効利用

エンジンのみならず，燃焼を用いる機器の代替燃料として注目されているのがバイオ燃料である。バイオ燃料はバイオマス由来の燃料の総称で，植物やその種子を原料として生成されるバイオエタノールやバイオディーゼル，あるいは薪や木炭もその範疇に入る。バイオ燃料が代替燃料として着目されている最大の理由はカーボンニュートラルの側面にある。カーボンニュートラルとは

「バイオ燃料の燃焼によって生じるCO_2は，植物の成長過程で光合成により固定したCO_2に由来するものであり，トータルとして炭素の増減はなくバランスしている」という考え方である。

化石燃料由来の燃料をエンジンで使用する限り，炭素は温暖化物質のCO_2として大気に開放され続けることになるが，バイオ燃料ではカーボンニュートラルが成立してCO_2を増加させない。そのため気候変動枠組条約の締結国会議では，バイオマスは新たなCO_2発生源にカウントしないことを京都議定書に明記している。そこで，地球温暖化防止の対策としてバイオ燃料を導入している分野は多い。バイオ燃料のうち植物油脂をエンジン燃料に使用する場合，大きな課題が2つあると思われる。

第1の課題は，食糧作物との競合である。自国の農業で余剰となった作物を燃料に転用する場合には問題ないが，その作物を輸入することが必要な他国では流通量不足から作物価格が高騰することになる。国際食料政策研究所によると，2000年から2007年にかけての穀物価格高騰の要因を分析した結果，穀物全体の加重平均価格高騰分のうち約30％は燃料需要の拡大によるものとしている[5]。

第2の課題は，植物油脂の燃料としての適性である。植物油脂は，その分子構造の特徴から流動性に乏しく，粘性が非常に高い。そこで，植物油脂から高粘度となる要因の成分を取り除いて使用する場合が多いが，この処理にコストがかかること，また，副産物が多量に発生することなど新たな課題が生じる。

比較的簡易に植物油脂の粘度を低下させる方法として，軽質の化石燃料を植物油に直接混合することを試みた。図2.10は精製パーム油Palm Oil（パーム油脂から塵などの不純物を取り除いたもの）に，比較的軽質なMDOを混合して粘度を測定した結果である。いずれの燃料も燃料温度を上昇させると粘度は低下するが，パーム油100％の

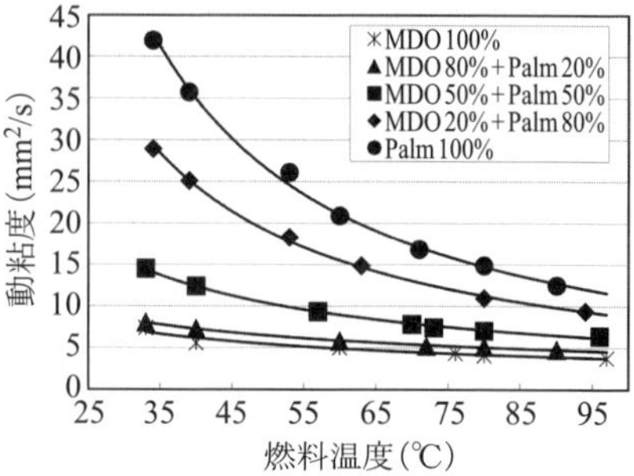

図2.10　パーム油／A重油混合燃料の動粘度変化

場合には90 ℃に加熱することでエンジンでの使用に適正な粘度の範囲（約2～15 mm^2/s）になる。ところが軽質な化石燃料を混合することで，動粘度の値を大幅に低下させることが可能であり，燃料温度50 ℃程度で適正な粘度値範囲になることがわかる（50 %混合の場合）。

この混合燃料をディーゼルエンジン（3気筒予燃焼室式）で燃焼させた場合，排出される物質濃度は図 2.11～2.13のようになる。測定対象としたのはNOx, CO_2およびススであり，各成分についてエンジン出力を25～100 %の範囲で変化させた結果である。パーム油にMDOを混合した場合，エンジン出力が低い場合は排出濃度に差があまりないが，出力が高い場合にはMDOの混合割合の増加に比例して排出濃

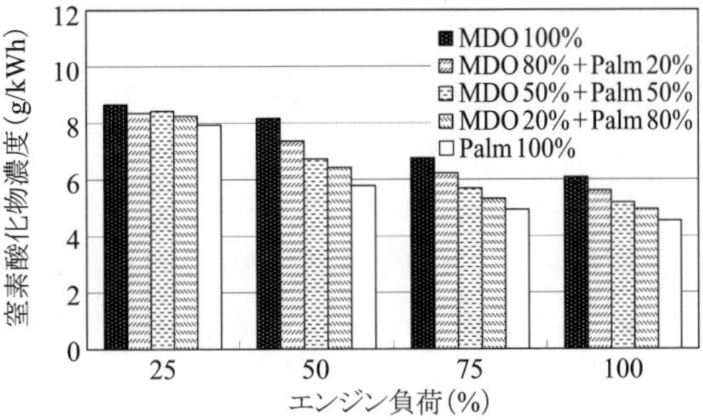

図 2.11　パーム油／A重油混合燃料の窒素酸化物排出濃度

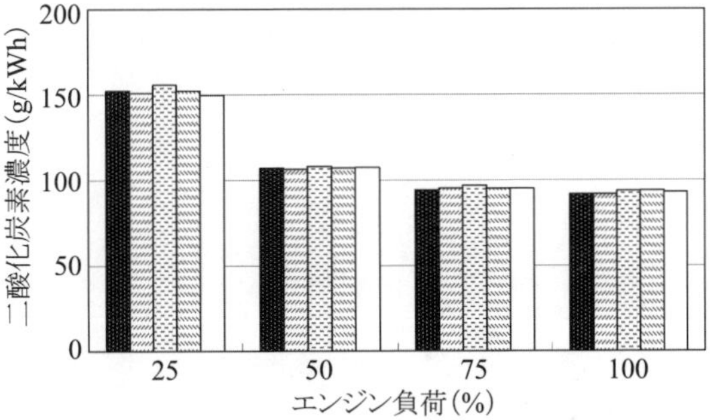

図 2.12　パーム油／A重油混合燃料の二酸化炭素排出濃度

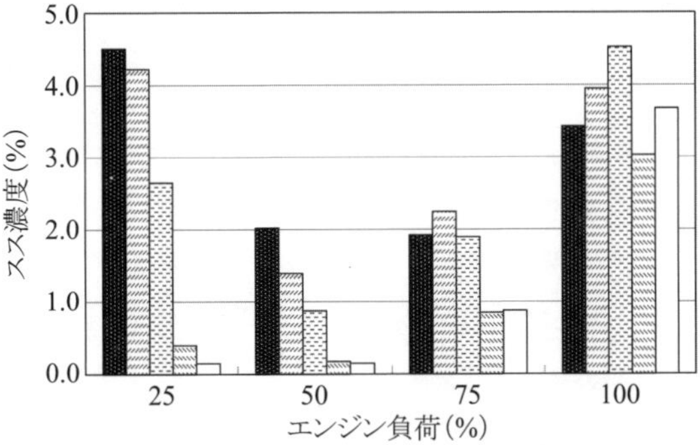

図 2.13　パーム油／A重油混合燃料のスス排出濃度

度が大きくなる。CO_2 は同じエンジン出力で比較すると燃料条件によらずほぼ同等の排出濃度である。一方，スス濃度はエンジン出力が低い場合（75 %以下）には，NOx と同様に MDO の混合率に比例して排出濃度が増加する。これらのことから，燃焼性の悪いパーム油に A 重油を混合することで燃焼状態が活性化していることが推察される。

植物油脂の燃焼性を改善する手法として，界面活性剤を用いて水を油脂に混合することも有効である。この混合燃料は外観が白濁して見えることから乳化燃料と呼ばれる。図 2.14 は植物油脂の 1 つであるジャトロファ油脂の乳化燃料を顕微鏡撮影した写真である。写真において円形粒子が乳化燃料中に懸濁されている水であり，水粒子の直径分布が異なる乳化燃料を得るために，混合燃料の調製方法を変えた場合の結果である。調製方法によって，懸濁される水粒子のうち直径の大きな水の割合が変化していることがわかる。

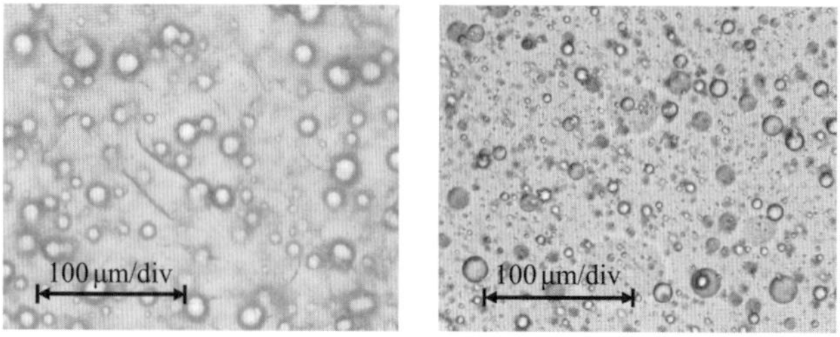

翼による撹拌で調製　　スタティックミキサで調製

図 2.14　乳化バイオ燃料中の水滴粒子（10％水混合）

この乳化燃料を用いて前述の予燃焼室式エンジンで燃焼解析を行った結果の一例を図 2.15 に示す。図は NOx の排出濃度であるが，水含有量 20 %のエンジン負荷 100 %の条件では運転が安定しなかっ

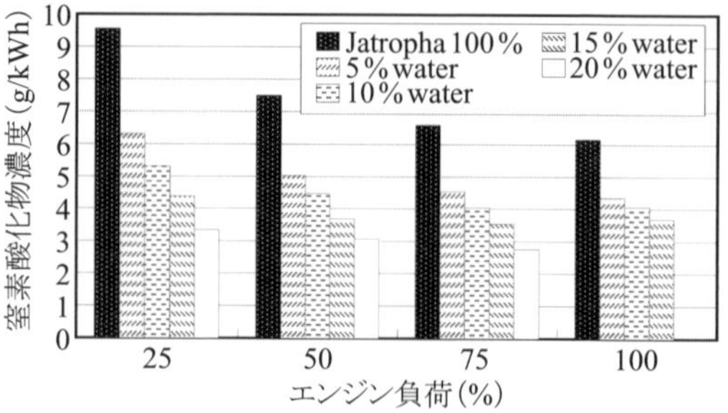

図 2.15　乳化バイオ燃料の窒素酸化物濃度

たために結果を表示していない。この結果から，水の混合割合が増加するとNOx 排出濃度が小さくなっていくことがわかる。これは燃焼室内の温度（火炎場の温度）が含有する水の蒸発によって低下することにより，NOx の生成が抑制されるためである。なお，この解析で用いたジャトロファ油脂（Jatropha curcas Oil）は，油脂中に毒性のある成分を含んでいることから食用に適さない油脂であり，食糧作物との競合という前述の第 1 課題を解決できるバイオ燃料として注目されている。

2.3　排ガスの後処理システム

内燃機関から排出される排ガスは，高濃度の汚染物質が多く含まれている。船舶排ガス低減技術の開発は，年々厳しくなる規制に対応すべく，急務な対応が要求されている。排ガスの後処理システムは，EGR（Exhaust Gas Recirculation），SCR（Selective Catalytic Reduction），スクラバなどが挙げられる。

EGR は排ガス再循環システムで，排ガスの一部もしくは全部を再度燃焼用空気としてエンジン吸入側に混入させるシステムである。排ガスを含んだ燃焼用空気は，燃焼温度および燃焼速度が低下することから NOx が低減できる。

SCR は，尿素を噴霧し，NOx と反応させ，触媒で低減する手法である。船上試験段階であり，実用化されつつある。

スクラバは，排ガスの一部もしくは全部に噴霧水滴を噴射し，NOx，SOx，PM を捕集低減させる。スプレーによって対象物質に水滴噴霧を投下し，衝突および溶解により排ガス除去を目的としたものである。

ここでは，スクラバによる排ガスの後処理システムを紹介する。従来技術では噴霧水滴による衝突除去が主であるが，排ガスにコロナ放電を加えて高電圧を印加し，噴霧水滴にも高電圧を印加することで，静電気力を利用し PM を捕集すると同時に，衝突や溶解により，他の汚染物質を除去させる新たなスクラバ手法を紹介する。

2.3.1　コロナ放電

図 2.16 にコロナ放電の装置の一例を示す。コロナ放電とは，高電圧を付加することで，ある領域から O_3（オゾン）を発生するもので，その後は火花放電（プラズマ）となる[6]。発生装置は，交互に組み合わせた鋸刃状の棒電極と平板電極に高電圧を加え，不平等電界を作り出し，コロナ放電を発生させる。排ガス中の NO と O_3 の反応を以下に示す。

$$NO + O_3 \rightarrow NO_2 + O_2$$

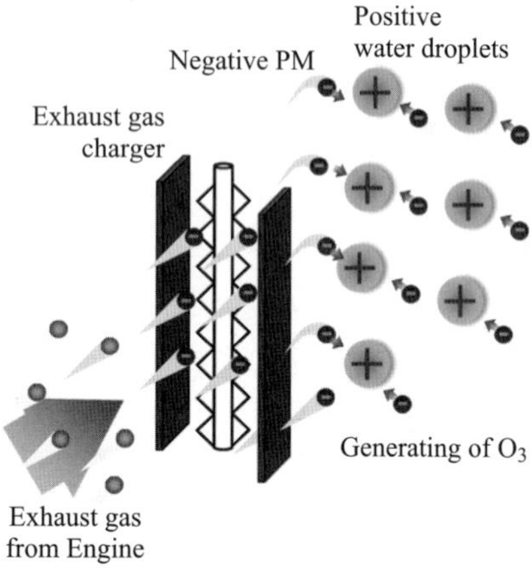

図 2.16　排ガス充電器

排ガス中の NOx は，燃焼直後において，N_2O や N_2O_2 なども含まれてはいるが，おおむね NO が 90 %，NO_2 が 10 %である。NOx 中の NO を NO_2 に変化させることで，NO_2 は水溶性であることから，スクラバの噴霧水滴と衝突以外に溶解させることが可能となる。コロナ放電により，NO → NO_2 の化学変化が期待される。コロナ放電から発生する O_3 と NO によって NO_2 に変化する関係を図 2.17 に示す。印加電圧は，火花放電に変化する 7.5 kV までの 5 ポイントである。6 kV までは，コロナ放電による O_3 との反応は見られなかったが，6 kV を超えたあたりで，NO から NO_2 への変化が始まり，O_3 が発生したと考えられる。また，最大値である 7.5 kV で NO の約 40 %が NO_2 に変化したことが明らかとなった。

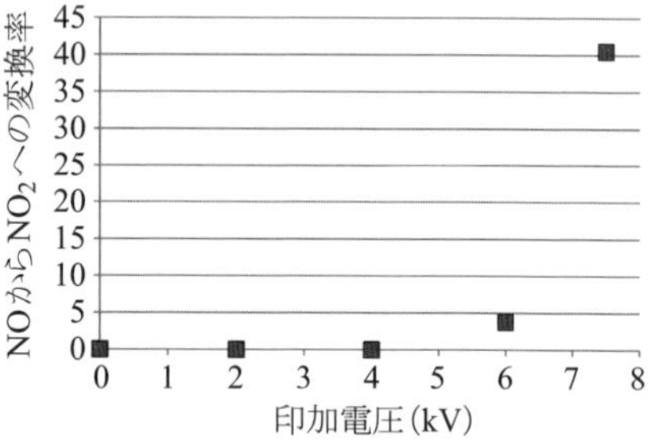

図 2.17　印加電圧(kV)と NO から NO_2 への変換率(%)の関係

静電水噴霧スクラバ上部には静電ハンドガンを設置し，静電ハンドガンと接続した静電コントローラにて水滴に帯電させるために電圧を変化させる。静電ハンドガンから噴霧された水は下部の水槽に蓄えられ，遠心ポンプによって循環する。図 2.18 に静電水スプレーを示す。スプレーの外周電極部に高電圧をかけ，ノズルから噴霧する水滴が電極部を通過し，噴霧水滴は帯電される。排ガス充電器で帯電された PM とスクラバの水滴噴霧が静電気力で引き合わされ，捕集される。

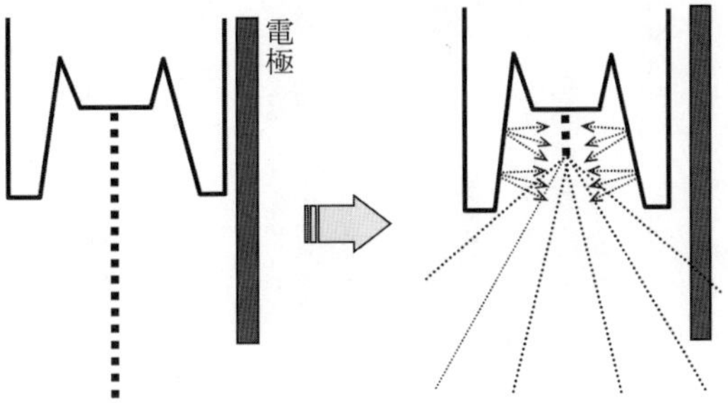

図 2.18　静電水の原理

2.3.2　排ガス充電器と静電水スクラバによる NOx および PM の低減

このように，排ガス充電器と静電水スクラバを用いることで，静電気力により PM を捕集し，同時に NOx を溶解させることが可能となる。溶媒が水道水，使用燃料が A 重油の実験結果を図 2.19 に示す。(a) が PM の濃度，(b) が NOx の濃度である。NOx 濃度は酸素濃度 13 %に変換した値である。噴霧水滴のみに印加した場合，PM の捕集は噴霧水滴の流量および燃料油に関係なく約 40 %の低減効率が得られたが，NOx 濃度は流量が多くなるにつれて低減効率が上昇する傾向が見られた。これは，衝突による低減が主であり，流量が増えるにしたがって，噴霧水滴の形成が変化したことが要因であると考えられる。排ガスと噴霧水滴に高電圧を印加した場合，PM はほぼすべて捕集でき，NOx は約 25 %程度低減することができ，溶解が促進されたと考えられる。

このように，排ガス中に汚染物質が含まれている以上，汚染物質が限りなく“ゼロ”になるまでは，排ガス低減技術の開発が行われ続けることであろう。

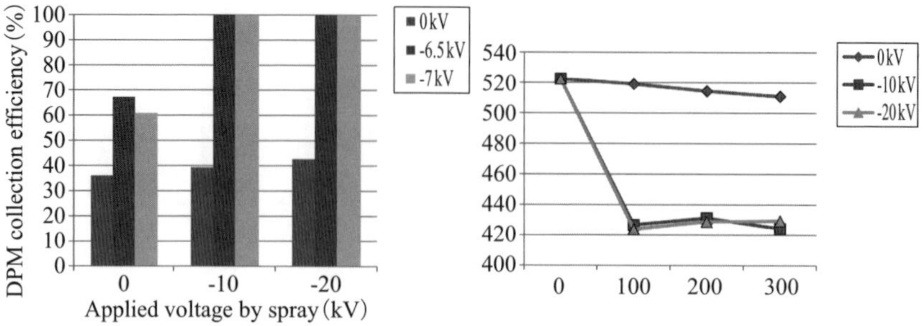

(a) PM濃度　　(b) NOx濃度

図2.19　排ガス充電器と実験結果

2.4　エンジン排出物質の大気拡散予測

大気拡散予測には，拡散モデルが必要である。拡散モデルには，解析解モデルと数値解モデルがある。従来はプルームモデルが多用されていたが，近年CMAQのような数値解モデルが主流となっている。拡散シミュレーションを行う上で重要な基礎データは，排出源モデルと大気モデルである。近年，大気モデルの予測精度が向上しており，時々刻々と変化する大気場に対応でき，非定常場の計算が活発に行われている。ここでは，船舶排ガスを対象とした大気拡散シミュレーションを紹介する。

2.4.1　拡散モデル

船舶排ガスの大気拡散予測をシミュレーションするためには，拡散モデルの開発が必要である。拡散モデルは，プルームモデルやパフモデルなどが代表的な解析解モデルと，CMAQやCHEMなどが代表的な数値解モデルに大きく分類される。拡散方程式から導くのか，移流拡散方程式から導くのかという考えでも同様である。非定常の計算を行うためには数値解モデルが必要であるが，Linuxなどで高度な計算が要求される。

移流拡散方程式を以下に示す。左辺は時間項，移流項，右辺は拡散項，生成項である。

$$\frac{\partial C}{\partial t} + U_i \frac{\partial C}{\partial x_i} = \frac{\partial}{\partial x_i}\left(D_i \frac{\partial C}{\partial x_i}\right) + Q$$

ここで C は対象物質濃度（ppb），U_i は風系速度ベクトル（m/s），D_i は拡散係数（m^2/s），Q は排ガス生成・沈降などによる関数である。移流拡散方程式はセル・オートマトン法（CA 法）に基づいて離散化させ，移流と拡散を異なる現象として捉えることができ，離散化の際に問題となる数値拡散の問題にも対応できる。

2.4.2 排出源モデル

大気拡散予測を行ううえで，排ガス量の算出は重要である。シップアンドオーシャン財団（海洋政策研究財団）は，平成 9 年，平成 13 年，平成 21 年と船舶排ガスに関する報告書を発表した。そのなかで，窒素酸化物の試算は窒素酸化物（NOx）総量規制マニュアルで行われている。船舶排ガスの算出は入出港数と年間燃料消費量から求められている。この手法は長期の測定には向いているが，短時間の測定には向いていない。船舶の大きさや負荷によって排ガス量が大きく変化することと，航路によっては沿岸域の影響が無視できない状況にある。

排ガスの排出源モデルとしてはEAGrid2000（東アジア大気汚染物質排出量グリッドデータベース）などがあげられる[7)]。固定排出源は工場や荷役貨物などに区分けされている。移動排出源としては自動車や船舶や荷役貨物や航空機が挙げられる。移動排出源として EAGrid2000 に含まれているが，船舶は車などにみられるような断続的な交通ではなく，平均値での解析は難しい。そこで，船舶においては AIS データを用いた詳しい解析が必要である。

総トン数 500 ton 以上の船舶には AIS の設置が義務付けられている。AIS の情報には，MMSI 番号，緯度，経度，船速，針路などが含まれている。船舶排ガス量の試算は，AIS（Automatic Identification System：船舶自動識別装置）によって緯度，経度，船速，MMSI 番号を取得し，MMSI 番号から船舶を特定し，船長から総トン数を表 2.6 のように分類し，負荷率は船速と総トン数から

表 2.6　総トン数と船長との関係

Gross Tonnage (t)	Length (m)
500	less than 100
5,000	from 100 to 200
30,000	more than 200

表 2.7　総トン数による船速と負荷率の関係

Gross Tonnage (t)	Max *LR* (%)	Max Velocity (knot)	*LR* (%) *v* (knot)
500	70	15～20	$LR = 1.58 \times 10^{-4} \times v^3 + 0.171$
5,000	60	15～20	$LR = 1.23 \times 10^{-4} \times v^3 + 0.085$
30,000	50	15～20	$LR = 8.71 \times 10^{-4} \times v^3 + 0.076$

表 2.7 のように算出することが可能である。

そこで，MMSI 番号から船舶の全長を求めるプログラムを作成した。船舶排ガス量は NOx 規制マニュアルで求めることができる。排ガス量は以下の式で求まる [8), 9)]。

$$Q_p)_{NOx} = 1.49 \times PS^{1.14} \times 10^3\,(\mathrm{m^3/h})$$

$$\text{主機出力}\ (PS) = 93.142 \times T^{0.427} \times LR$$

$$\text{補機出力}\ (PS) = 68.72 \times T^{0.4962} \times LR$$

ここで，T は総トン数（ton），LR は負荷率（%）である。

固定排出源の解析結果を図 2.20 に示す。また，図 2.21 に人口密度を示す。

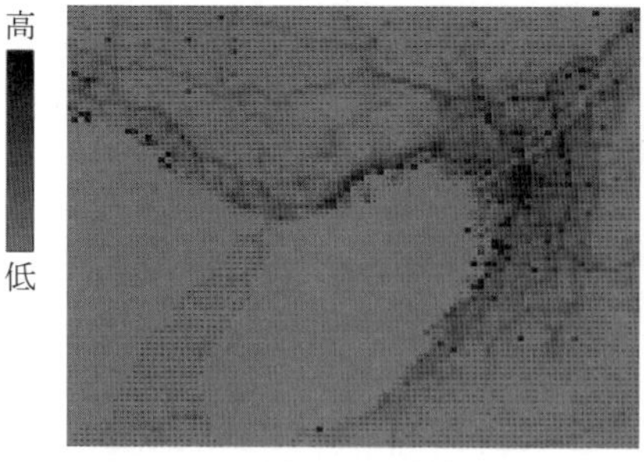

図 2.20　工場などの固定排出源からの排ガス濃度（NOx）

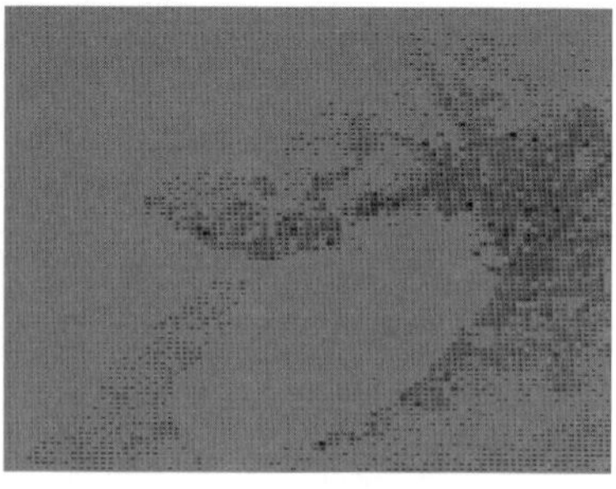

図 2.21　人口密度（人/km²）

工場などから排出される排ガス濃度は人口密度に比例しており，非常に高濃度であることがわかる。とくに沿岸域においては，濃度が断続的に高濃度であり，移動排出源である船舶や航空機および自動車の影響も鑑みると計り知れない。

2.4.3　大気モデル

大気モデルは，MM5（PSU/NCAR Mesoscale Model）や WRF（Weather Research & Forecasting Model）が一般的である。近年は，WRF への移行が主流になっている。もちろん，再解析（過去の大気予測）であれば観測所データから変分法で推定することも可能である[10)]。

再解析は，風系および圧力系モデルの一次推定に変分法を用いることで可能となる。複数の観測局から得られた情報によって，対象領域内の格子点に内挿することで，以下の推定式で一次推定値を求めることができる。

$$\phi_{i,j} = \frac{\sum_k W_{i,j,k}\,\phi_k}{\sum_k W_{i,j,k}}$$

$$W_{i,j,k} = \frac{1}{r_{i,j,k}}$$

ここで ϕ は物理量，r は観測局・対象座標間距離（m），W は重み関数，下付添字 i および j は格子点番号，k は観測局番号である。

しかしながら，一次推定値は単純な内挿値であるため質量保存則を満たしていない。次に示す運動方程式と連続の式により二次推定を行うことで，より明確な再解析が可能である。

$$\int_{\Delta S} u_i\,u_j\,n_j\,dS = \int_{\Delta S} p\,n_i\,dS + \int_{\Delta S} \upsilon\left(\frac{\partial u_i}{\partial x_j}\right) n_j\,dS \quad \text{（運動方程式）}$$

$$\int_{\Delta S} u_j\,n_j\,dS = 0 \quad \text{（連続の式）}$$

ここで u_i, u_j は速度ベクトル (m/s)，p は圧力 (Pa)，dS は微小面積要素 (m^2)，n_i は単位法線ベクトル，υ は動粘性係数（m/s^2）である。

図 2.22 に近畿地方を中心とした解析例を示す。(a) が WRF による解析結果で，(b) が上記オリジナルモデルの解析結果である。おおむね，両手法による差は見られず，簡易的であれば WRF を用いずに解析することも可能である。

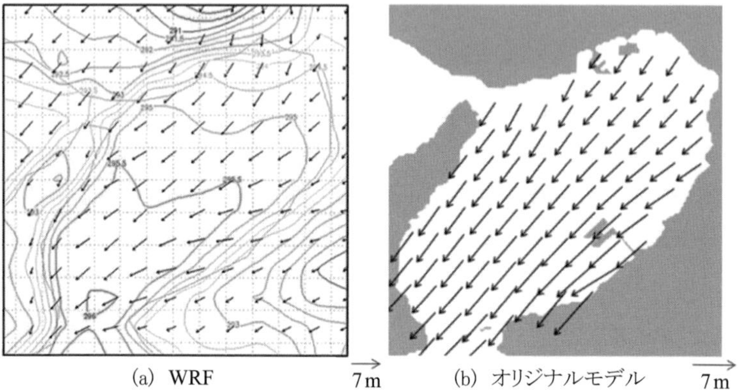

(a) WRF　(b) オリジナルモデル

図 2.22　WRF 解析例

2.4.4　拡散係数

大気拡散予測は，各成分の拡散係数が重要である。海上で常時観測できる観測地点はなく，陸上の観測地点のデータによりシミュレーション結果を補正する必要がある。補正は，地形データや拡散係数を変化させることで行うのが一般的である。拡散係数を算出するにはさまざまな方法があるが，NOx などの汚染物質の大気拡散を表現する物質拡散係数 D（m^2/s）については，物質の拡散係数を気体分子運動論に基づいて，理論的に推算することができる [11)]。大気を理想気体として扱う場合，以下の式が成立する。

$$D = 1.858 \times 10^{-7} T^{3/2} \frac{[(M_1 + M_2)/M_1 M_2]^{1/2}}{P{\sigma_{12}}^2 \Omega_{D12}}$$

ここで下付添字 1 および 2 は第 1・第 2 成分を示し，T は絶対温度（K），P は圧力（atm），M は分子量（g/mol），σ_{12} および Ω_{D12} の値は Lennard Jones の

分子間ポテンシャルの関係により求められる。例として，大気中の NOx 拡散を計算対象とする場合，第 1 成分を空気（$N_2 : O_2 = 4 : 1$，分子量 28.8），第 2 成分を窒素酸化物 NOx（$NO : NO_2 = 9 : 1$，分子量 31.6）とし，拡散係数を推算できる。

2.4.5　大気拡散予測

船舶排ガスを対象とした移流拡散方程式による大気拡散シミュレーションの一例を図 2.23 に示す。AIS 情報から 5 隻の船舶のみを対象にシミュレーションした。両日ともに天気は晴れ，気温が 25 ℃，海面温度が 23 ℃である。午後 0 時からシミュレーションを開始し，午後 2 時の結果を示したものである。

(a) 図は南西の風であり，大阪湾沿岸域広範囲に船舶排ガスが到達する様子が確認できる。また，船舶の進む向きによって，拡散する形状が大きく異なることがわかった。北上する船舶は局所的に高濃度の排ガスが沿岸域に到達し，南下する船舶は沿岸域に対して広範囲に拡散する様子が確認できた。

(b) 図は北東の風であり，淡路島に向かって排ガスが拡散する様子が確認できる。とくに，洲本では港が半円状になっており，非常に高濃度になる特性が確認できる。

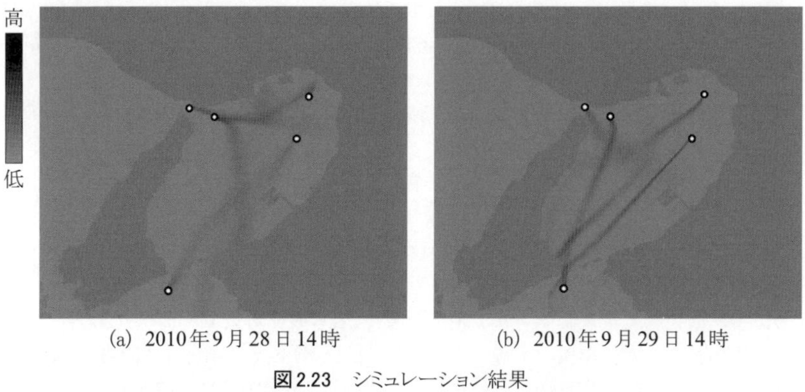

(a) 2010年9月28日14時　　(b) 2010年9月29日14時

図2.23　シミュレーション結果

この洲本については，観測所データからも船舶の影響が確認できる。図 2.24 に洲本観測所のデータ解析結果を示す。濃度は ppb である。年間の平均濃度は 12 ppb 程度である。北～北東の風の場合，濃度が 1.5 倍以上になっており，船舶の影響が懸念される。南側は山間部であり，排ガスが到達していないことがよくわかる。よって，地形によって船舶排ガスの影響が顕著に現れることが明らかとなった。

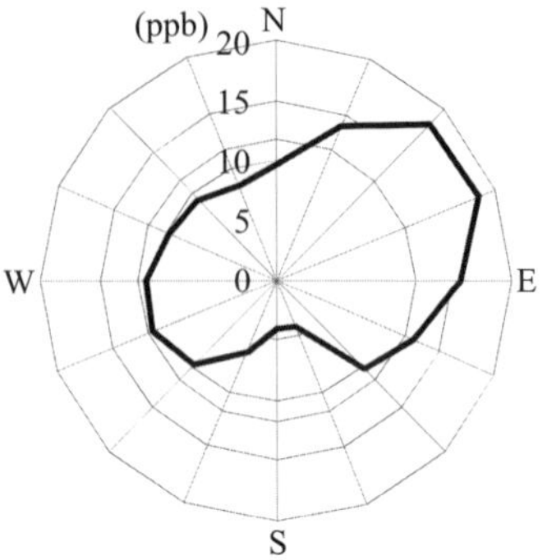

図 2.24　洲本観測局の解析結果

このように，AIS データをうまく活用することで，船舶排ガスの拡散予測だけでなく，ウェザールーティングの入力ソースとしても活用することが可能となる。計算機や拡散モデルの進歩により，より機密性の高いシミュレーションが可能になっていく。

【参考文献】

1） IMO (International Maritime Organization): http://www.imo.org/
2） ISO (International Organization of Standarization): http://www.iso.org/
3） 水谷幸夫：燃焼工学，森北出版，p.211–214，（1989）
4） A. R. Ravishankara, J. S. Daniel, R. W. Portmann: Nitrous Oxide (N_2O): The Dominant Ozone-Depleting Substance Emitted in the 21st Century, *Science*, Vol.326, p.123–125, (2009)
5） 加藤信夫：バイオ燃料と食・農・環境～ブラジル・欧米・タイから～，創森社，pp.224，（2009）
6） 高橋雄造：静電気が分かる本，工業調査会，p.30–37，p.94–101，（2007）
7） 神成陽容ら：EaGRID2000JAPAN（東アジア大気汚染物質データベース）
8） 西田修身：海上交通による排出微粒子の陸域への影響，神戸商船大学紀要，第 2 類第 47 号，p.127–136，（1999）
9） 窒素酸化物総量規制マニュアル［新版］，公害研究対策センター（2000）
10） 横山長之：大気環境シミュレーション，白亜書房，p.1–61，p.112–133，（1992）
11） 大江脩造：物性推算法，データブック出版社，p.281–294，（2002）

第3章　海上流出した原油の高精度拡散予測

3.1　船舶の流出油による海洋汚染

紀元前，アラビア人はすでにさまざまな方法で精製した石油を西ヨーロッパへ輸送していた。また，クリストファー・コロンブス（Christopher Columbus）が北アメリカ大陸を発見してから47年後の1539年には，スペインのサンタ・クルス号（Santa Cruz）によって，ベネズエラで世界初の原油の船積みが行われた。一方，ベネズエラ湾やカバグア島，その他さまざまな海域で，原油の自然流出が起こっていたことを示す記録があり，元々，海洋への油の流出は自然の現象として知られていたと考えられる。しかしながら，当時の人類の活動に伴う油流出や自然に漏れ出た油によって深刻な海洋汚染が引き起こされることはなく，溶解や蒸発による海水中や大気中への拡散，微生物の働きなどによって十分に自然浄化されてきた。

海洋油類汚染問題が本格的に深刻さを増すのは船舶の動力源が石炭から油類に変わり始めた1930年代からである。1930年以降，エネルギーの需要は増加し続け，それと共に油類汚染事故も増加している。現在，世界中で毎日20億トンもの油類が海上で輸送され，総油類生産量の0.1 %が海洋へ流出していると推定されているが，その流出量の約20 %が原油輸送船のバラスト作業に伴う流出であり（油槽がバラストタンクとして使用される場合がある。通常，油濁液は油水分離され，海へ排水される），それ以外では，軍事活動などの集計されていない原因を除いて，ほとんどが船舶および石油試錐施設（探油などのため地盤に穴をあける施設）の事故によるものである。しかしながら，とくに，タンカーによる油の輸送にあたっては，座礁，衝突，船体破断などの海難に起因する大規模で局所的な油流出事故の脅威がつねにつきまとうことを忘れてはならない。自然の浄化能力をはるかに超える大量の油流出は，その海域や沿岸域も含めた広い範囲に生息するあらゆる生物へ悪影響を与え，海洋環境を破壊し，人々の社会生活や経済活動へ大きなダメージを与える。そのため，人為的な油濁汚染防除活動とその体制の確立は，エネルギーの海上輸送が続く限り必要不可欠なものである。

表 3.1 に示すように，最近 20 年間に発生したタンカーによる 2 万 kℓ 以上の大量の油流出事故は，世界中で 10 件を超えている。2003 年 7 月，パキスタンのカラチ港外で，マルタ船籍の原油タンカー（タスマン・スピリット号）が荒天下で座礁し，船体が破断，積荷の原油（推定約 3 万 kℓ）が流出し，沿岸域を汚染した。2002 年 11 月には，スペイン沖の大西洋で，バハマ船籍の重油タンカー（プレステージ号）の船体が荒天下で破断，やがて沈没に至った。積荷の推定約 3 万 kℓ の重油が流出し，延べ 2900 km にも及ぶスペイン沿岸域を汚染した。1999 年 12 月，フランス沖の大西洋では，マルタ船籍の重油タンカー（エリカ号）の船体が荒天下で破断，積荷の重油推定約 2 万 kℓ が流出し，同国ブルターニュ地方の 400 km に及ぶ沿岸域を汚染した。その他，1997 年から 1992 年まで遡ると，2 万 kℓ 以上の油流出事故が多数起きていることがわかる。

日本で発生した事故として記憶に新しいのは，ナホトカ号の事故である。1997 年 1 月 2 日，ロシア船籍タンカー・ナホトカ号が島根県隠岐島沖北北東約 106 km の海上において，船体が 2 つに折損し，船尾部が沈没，船首部は半没状態で漂流した。この事故により，折損した箇所から C 重油約 6240 kℓ が流

表 3.1　最近 20 年間に発生したタンカーの大規模油流出事故[1)]

船名	発生場所	発生年月	流出量（推定含む）
エージアン・シー	スペイン	1992 年 12 月 3 日	73,000 kℓ
ブレア	英国	1993 年 1 月 5 日	85,000 kℓ
マースク・ナビゲータ	インドネシア	1993 年 1 月 21 日	25,000 kℓ
ナシア	トルコ	1994 年 3 月 13 日	30,000 kℓ
シー・プリンス	韓国	1995 年 7 月 23 日	96,000 kℓ
シーエンプレス	英国ウェールズ州	1996 年 2 月 15 日	60,000 kℓ
ナホトカ	日本（島根県）	1997 年 1 月 2 日	6,240 kℓ
エボイコス	シンガポール	1997 年 10 月 15 日	28,000 kℓ
エリカ	フランス	1999 年 12 月 12 日	20,000 kℓ
プレステージ	スペイン	2002 年 11 月 16 日	30,000 kℓ
タスマン・スピリット	パキスタン	2003 年 7 月 27 日	30,000 kℓ

出し，また，船首部が約2800 kℓを残存したまま，7日午後，福井県三国町に漂着した。流出した油は島根県から秋田県に及ぶ日本海岸に漂着し，甚大な被害をもたらした。

我が国は，毎年300件以上の海上流出事故で莫大な経済的損失を被っていると共に，周辺沿岸の生態系が脅かされてきた。とくに，海上流出事故の被害が漁業や海洋生産活動が活発な沿岸まで達すると，被害金額は数十億円に達することも稀ではない。養殖場や漁場が密集している日本周辺の海域は，潜在的に海上での事故の発生確率が高く，沿岸の環境保全に対してより一層，万全の対策を準備する必要がある。

海難および破損事故，取り扱い上の不注意，故意による排出など，海上で発生する各種流出事故は発生時期や場所の予測ができない。また，流出物質の種類が多く，発生時期によっても流出場所の環境条件が大きく異なり，影響が及ぶ範囲も変化する。したがって，防除責任者が流出油の拡散状況を予測して適切に防除命令を下し，短時間で被害を推定して災害要因に対する適切な防災・減災対策を策定するため，事前に構築した各種データベースとさまざまな予測モデル，また，環境脆弱性指標図（ESIマップ）などを土台にした高度で技術戦略的な防除予測システムが必要である。

3.2 油類の物理的な特性

3.2.1 水面上での油の広がり

水と油を混合して常温で放置しておくと，やがて油と水が上下に分離して水平な界面を形成する。これは水と油の間に界面（表面）張力が働き，両者間の接触面積が最小になる状態で安定するためである。水の界面張力（72.75 dyne/cm）は油の界面張力（約25～35 dyne/cm）より大きいため，界面張力のみの関係では油滴は半球状態となるが，実際には重力の作用も受けるため，図3.1に示すように，半球状の油滴は下方に潰れることで水平方向に広がる。このような現象を延展（spreading）という。油の広がりは，延展力が粘性抗力と釣り合うとき止まる。

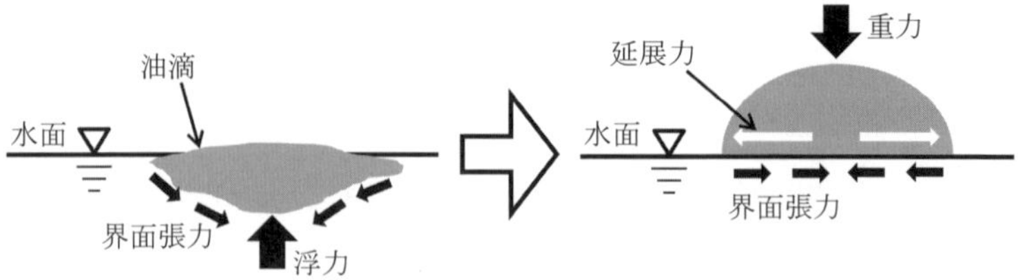

図 3.1　油滴の延展メカニズム

ファイ（Fay）[2] は，油類の延展現象を理論的に説明するために，油類の延展の特性を決定する条件について，以下の 3 つに区分した。

① 延展率は油と水の密度差で決まる。延展の速度は慣性抵抗（inertia resistance）によって決まる。
② 延展率は重力で決まる。油と水の間の粘性抗力（viscous drag）が延展率を制限する。
③ 油と水の間の表面張力によって延展が決まる。

ここで，上記の ③「表面張力による延展」について，力学関係を考察したブロッカ（Blokker）[3] は，「油類は均一に広がり，広がる比率は油膜（スリック，slick）の厚さに比例する」と仮定して実験式を提示した。この式をブロッカ式と呼び，単純化されたブロッカ式は次式で示される。

$$D^3 - D_0{}^3 = \frac{24}{\pi} K(d_w - d_o)\frac{d_o}{d_w} V_0\, t \tag{3.1}$$

ここで，K はブロッカ係数（油の種類による），D は広がった油類の直径，t は時間，D_0 は $t = 0$ での D，d_o は油の密度，d_w は水の密度，V_0 は初期油類量である。

海水に流出された原油が広がる速度は非常に速い。原油が海上に流出すると，原油に含まれた表面活性成分（surface active component）が油と水の界面に入り込んで 40〜100 時間以内で 1.016 μm の厚さの油膜を生成する。この薄い油膜に太陽光が入射すると光の干渉が生じ，さまざまな色の光彩を発する。この現象をシーン（sheen）と呼ぶ。航空機で上空からこの油膜を観測する場合，シーン現象によって実際の油膜の拡大範囲と厚さを見誤りやすい。すなわち，未熟な防除管理者が上空から観測すると，シーンを含めて油膜の拡大範囲を判断してしまうことで流出量を過大評価する可能性がある。

静かな海面上では，流出油はすべての方向に等しく広がると考えられる。しかしながら，実際の海での延展は，風や波浪の影響があり均一にならない。図 3.2 は，プレステージ号事故で流出した油の広がりを捉えた衛星画像を示している。図中で黒く見える流出油は，非常に短時間で細長い紐状の分布を形成する特性を持つ。紐状になると油膜は若干厚くなり，このような紐状の油と油の間の領域にシーンが生じる。紐状の油膜は，時間経過と共に蒸発などにより縮小し，やがてタール塊（tar ball）を形成する。これらのタール塊は最終的に海岸へ漂着するため，沿岸で発見されることが多い。

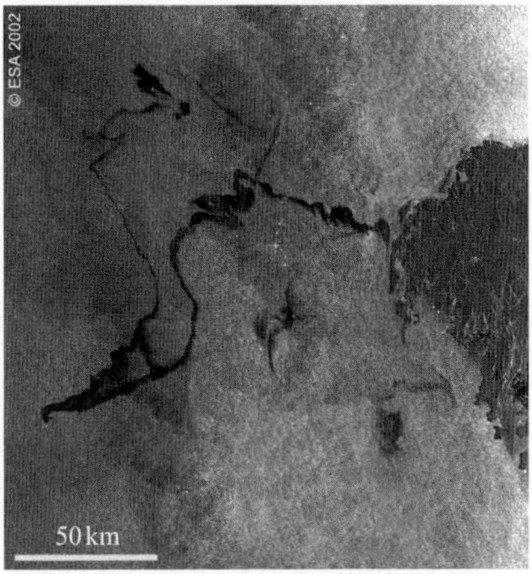

図 3.2　プレステージ号事故で流出した油の広がりを捉えた衛星画像（Envisat）
流出された油は紐状に広がっている。

3.2.2　蒸発と溶解

油類が水面上で広がり油膜を形成すると微細な小滴（droplet）に分散され，その一部は蒸発（evaporation）し，一部は海水中に溶解（solution）することで相当量が自然消失する。地表の岩石が風化（weathering）されるのと同様に，初期段階では，このような物理的，化学的過程によって流出油の一部は自然に消失する。蒸発による消失量は，原油成分中に含まれる沸点が 270 ℃以下の成分量に比例する。沸点が 270 ℃以下の成分は水にもよく溶ける。蒸発および溶解などの流出油の自然消失量は，炭化水素類の炭素の数と相関関係がある。とくに，軽い炭化水素成分は水に溶解されやすく，同時に蒸発しやすい。炭素原子の数が 13 以下の炭化水素類は流出後数日で，炭素原子数が 13～20 の炭化水素類は数週間で自然消失する。自然消失後，残留する油類は比重が増えてタール塊になる。

淡水中における原油の各成分の溶解度は，表 3.2 に示すとおりである。炭素原子数が 10～17 の石油が最もよく溶解され，炭素数が多い成分は溶解されにくい。総じて蒸発成分は生物体に対する毒性が強いことから，これらの成分が速く蒸発すると海洋生態系への悪影響は軽減されることになる。

表 3.2　淡水中における原油の各成分の溶解度

成分	炭素原子数	淡水での溶解度(ppm)
石油	C_{10}～C_{17}	2×10^{-1}～1×10^{-4}
ガソリン	C_{16}～C_{25}	3×10^{-4}～1×10^{-8}
潤滑油	C_{23}～C_{37}	10^{-7}～10^{-14}
瀝青	C_{37}	10^{-14}以下

3.2.3　分散

波浪が強い場合，流出油は小滴になって，水平ばかりでなく鉛直方向深くにまで分散（dispersion）される。バンカーC重油などの高粘度油は 50～90 %の水分を含んで，茶色のエマルジョン（水滴が油中に分散した状態）となる。いわゆる「チョコレートムース（mousse）」と呼ばれるこのエマルジョンは，体積と粘度が非常に高くなり，なかなか分散せず，物理的な除去が難しい。エマルジョン状態の油の分散による拡散速度のスケールは数 cm^2/s である。したがって，実際の流出油による沿岸汚染は分散の影響より，数十～数百 cm/s スケールを持つ風や潮流・海流の影響が数段大きい。

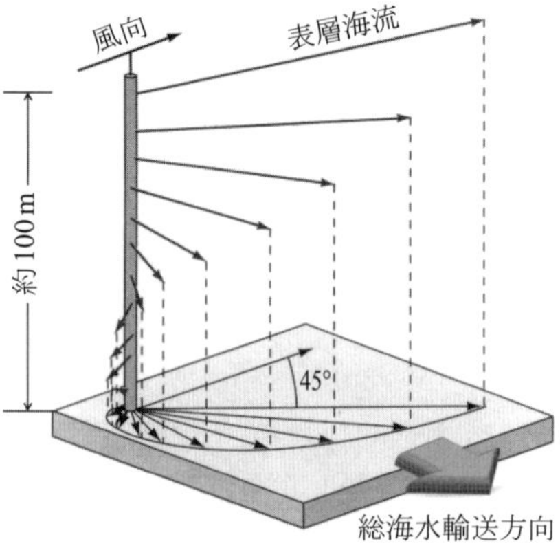

図 3.3　北半球でのエクマン螺旋
海水は地球の自転による見かけの力（コリオリカ）によって風向の右直角向きに働く。南半球では反対方向（左直角）を向く。

3.2.4　風の影響

海面上近くでは摩擦力が働くため，風速が鈍る。一方，海面には表層の水粒子の摩擦力によって風向と同じ向きの流れが生じると共に，表層の海水の流れに引きずられて，その直下の海水も同様に流れを生じる。このようにしてできる海流を吹走流（drift current）という。海水の動きは緩慢なため，北半球の深い海の場合では，地球自転の影響によって表面の海水は風下右45度の方向に流れる。水中深くなると流れが弱くなり，方向はさらに右へ向くようになる（図3.3）。海面から海流が生じる深さ（およそ100 m）まで海水の質量輸送量の積分をとると，北半球において吹走流は，風の向きに対して直角右向きに海水を輸送する。これはエクマン輸送（Ekman transport）と呼ばれる。

油の場合は，海水に対したエクマン理論による流れの向きと異なり，風が直接油に作用するせん断応力が重要となる。海洋に流出された油は，そのほとんどが海水面上に漂い，油膜と海水間での摩擦や，それぞれの動粘性係数などの物理的な特性の違いがあるため，風による流出油の移動について考える際には，風向に対して右45度に運ばれる海水と同様にはならず，それぞれの油の種類と環境条件を考慮した実験や，現場観測で得られる経験式を用いて導出する必要がある。表3.3と図3.4に，過去の油流出の研究で用いられた流出油のエクマン輸送の方向を求めるための計算式とそれらの結果の比較を示した。

表3.3　風によるせん断応力の作用方向の計算式[4)]

著者	実験条件	油のエクマン輸送方向（W:風速）
Ekman（1905）	理論式	$\theta=45°$
Neumann（1939）	現場観測（湖）	$\theta=22\times6.3\sqrt{W-4}$
Samuel（1982）	現場観測（海）	$\theta=25\times\exp(-10^{-8}W^3)$
Varlamov（1999）[5)]	経験式	$\theta=30°$
Wang（2005）[6)]	経験式	$\theta=40-8\sqrt{W}$

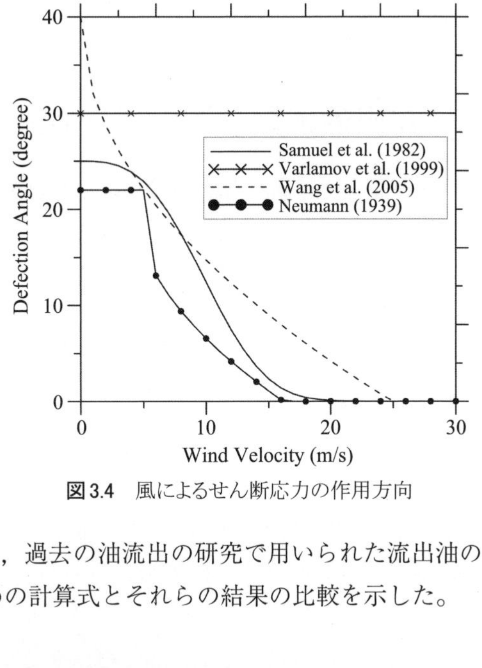

図3.4　風によるせん断応力の作用方向

一方，風によって引き起こされる油類の流動速度は，風速の約3％と仮定される。この値は，過去の大規模な油流出事故で観測された結果や実験式から得られた経験値である。

3.2.5　流出油の数値予測における海流の影響

海洋の流出油の移動の数値予測を行う際には，流出油は外力に依存する受動的トレーサ（passive tracer）として取り扱われる。したがって，風と海水の流動を予測・算出することが，流出油の移動を予測する上で最も重要となる。コンピュータによる海水の流動予測で広く使用されている数値モデリングのなかで，最も単純な潮汐モデルは，海を単純に1つの層として仮定するモデルである。このモデルでは，実際の海洋の水深に従って変わる密度や水温や塩分の変化を無視するため，たとえば密度変化と関係する密度流や内部波などの現象を再現できない。鉛直方向の変化やその変化に伴う海水流動をより忠実に再現するため，2層，3層などの多層モデルが研究され，最近ではコンピュータの処理能力の向上によって数十層の鉛直レベルを取り扱う多層モデル（multi-level model）の利用が一般的になった。

3.3　流出油拡散予測シミュレーションの実例

海洋汚染物質の移流･拡散の計算には，数値予測モデルが広く使われる[7), 8)]。より精度が高い流出油拡散予測を行うためには，中規模渦（約100kmスケール）の模擬が可能な高解像度モデルが必要であり，そのプログラムの実行には，高い処理速度のコンピュータが求められる。本節以降では，海洋研究開発機構（JAMSTEC）のスーパーコンピュータ，地球シミュレータII（ES2）を用いた油流出事故の拡散シミュレーションの実施例について解説する。ES2は2012年12月現在，世界一のベクトルスーパーコンピュータである。各ノードは100ギガフロップスの性能を持つ8CPUで構成され，全160ノードのシステムである。ES2のコア数は同位性能のスカラースーパーコンピュータの1/10に過ぎず，個々のノードの性能が高いことから，ネットワーク通信による計算性能の低下が最小化されている。

本シミュレーションでは，日本から中東までの広域の油輸送ルートに対応できる計算を目指して，任意の海域に細かいグリッドを配置することが可能なネストグリッドモデルを導入し，日本周辺海域の高解像度計算を実施した。

3.3.1　グリッドシステム

地球上の大気や海洋の流れを模擬するためには，計算対象となる空間領域を球面上に定め，そこに計算格子（グリッド）を配置する必要がある。しかしながら，図3.5に示すような球座標系に基づく単純な緯度–経度グリッドシステムでは，経線間の幅が極点に近づくほど小さくなり，極点で0になる。数値シミュレーション上の時間進行は，さまざまな条件から定められる微小な時間ステップの積み重ねで行われ，1つの時間ステップの時間間隔は数値モデルのグリッド間隔と比例関係になるため，高緯度領域を計算するためには莫大な計算時間が必要となる（緯度60°以上の高緯度領域の計算にすべての計算時間の89％が消費される）。この問題を解決するために提案された計算格子がインヤングリッド[9]である。インヤングリッドは図3.6に示すように，イングリッドとヤングリッドの2つの要素グリッドを組み合わせて球面を形作る方法である。インヤングリッドの2つの要素格子は，向きが違うだけで実はまったく同じものである。図3.5の緯度–経度グリッドの低緯度領域を抜き出したものがヤングリッドに相当し，ヤングリッド全体を幾度か90°ずつ回転させて得られるものがイングリッドに相当する。「インヤン」は漢字では「陰陽」と書く。インヤングリッドは，その形状が中国の陰陽思想のシンボルマークを連想

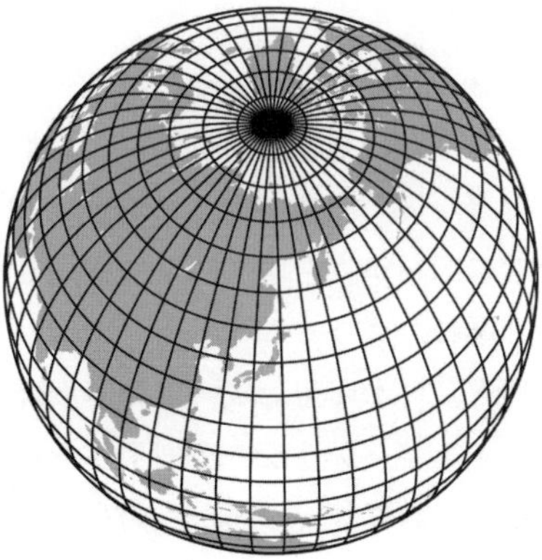

図3.5　球座標系を使う緯度–経度グリッドシステム

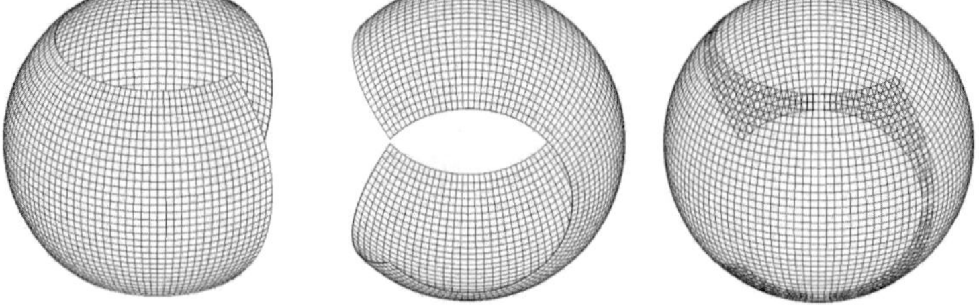

図3.6　インヤングリッド

させることから，インヤングリッドと呼ばれる。インヤングリッドは，部分的にグリッドの重なる箇所が生じるものの，通常の緯度経度格子法で避けることができない「座標特異点の発生」や「個々のグリッドの極端なゆがみの発生」などの問題が生じず，結果的に高効率・高精度の計算結果を得ることができる点で優れたグリッドである。

一方，日本周辺海域の計算解像度を高めるために，個々の格子をより細かくしたインヤングリッドを使用することは，地球面全体で格子を細かくすることになり，計算効率の面から適当でない。そのため，海洋モデルには必要な海域のみ細かい格子を配置することができるネストグリッド法が使用された。ネストグリッド法は，一部領域をオリジナルグリッドシステムよりも高い解像度を有する別のグリッドで計算し，オリジナルグリッドシステムに挿入する計算方法である。図 3.7 (a) は全球グリッド上に日本周辺に高解像解析を行うためのネストグリッド領域を示しており，(b) はオリジナルグリッドシステムで計算された日本周辺の 12 月の平均海洋表層流速分布，(c) はネストグリッド法により得られた日本周辺の 12 月の平均海洋表層流速分布を示している。

なお，図 3.7 に示した計算では，日本全域を含む 1 格子当たり 1/20° 間隔の領域モデル（ネストグリッド）が，1 格子 1/6° 間隔の全球モデル（オリジナルグリッド）に組み込まれた。全球海洋モデルの格子数は 2170 × 1085 × 23，領域海洋モデルの格子数は 1025 × 792 × 23 である。インヤングリッドでは，東西方向で 45～315 度，南北方向で −52～52 度の領域が計算された。鉛直レベ

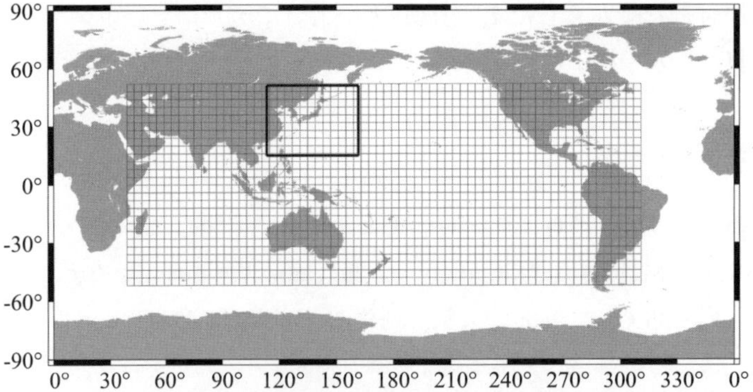

(a) 「ヤン」グリッド内に挿入したネストグリッド領域

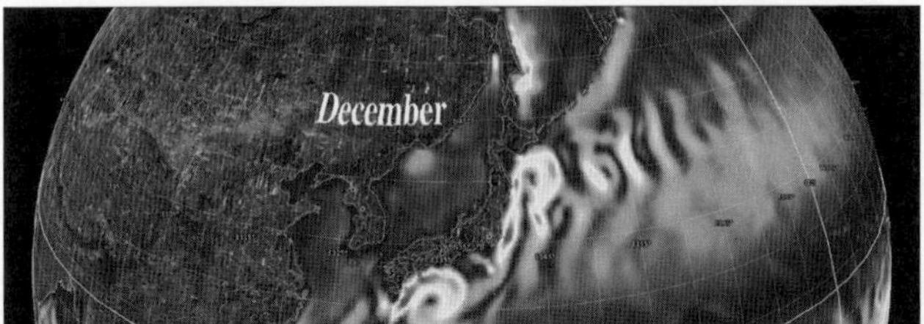

(b) 全球モデルの月平均海洋表層流速分布（12月）

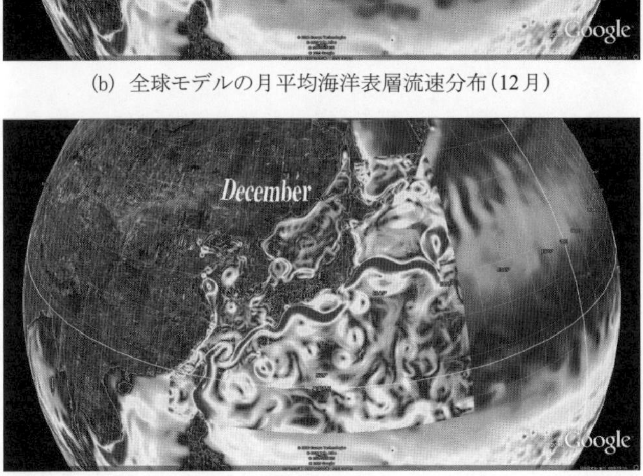

(c) ネストグリッドで日本周辺を詳しく解像したモデルの月平均海洋表層流速分布（12月）

図3.7

ルは，表層付近を細かくした23層構造で，大気モデルは全球インヤンモデルのみを計算し，水平格子数は954×477×32，鉛直格子数は54層とした。

3.3.2　海流データ

海洋循環モデルは，地球シミュレータセンターで開発した3次元，自由表面を扱うMSSG（Multi-Scale Simulator for the Geoenvironment）モデル[10]の海洋パーツ（MSSG_O）である。大気と海洋モデル共にMSSGモデルの3次元基礎方程式は以下の3式で示される。

$$\frac{\partial \mathbf{u}}{\partial t} + \mathbf{u} \cdot \nabla_h \mathbf{u} + w\frac{\partial \mathbf{u}}{\partial z} + f\mathbf{k} \times \mathbf{u} = -\frac{1}{\rho_0}\nabla_h p + A_V \frac{\partial^2 \mathbf{u}}{\partial z^2} + A_H {\nabla_h}^2 \mathbf{u} \tag{3.2}$$

$$\frac{\partial p}{\partial z} = -\rho g \tag{3.3}$$

$$\nabla_h \cdot \mathbf{u} + \frac{\partial w}{\partial z} = 0 \tag{3.4}$$

ここで，$\mathbf{u}(u, v, w)$は流速ベクトル，ρは密度，pは圧力である。ただし，MSSG_Oでは海水中の各層で鉛直方向の流速を一定とし，MSSGモデルの大気パーツ（MSSG_A）では鉛直方向の移流速度を考慮して計算を行った。陸地・海底地形データには，1/60°間隔のETOPO1（Global relief model with topography and bathymetry）データを使用した。

コンピュータにより地球上の海洋循環および大気循環をシミュレーションするための最初の手順として，初期状態から現実の海洋・大気の状態に近づけるために数年～数十年間程度の計算が必要となる（これをスピンアップ計算と呼ぶ）。以降に示すシミュレーション結果は，海洋モデルで20年間，大気モデルは1年間のスピンアップ計算を行っている。シミュレーション上で1年経過させるには，地球シミュレータIIで約10時間の計算時間が必要であった。初期条件と境界条件には，AVHRR（Advanced Very High Resolution Radiometer）の18 km解像度の海面水温データと1/4°解像度のCCMP（Cross-Calibrated Multi-Platform）の風応力データを使用した。これらのデータは共に1997年のデータである。

非ネストモデルとネストモデルにより計算された日本周辺の海洋の月平均海

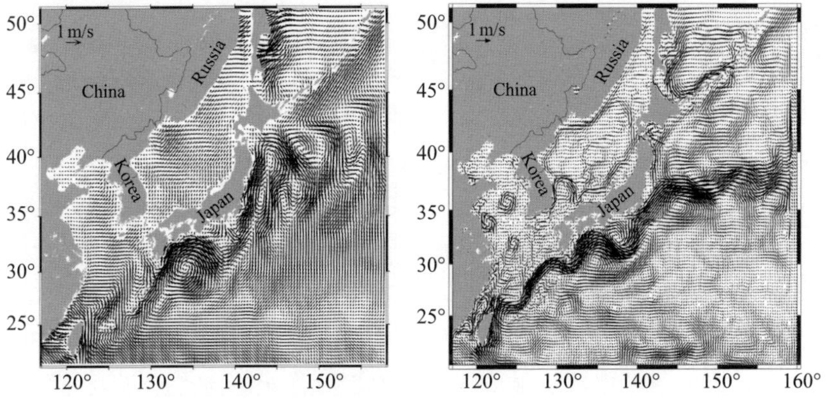

図 3.8　海洋の非ネスト（左）とネスト（右）モデルの計算結果
（1997年1月の海面流速ベクトル）

洋表面流速を図 3.8 に示す。非ネストモデルでは，黒潮の流れが 40° 以上まで本州の東岸に沿って上がると予測されているが，現実の黒潮はこれよりも低緯度で離岸することから，非ネストモデルによる計算は正しい流れを模擬できていない。一方，ネストモデルでは，黒潮の流れは緯度 37° で離岸する結果を示しており，現実的な流れを模擬できていることがわかる。また，非ネストモデルでは解像できていない韓国東岸の東韓暖流も，ネストモデルでは 38° のあたりで離岸する流れを模擬できている他，寒冷帯から流れて来る親潮寒流とリマン寒流の様子など，日本海[11]と黒潮[12]に関する過去の研究から明らかにされている特性と一致する流れを良好に再現できている。これらの結果から，ネストグリッド法を用いることで直径約 30～100 km の中規模渦が再現され，全体の流れの精度の向上につながったと考えられる。その他，シミュレーション結果から，冬季の日本海の表層海流速度が約 10～30 cm/s であり，200 cm/s に達する黒潮の流れに比較して非常に遅いことがわかり，冬期の日本海上での流出油の移動は，海流よりもむしろ風による影響（約 1～2 m/s）が卓越すると推定される。

図 3.9 はナホトカ号事故発生時の日本西岸の海面流動を示している。事故海域付近から日本沿岸へ向かう強い流れが発生していることがわかる。この海流

は，石川県西岸（136°E, 36.5°N）で本州に当たり，海岸線に沿って南北方向に分岐する流れを形成している。

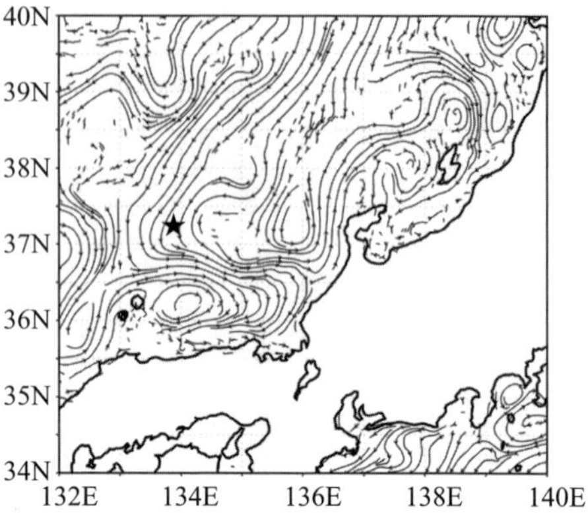

図 3.9　ナホトカ号事故発生時の石川県付近の表層海流流速（1997年1月）
★は事故地点を示す。

3.3.3　風速データ

海面上を漂う流出油は，風からの力（風応力）の影響を受けるので，流出油の拡散予測には海上の風速データが必要となる。本項では，表 3.4 に示すように，2 つの風速データを用いた結果の比較について述べる。1 つ目のデータ（以降ケース 1 と呼ぶ）は，実際の観測結果を利用して作成された風速データであり，ECMWF（European Centre for Medium-Range Weather Forecasts）を基にして再解析（予測モデルに観測データを入力し，精度を高めた数値解析）された 6 時間間隔で 1.5° の解像度を持つデータ [13] である。2 つ目のデータ（以降ケース 2 と呼ぶ）は，42 km 解像度の全球モデルに対して実行された MSSG_A のシミュレーション結果である。大気計算における時間ステップは，線形補間によって海洋モデルの時間ステップに合わせた。

表 3.4　ケース1とケース2の海洋・大気データ

	ケース1	ケース2
海流速度	MSSG_O	
風速	ECMWF	MSSG_A

図 3.10 にナホトカ号事故が起こった 1997 年 1 月 2 日のケース 1 とケース 2 の結果を示す。両ケース共にシベリア高気圧の影響により発生する北西風が示されている。日本海上では，反時計回りに風が渦巻いているが，ケース 1 の渦中心位置はロシアのナホトカの東方，ケース 2 ではナホトカの南方に現れ，両者で異なっていることがわかる。

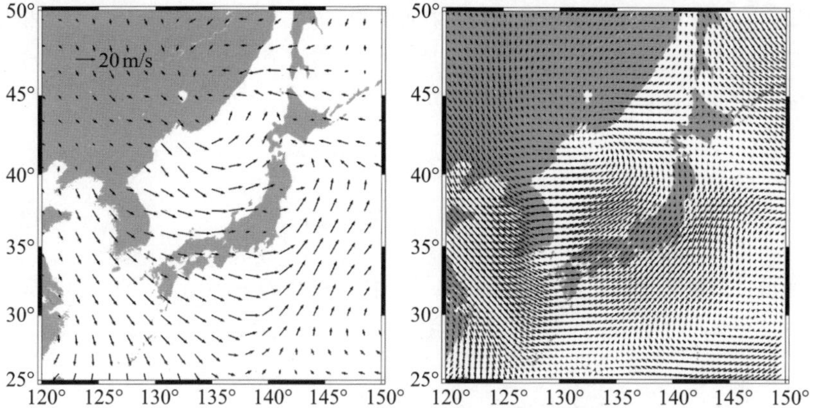

図3.10　1997年1月2日0:00 UTCのECMWF風速データ(左)とMSSG_Aモデルの計算結果
ECMWFの解像度は1.5°(約170 km), MSSG_Aの解像度は約42 km。
風速データの表示高さは，いずれも海抜10 m。

3.3.4　油流出シミュレーションモデル

一般的に油の海面上の移動を数値解析する際には，移流・拡散モデルが用いられる。移流・拡散モデルの一般式は

$$\partial C/\partial t + U\nabla C = \nabla(D\nabla C) + S \tag{3.5}$$

で記述される。ここに，C は油の密度，U は速度ベクトル，D は拡散係数，S は外部流束である。ここで，流出油を個別の粒子の集合としてラグランジュ的に取り扱うことで，流束計算が容易となり，数値的な安定が得られ，計算時間を短くすることができる。オイラー式（3.5 式）より，時間 Δt の間の粒子の移動距離 L は

$$L = (U_{current} + \alpha U_{wind})\Delta t + L_{random} \tag{3.6}$$

となる。ここに，α は風によるドリフト係数，$U_{current}$ は表面海流速度，U_{wind} は海水面から 10 m の高さでの風速度，L_{random} は暖流拡散に伴う移流項である。L_{random} は，ランダムウォーク法により，次式で計算する。

$$L_{random} = R\sqrt{6D/\Delta t} \tag{3.7}$$

ここに，R は -1～1 の範囲で決定される乱数，D は拡散係数である。時間積分には計算の精度を高めるため，2 次精度ルンゲ–クッタ法を用いた。ラグランジュモデルに対する 2 次精度ルンゲ–クッタ法は，以下のとおりである。

$$x^*_{n+1/2} = x_n + v_n \frac{\Delta t}{2} \tag{3.8}$$

$$x_{n+1} = x_n + v^*_{n+1/2}\Delta t \tag{3.9}$$

次項に，風ドリフト係数 $\alpha = 0.03$ [14]，拡散係数 $D = 10\,\mathrm{m^2/s}$ [15]，計算時間ステップ $\Delta t = 20\,\mathrm{min}$ で実行した油拡散シミュレーション結果を紹介する。

3.3.5　ナホトカ号事故のシミュレーション

上海からペトロパブロフスクへ航行中のロシア船籍タンカー「ナホトカ」号が，1997 年 1 月 2 日，日本海の隠岐島付近において船体の破断事故を起こし，積荷の暖房用 C 重油約 1 万 9000 kℓ のうち，約 6240 kℓ が海上に流出した。また，その後，沈没船体の油タンクに残った重油約 1 万 2500 kℓ の一部が，海底で漏洩し続けた。船体は水深約 2500 m の海底に沈没したが，船体から分離した船首部分は沈没せず，強い北西季節風にあおられて対馬海流を横断し，南東方向へ漂流，1 月 7 日 13 時頃，越前加賀海岸国定公園内の福井県三国町安島沖に座礁した。最終的に，流出重油は鳥取県から新潟県にわたる広範囲に漂着した。このナホトカ号から流出した油の漂流・漂着拡散シミュレーションには先例がある。図 3.11 は，石川県の海岸に漂着したナホトカ号事故の流出油の現場観測結果と，九州大学の Varlamov ら [5] によって試みられた流出油の拡散予測シミュレーション結果である。Varlamov らのシミュレーションは，1/6° の日本海領域の海洋モデルを用いて行われた。現場観測では，流出油が石川県の西岸と北部の海岸のすべてを汚染したが，Varlamov らのシミュレーションでは，流出油は福井県沿岸から北方の海上に広がり，石川県沿岸に漂着しておらず，実測とのずれが生じている。また，流出油が福井県へ漂着するのに要した時間が 8 日（約 192 時間）と予測されたが，実際には 5 日ほどであり，漂着時間にも遅れが生じた。

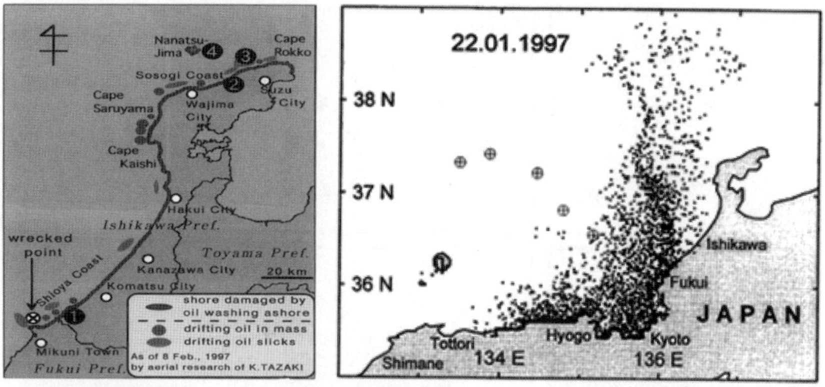

図3.11　現場観測したナホトカ号事故の漂着流出油(左)[16]とVarlamovらの流出後480時間でのシミュレーション結果(右)[5]
右図中の⊕はナホトカ号の沈没および船首部の漂流軌跡を示しており，重油は10kℓ/点で示している。

本章で紹介したシミュレーション手法を用いて，ナホトカ号から最初に漏れ出た重油の流出量を総質量の 50 %と仮定して，20 min の計算時間ステップで行われた 21 日間のシミュレーション結果を図 3.12 に示す。(a) 図に示す 50〜480 h までの 6 つの結果は，表 3.4 で示したケース 1 の結果であり，(b) 図はケース 2 のシミュレーション結果を示している。図中の★はナホトカ号の沈没地点を示している。ケース 1 と 2 の結果共に，初期に流出したすべての重油が，当初，福井県の方向に移動することがわかる。この南東方向への油の移動は海流と北西季節風の影響によることが，図 3.9 と図 3.10 に示した海流と風速の状態から判断できる。やがて油粒子群は福井県に到着し，その後，北東と南西方向の 2 つの方向に分かれて広がっていく。この油粒子群の分離は，図 3.9 で示された海流の分岐の地点と一致している。最終的に，油粒子は兵庫県から新潟県にわたる広い沿岸域に漂着することが模擬されている。ケース 1 およびケース 2 共に，福井県への油の漂着時間はおよそ 130 時間（約 5 日間），新潟県へは 480 時間（20 日）と予測された。これらの高解像度のシミュレーション結果は，観測された値（http://www.erc.pref.fukui.jp/news/Eoil.html 参照）とよく一致する。

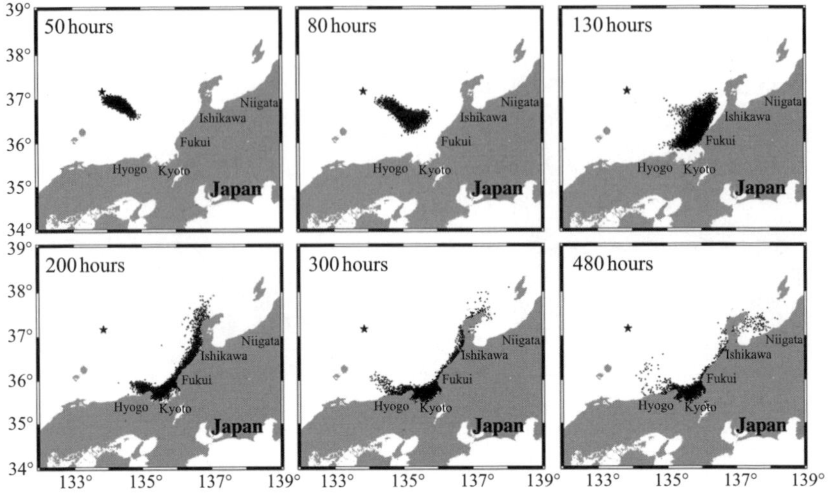

(a) ケース1の計算結果

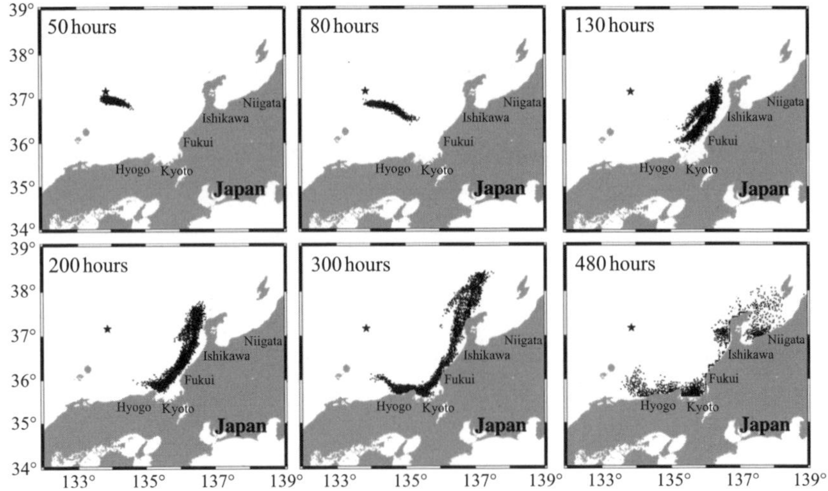

(b) ケース2の計算結果

図 3.12　流出後480時間までのシミュレーション結果
図中の★はナホトカ号の沈没地点，重油は10 kℓ/点で示している。

表 3.5　各府県における20日後の漂着油量の分布と相関係数

	漂着量(%)		
	観測値	ケース1	ケース2
新潟県	7.6	2.5	7.6
石川県	44.3	11.0	36.0
福井県	37.3	40.1	24.8
京都府	7.3	33.6	25.2
兵庫県	2.9	8.1	3.5
その他	0.6	4.8	2.9
相関係数	1	0.40	0.84

次に，ケース 1 とケース 2 の結果を比べてみると，ケース 2 では石川県の能登半島を回り込んで新潟県に漂着する流出油の量がケース 1 の予測より明らかに多い。各府県での漂着量について，ケース 1 とケース 2 それぞれの観測データ [16] との相関関係を表 3.5 に示した。全体にわたる相関係数はケース 2 で 0.84 が得られ，ケース 1 の値の倍以上が得られていることから，高解像度シミュレーションによる風データを用いたケース 2 がより現実に近い結果を予測できたことになる。一方，ケース 2 の結果は必ずしもすべての府県への漂着量を十分精度良く予測できている訳ではなく，とくに福井県や京都府への漂着量は過小または過大評価となっていることがわかる。このような差異は，海岸近くに生じるさらに微細な渦流れや，漂流油が陸地と接触する際の数値的取り扱いなどの影響によるものと考えられる。

3.3.6　まとめ

本章では，3 次元大気・海洋モデル (MSSG) と ECMWF 大気データを利用し，流出油の漂流・拡散をより精度良く予測するためのシミュレーション手法について述べた。本手法は，ネストグリッド法による領域ドメインの計算を全球ドメインと同時に計算することで，① 開放境界条件の影響がなく，信頼性の高いシミュレーションが実行可能であり，② 事故の発生地点にかかわらず迅速な数値予測ができる，などの利点を有する。これらの手法による計算精度の検証のために行った 1997 年のナホトカ号事故のシミュレーションでは，予測された流出油の海岸への漂着時間と量について，従来の予測結果よりも高い精度で実測値との一致を得ることができている。その理由として，本モデルでは，ネストグリッド法により解像度を 1/20° に高められたことで，能登半島を回り込み，富山湾や新潟県沿岸へ流れる変化の激しい海流を捉えることができたことが，高解像度予測を可能にした最大の要因である。また，流出油の漂流・拡散現象は，風および海流の速度に強く依存することが明らかであり，これらの流速データの正確な見積りが重要である。加えて，流出油の移動に大きな影響を与える風速データは，解像度に対して非常に敏感であることにも注意が必要である。

【参考文献】

1）シップ・アンド・オーシャン財団：外洋における油流出事故対策の調査研究報告書（1998）
2）P. C. Blokker: Spreading and evaporation of petroleum products on water. *Proceedings of Fourth International Harbour Conference*, Antwerp, p.911–919 (1964)
3）J. A. Fay: Physical processes in the spread of oil on a water surface. *Proceedings of Joint Conference on Prevention and Control of Oil Spills*, American Petroleum Institute, p.463–468 (1971)
4）W. B. Samuels, N. E. Huang, D. E. Amsiuiz: An oilspill trajectory analysis model with a variable wind deflection angle. *Ocean Engineering*, 9(4), p.347–360 (1982)
5）S. M. Varlamov, J. -H. Yoon, N. Hirose, H. Kawamura, K. Shiohara: Simulation of the oil spill processes in the Sea of Japan with regional ocean circulation model. *Journal of Marine Science and Technology*, Vol.4(3), p.94–107 (1999)
6）S. D. Wang, Y. M. Shen, Y. H. Zheng: Two-dimensional numerical simulation for transport and fate of oil spills in seas. *Ocean Engineering*, 32, p.1556–1571 (2005)
7）M. Reed, O. Johansen, P. J. Brandvik, P. Daling, A. Lewis, R. Fiocco, D. Mackay, R. Prentki: Oil spill modeling toward the close of the 20th century: overview of the state of the art. *Spill Science and Technology Bulletin*, Vol.5(1), p.3–16 (1999)
8）P. Montero, J. Blanco, J. M. Cabanas, J. Maneiro, Y. Pazos, A. Morono: Oil spill monitoring and forecasting on the Prestige-Nassau accident. *Proceedings of 26th Arctic and Marine Oil Spill Program (AMOP) Technical Seminar*, Vol.2, p.1013–1029 (2003)
9）A. Kageyama, T. Sato : The “Yin-Yang grid”: an overset grid in spherical geometry. *Geochemistry Geophysics Geosystems*, Vol.5, Q09005, doi:10.1029/2004GC000734 (2004)
10）K. Takahashi: Non-hydrostatic atmospheric GCM development and its computational performance. *Proceedings of the Twelfth ECMWF Workshop*, World Scientific, p.50–62 (2005)

11）Y. H. Seung, K. Kim: A numerical modeling of the East Sea circulation. *Journal of Oceanological Society of Korea*, Vol.28, p.292–304 (1993)

12）I. Yasuda: Hydrographic structure and variability in the Kuroshio-Oyashio transition area. *Journal of Oceanography*, Vol.59, p.389–402 (2003)

13）A. Simmons, S. Uppala, D. Dee, S. Kobayashi: ERA-Interim: New ECMWF reanalysis products from 1989 onwards. *ECMWF Newsletter*, No.110, p.25–36 (2006)

14）K. D. Stolzenbach, O. S. Madsen, E. E. Adams, A. M. Pollack, C. K. Cooper: A review and evaluation of basic techniques for predicting the behavior of surface oil slicks. *MIT Report* No.222, Ralph M. Parsons Laboratory, Department of Civil Engineering, Massachusetts Institute of Technology, Cambridge, MA. (1977)

15）A. Okubo: Oceanic diffusion diagrams. *Deep Sea Research*, Vol.8, p.789–802 (1971)

16）K. Tazaki: The environmental impacts on heavy oil spilled from the wrecked Russian tanker Nakhodka attacked the coast of Hokuriku district, Japan, in 1997. *Heavy oil spilled from Russian tanker "Nakhodka" in 1997*, p.1–46 (2003)

第3部

海上輸送の経済性

第1章　海上輸送の費用

船舶によって貨物を海上輸送するために発生する費用は，大別すると2種類ある。1つは輸送される貨物を集荷する活動（販売予約）に関する費用であり，もう1つは貨物を船舶で2地点間を海上輸送するために必要な費用である。前者は海運サービスの販売（予約）費用とみなすことができるし，後者は海運サービスの生産費用とみなせる。海運業費用あるいは輸送費用といった場合，一般的に販売（予約）費用と生産費用の2種類が含まれるが，ここでは船舶にかかわる生産費用を中心に取り上げる。

なお，費用といえば，経済学的には機会費用のことであるが，ここでは実際に発生した会計的費用を対象にしている。また，輸送活動によって取引当事者以外の第三者に及ぼしたマイナスの外部効果，すなわち外部不経済（費用）はここでは対象外である。

基本的な海運業は，貨物を輸送して利潤を獲得する事業であるが，経済学的に表現すると，輸送サービスを生産・販売し，利潤を獲得するビジネスと捉えられる。そこで以下では，まず海運業が生産する海運サービスの特徴を整理し，そのようなサービスが取引されている海運市場を概観した後，海運業費用を見ていくことにする。

1.1　海運サービスの基礎

1.1.1　サービスとは

サービスとは，ある対象に対する働きかけ＝作用として定義できる[1)]。働きかけ＝作用の内容は，大別するだけでも加工，組立，移転，保管などに分類でき，さらにそれらを詳細に分けることができる。そのようなサービスにはいくつかの特徴を見つけることができる。まず，サービスは作用であるから作用を起こす主体と作用を受ける客体が存在する。客体が存在しない場合，サービスは生産されないことになる。次に，サービス対象が存在することによってサービスが生産される場所・空間が特定される。また，サービスはある時間経過とともに生産されるためその生産は不可逆的であり，一過性といった特質を持つ。さらに，サービスは生産と消費が同時に行われ，貯蔵できない性質がある。

1.1.2　海運サービスの特徴

海運サービスがサービス一般と異なるのは，作用の内容によっている。つまり，その特徴は「輸送サービス」ということにある。輸送サービスとは，輸送対象物の場所的・空間的位置変化として捉えることができる。そして，輸送サービスの一種である海運サービスは，交通手段の構成要素によって特定すると，海を通路とする船舶という運搬具による輸送対象物の場所的・空間的位置変化＝移動という形をとる。これが，サービス一般とも他の交通機関の輸送サービスとも異なる海運サービスの本質的な特徴であるといえる。

1.1.3　海運サービスの種類

海運サービスは，生産様式ないし運航様式から分類すると，定期船サービスと不定期船サービスに二分される。

定期船サービスは，レギュラー・サービスである。すなわち，決められた航路を一定のスケジュール表に従い，数隻の船舶をグループとする船隊で貨物を輸送することによって生産されるサービスである。船舶が配船される航路は世界各港に及んでおり，輸送対象はすべての商品であるが，多くは製品あるいは中間製品などの高付加価値貨物であって，小口の多種多様な貨物が混載輸送される。小口貨物であるため一港のみでは満船になることが少なく，消席率を高めるために多寄港で貨物の積み上げを行うのが一般的である。現在では，ほとんどこれらの貨物はコンテナに詰め込まれ，コンテナ船で輸送される形態がとられている。

不定期船サービスは，イレギュラー・サービスである。すなわち，基本的には，その時々に発生する貨物移動というサービス需要を満たすために生産され，貨物を求めて世界中を移動するため，配船される航路は固定していない。不定期船は原油，鉄鉱石，石炭，穀物といった原材料を一度に大量輸送する点に特徴があり，各種貨物の混載はしない。原油あるいは石油製品のようなウェット・バルク・カーゴを輸送するのが各種タンカーであり，鉄鉱石，石炭などのドライ・バルク・カーゴはバルク・キャリアで運ばれる。貨物を求めて世界をさまようというトランプといった古典的な不定期船は，現代では少なくなっており，雑貨がコンテナ船という専用船で輸送されるように，不定期船も特定の貨物輸送に特化した専用船が一般的である。そして，専用船は決められた貨物を決められた航路において輸送する点に特徴がある。輸送貨物が特定化されるのでそれに適合した船体構造が要求され，他の貨物輸送には利用されにくい。

1.1.4　海運サービスの要素サービス

海運業は非常に国際競争の激しいビジネスである。そして，海運サービスの競争は品質競争ではなく，価格競争・コスト競争に集中する傾向が強い。このことが海運企業をして競争力形成・維持のために海運サービスを形成する要素サービスのアウトソース化を一般化させるようになった[2)]。便宜置籍船の出現，船舶管理市場の形成，船員市場の国際市場化といった現象は，国際競争力を構築するために世界の海運企業が講じた競争戦略の結果である。

海運要素サービスのアウトソース化は，海運サービスが要素サービスからなる複合サービスであることを示している。すなわち，生産手段である船舶を所有しそれを提供する「保有（資本）サービス」，船舶に船員を配乗させ必要な船用品などを装備させ運航可能な状態にするための「艤装サービス」，そして，集荷された貨物を船舶に積み込み，輸送するために船舶を運航管理するといった「運航サービス」，この3つのサービスの複合したものが一般的な海運業が生産する海運サービスである。その意味ではこれらのサービスは海運サービスの要素サービスともいえよう。

1.2　海運市場の構成

海運市場は，海運サービスや海運要素サービスが取引される場であって，大別すると，海運サービスが取引される運賃市場と，保有・艤装という要素サービスが取引される用船市場から構成される（表 1.1 参照)。また，要素サービスの基礎である船舶資本サービスが取引される新造船市場と中古船市場，労働サービスが取引される船員市場および船舶の管理サービスが取引される船舶管理市場といった海運関連市場がある。

表 1.1　海運市場と要素サービス

要素サービス ／ 市場	保有サービス	艤装サービス	運航サービス
運賃市場	○	○	○
定期用船市場	○	○	
裸用船市場	○		

注：○印はその市場で取引されるサービス

1.2.1　海運市場

(1) 運賃市場

海運サービスが取引され，その対価として運賃が授受される市場が，運賃市場である。定期船サービスが取引される定期船市場と，不定期船サービスが取引される不定期船市場に分類される。不定期船は，ドライ・バルク・カーゴを輸送するバルク・キャリア市場と，ウェット・バルク・カーゴを輸送するタンカー市場に分かれる。

(2) 用船市場

用船市場は要素サービスが取引される市場である。この市場は，保有サービスが取引される裸用船市場と，運航可能性（保有＋艤装）サービスが取引される定期用船市場とがあり，その対価が裸用船料と定期用船料である。

用船は，基本的には個々の企業における需給不均衡によって起こり，定期用船契約が一般的であるが，便宜置籍船の出現とともに，より安い要素サービスを調達するための定期用船形態が現在では支配的である。裸用船市場は規模としては大きくはないが，チャーター・バック船や丸シップ船[*1]が一部この市場で取引されている。

1.2.2　海運関連市場

(1) 新造船市場

新造船市場では造船業が供給者であり，海運業が需要者である。海運業費用を構成する大きな項目が資本費であるが，それは船価によって決まる。そして，船価は造船市場で決まるが，建造需要は海運市場によって影響されることから，2つの市況は同じように変動することが1つの特徴である。船価は海運市況と同じように変動するから，すべての船舶の船価は異なり，資本費も異なる。

(2) 中古船市場

新造船による船舶調達には長時間かかるが，短期間のうちに取得する手段が中古船の買船である。中古船市場の供給者は海運企業であり，需要者は海運企業とスクラップ業者である。中古船は船舶とともにスクラップにも利用され，新造船の船価とスクラップ価格に影響される。船価が高い好況時には中古船取引量は多く，不況期にスクラップとしての取引が増加する。

(3) 船員市場

船員市場は基本的に国内市場であって，各国の労働市場の部分市場である。しかし近年においては，便宜置籍船やオフショア船籍船[*2]に配乗させる船員についてアジア・東欧地域において世界市場が成立している。国内市場としての船員市場では当該国の労働市場に影響を受けて賃金率が変動する。これに対し

[*1] チャーター・バック船は海外に売船した船舶に外国人船員を配乗させて定期用船する形態である。丸シップ船は日本籍船を裸用船でチャーターアウトし，外国人船員を配乗させて定期用船する形態である。

[*2] 便宜置籍船と同様の便益を享受する自国籍船のことであって，第二船籍制度を利用した船舶のことである。イギリスのマン島籍船が最初である。

て世界市場としての船員市場は当該地域の賃金率と需給条件に影響され，賃金率は前者よりも後者の市場の方が低い。

(4) 船舶管理市場

船舶管理市場は，艤装サービスの一部である船舶管理サービスが取引される市場である。サービスの売り手が船舶管理会社であり，買い手は船主であって，その対価が管理手数料である。便宜置籍船の利用に伴い海運企業は，船員サービスや船舶の艤装サービスを市場で調達する必要が一般化し，その結果，船舶管理市場が出現した。従来は，保有サービスや運航可能性（保有＋艤装）サービスは用船取引によって行われていたが，艤装サービスだけが取引されることはなかった。通常，これは海運企業が組織内で生産していたからである。しかし，船舶管理市場が成立したことは，艤装サービスもまた市場取引されるようになったことを示している。

表1.2　海運関連市場と要素サービス

市場	保有サービス	艤装サービス	
	船舶	船員	船舶管理
新造・中古船市場	○		
船員市場		○	
船舶管理市場			○

注：○印はその市場で取引されるサービス

1.3　海運業費用の構成

海運会社が海運業活動を行うことによって費用が発生する。海運業の行う活動は海運サービスの生産だけではなく，要素サービスの取引をも行っている。どのような海運業活動を行うかによって発生する費用は異なる。個別船舶の費用を知ることは難しいが，会社全体としてどのような費用が発生しているかは，有価証券報告書に記載されている損益計算書からみることができる。

以下では，これらの諸費用が海運業の運営形態に対応する形でどのように分類されるかについて述べたうえで，個々の費用項目について説明を加えることにする。

1.3.1　要素サービスと海運業費用

海運サービスは，保有，艤装，運航サービスの3つの要素サービスから構成されることは既述した。海運サービスの生産費用は，これらの3つのサービス生産に対応する費用の合計に等しい。日本の慣行では以下のような対応関係がある。

- 保有サービス→間接船費
- 艤装サービス→直接船費
- 運航サービス→運航費（航海費）

保有サービスを生産するために必要な費用を間接船費と呼び，これは船舶取得にかかわる資本費が中心である。船舶を運航可能な状態にするために必要な艤装サービスの生産に必要な費用が直接船費であって，船員賃金が重要な項目である。実際に貨物を輸送するために発生する費用が運航費あるいは航海費と呼ばれる。ここで注意しなければならない点は，一般管理費あるいは店費である。これには共通費用としての経営管理活動に対応する費用と，海運サービスの販売（集荷活動）費用とが含まれる。

1.3.2　海運業費用の諸項目

海運業諸費用は，間接船費，直接船費，運航費および店費に分類される。各費用がどのような項目から構成されるかについて説明することにする。

(1) 間接船費

間接船費は保有サービスの生産に必要な費用であって，船舶減価償却費，金利，船舶保険料から構成される。船舶減価償却費は船舶の経済的価値の低下の補填であって，企業の資産価値の減耗に対するものである。償却方法には大きく分けて定額法と定率法とがある。定額法とは毎年の償却額が一定の方法であり，定率法は残存簿価に対する償却額の比率が毎年一定となる方法である。この他に，石油危機後の減速運航の発生とか船舶の係船とかのために運航距離比例法（生産高比例法）といった方法も採用されるに至っている。金利は船舶建造に要した借入金に対する支払い利息である。船舶保険料は船体保険が主で，修繕保険，船舶不稼働損失保険なども含まれる。

(2) 直接船費

直接船費は船舶を艤装するのに要する費用であって，船員費，船舶修繕費，船用品費，潤滑油費などである。船員費は，船員の給料・手当，食費，船員保険の船主負担分，福利厚生費，交通費，退職金引当金などであって，船員の給料・手当，食費の金額などは労働協約によって決められる。船舶修繕費には，定期検査，中間検査，臨時検査，合入渠，その他の修繕費が含まれる。船用品費は，船内で使用される備品および消耗品，飲料水，保守のためのペイント，ロープ代などである。潤滑油費は機関保守のための油であって，燃料費とは違い，船主が負担する。その他の雑費には運航上予想される通常の海難費用，船主責任相互保険組合の保険料などが含まれる。

(3) 運航費（航海費）

運航費は貨物を輸送する際に発生する費用であって，燃料費，港費，貨物費，その他がある。燃料費は船舶運航中の主要な費目で，船舶の主機や補機のための消費燃料に関する費用である。港費は船舶の出入港および停泊に関して必要な費用であって，水先料，入出港税，トン税などが含まれる。貨物費は貨物の荷役に関する費用ならびに貨物に伴って発生する費用である。その他にコンテナリースやシャーシなど関連機器に関するコンテナ経費，船客用の食費，用品費，慰安費，通信費などの船客費，雑費その他が含まれる。

(4) 一般管理費（店費）

店費は海運サービスの生産・販売にかかわる共通費用であって，いわゆる本社で発生する経費である。これには役員報酬，従業員給与，退職給与引当金繰入額，福利厚生費，旅費・交通費，通信費，光熱・消耗品費，租税・公課，地代・家賃，船舶を除く保険料，交際費，広告宣伝費，会費，寄付金，雑費などが含まれる。オーナー機能である保有・艤装サービスの生産に必要な費用項目を船主店費，オペレータ機能である運航サービスの生産と海運サービスの販売に必要な費用項目を運航者店費という。

1.3.3 海運業費用の実態

表1.3は日本郵船株式会社の損益計算書における海運業費用の部分を抜粋したものである。会社全体としてどのような海運業費用が発生しているかを理解することができるし，いくつかの特徴を見ることができる。

最も注目すべき点は，船費の少なさと借船料の大きさである。これは海運会社が自社船ではなく外国用船を利用していることを示している。船舶コストと船員コストを抑えることを目的に便宜置籍船の利用が一般化していることを反映しており，船費に対応する運航可能性（保有と艤装）サービスを内部生産す

表1.3 日本郵船株式会社の海運業費用（単位：百万円）

海運業費用	平成22年度	平成23年度
運航費		
貨物費	211,318	221,271
燃料費	196,483	244,022
港費	62,613	61,249
その他運航費	△640	1,959
運航費合計	469,774	528,502
船費		
船員費	2,701	2,688
退職給付費用	△160	△771
賞与引当金繰入額	492	415
船舶保険料	3	1
船舶修繕費	719	868
特別修繕引当金繰入額	275	12
船舶減価償却費	14,152	14,097
その他船費	217	166
船費合計	18,402	17,479
借船料	339,650	345,112
その他海運業費用	45,000	44,142
海運業費用合計	872,828	935,236

（http://www.nyk.com/release/IR_securities.htmlより）

ることなく，市場から調達するというアウトソース形態をとっていることを示している。

運航費を見ると，海運業費用の 5 割以上を占めている。運航費は自社船であっても借船であっても輸送活動によって発生する。その大半が貨物費と燃料費で占められているが，貨物費が大きいのは，日本郵船が定期船業を営んでいるからである。燃料費のウエイトの大きさは，石油・バンカー価格の高騰からくるものである。現在，この費用を削減するために海運会社は減速運航を広く行っている。

船舶が輸送活動を行ったとき，どのような外部費用が発生するかは次章で詳しく述べられるが，船舶の停泊や航行によって第三者に及ぼすマイナスの効果は，費用項目からすると，運航費に関係するものである。すなわち，海洋汚染，大気汚染，地球温暖化などがそれである。運航費はどのような船舶であれ，どのような所有・運営形態であれ，輸送活動が行われる限り発生するものであり，それとともに外部費用が発生している。外部費用は現在，誰によっても負担されてはいないが，それがどの程度の大きさであるかは興味あるところである。

【参考文献】

1）下條哲司：『海上運賃の経済分析』神戸大学経済経営研究所（1980）
2）日本交通学会編：『交通経済ハンドブック』白桃書房（2011），p.243
3）赤羽憲男：海運市況と造船発注，「海運経済研究」No.10（1976）
4）東海林滋：船舶管理市場について，「関西大学商学論集」第 36 巻第 1 号（1991）
5）吉田茂・高橋望：『新版 国際交通論』世界思想社（2005）

第2章 海上輸送の外部費用

2.1 外部費用とは

経済学*[1]では，消費者や企業が行う財やサービスの取引について，完全競争市場*[2]は望ましい*[3]資源配分を社会にもたらすことが示されている。そして完全競争市場を実現するためには，以下の2つの条件を満たさなくてはならないとする。

① すべての財・サービスにおいて，所有権が確定し，かつ交換のための市場が成立している（市場の普遍性）。

② すべての財やサービスが取引される市場に，十分に多くの消費者および生産者が参加しており，さらに個々の主体の経済活動は，市場価格に影響を与えるほどの力を持っていない（市場の完全競争性）。

これらの条件が満たされない場合，完全競争市場は成り立たなくなり，市場がもたらす資源配分は必ずしも社会的に望ましいものではなくなる。このことを経済学では市場の失敗と呼ぶ。そして公共部門は，この市場の失敗を修正するために，何らかの役割を果たすことになる。

そして完全競争市場が成り立つ2つの条件の①「市場の普遍性」が満たされない代表的な例が，本章で取り上げる外部性の問題である。

私たちの生活のなかでは，大気汚染や交通渋滞のように，すべての財やサービスについて市場が設定されているわけではない。しかし，たとえば交通渋滞が発生した場合，自動車の利用者は予定どおりに目的地に到着できないという

---

*[1] ミクロ経済学の詳細は，N. G. マンキュー（2005）[21] などを参照。

*[2] 経済学では，市場を財が交換される場，そして財の価格が決定される場としている[27]。

*[3] 経済学でいう「望ましい」とは，誰かの効用・満足を悪化させることなく誰の効用・満足をも改善することができないように資源が配分されていることをいう。

時間損失を被る。そして，この時間損失は，何らかの形で，その消費者の経済活動に影響を及ぼしている。これを経済学では外部性と呼ぶ。

たとえば外部性の例としては，まず企業の生産技術の進展などが挙げられる。生産技術の進展は，生産力の上昇など企業の経済活動にプラスの効果をもたらす。しかし，この技術が市場で取引されない場合，この技術の進展は，市場を介さないで企業の経済活動に影響を与えるため，外部性と考えることができる。一方，マイナスの外部性の例としては環境破壊や災害などが挙げられる。企業は財やサービスの生産に伴い，その工場などで大気汚染などを発生させてしまうことがある。そして，この大気汚染などが周辺地域の環境を破壊してしまう場合がある。しかし一般に，企業は経済活動に伴って発生させた環境破壊について，これをすべて修復したり，賠償する，という形で費用負担しているわけではない。多くの場合，この環境破壊の費用の少なくとも一部は，工場周辺に居住する住民が被害という形で負担を強いられている。このような企業の経済活動によって発生する環境破壊などの費用のうち，企業が自ら費用負担しない費用を外部不経済，または外部費用と呼ぶ（本章では以下，外部費用と呼ぶ)。そして消費者や企業の経済活動のなかで外部費用が発生する場合，消費者の選好や企業の生産活動に何らかの影響を及ぼすため，市場における望ましい資源配分が行えなくなるという市場の失敗をもたらしてしまうのである。

では外部費用が発生することによる市場の失敗について，さらに理論的に説明することにしよう。ここでは「自動車移動サービス市場」を例に挙げて説明することにしよう。

消費者が自ら自家用車を運転して移動する場合，その消費者は自ら自動車移動サービスを生産し，需要していると捉えることができる。そして，この自動車移動サービスには次の2つの特徴がある。1つは，いま述べたように，自動車移動サービスは，一般にタクシーサービスやバスサービスとは異なり，消費者が自ら自動車を運転し，自動車サービスを生産する自己生産・自己消費のサービスであるという点である。2つ目の特徴としては，自動車移動サービスを生産する場合に必要となる要素の1つである道路資本は，高速道路などの一部を除き，一般的に，対価を直接的に支払うことなく利用することができるという点である。この 2 つの自動車移動サービスの特徴を前提に，具体的に自動車移動サービス市場について検討することにしよう。

図 2.1 は自動車移動サービス市場の需要と供給を表している。また，横軸は自動車移動サービス量を表し，縦軸は消費者が自ら自動車を運転する際に発生する燃料費や所要時間などの合計で，それを自動車移動サービスの価格・費用と表している。

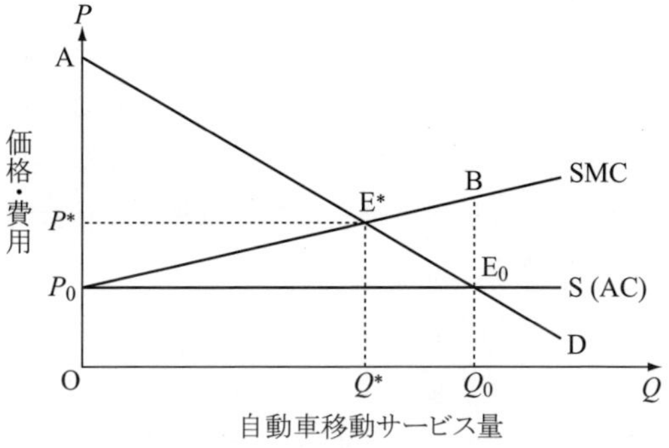

図 2.1　社会的費用と市場の失敗

まず，自動車移動サービスに対する需要曲線は，一般に D のような右下がりの需要曲線となると考えられる。すなわち，右下がりの需要曲線は，自動車移動にかかる費用が増加すると自動車を利用する人が減るということを意味しているからである。一方，消費者が自ら自動車を運転しどのくらい自動車移動サービスを生産するかを表す供給曲線 S は，X 軸に平行な曲線を仮定する。自動車移動サービスの生産に投入される要素は，燃料，運転という労働などであるから，この生産要素の費用は自動車移動サービスの生産量（いわゆる移動距離）に対して比例的に増加する。そのため X 軸に平行な供給曲線となる[*4]。そして自動車移動サービスは需要曲線と供給曲線が交わる Q_0 の水準で生産・消費される。

しかし自動車は走行に伴い，排気ガスや騒音などを発生させる。そして，その影響は多くの場合，沿道の住民が被害という形で負担している。つまり自動車移動サービスの生産に伴い，外部費用が発生していると考えることができる。そこで，この外部費用を考慮した場合について見てみよう。図 2.1 の

[*4] 一般に自動車移動サービスの生産に伴って発生する費用は，生産量に応じて比例的に発生すると考える。そして自動車移動サービスの供給量は，自動車移動サービスの移動距離あたりの費用（いわゆる平均費用）によって決まる。そのため図 2.1 では供給曲線を AC（Average Cost）と表記する。

SMC は，自動車移動サービスの生産に伴い発生する自動車の外部費用を考慮した，自動車移動サービスの生産における社会的限界費用（Social Marginal Cost：SMC）を示している[*5]。そして大気汚染などの自動車による外部費用は，自動車移動サービスの生産の増加に伴い増加していくと仮定しよう。すると自動車の外部費用を考慮した新しい供給曲線は社会的限界費用によって決まり，SMC と表すことができる。そして需要曲線と供給曲線の新たな交点は点 E^* となり，Q^* が外部費用を考慮した，社会的に最適な自動車移動サービスの生産・消費量となる。

そこで自動車移動サービスの生産に伴い発生する外部費用を，利用者が負担する（または考慮する）場合としない場合を比較してみよう。すると利用者が外部費用を適正に負担しない（考慮しない）場合の自動車移動サービスの供給量は，外部費用を含めたすべての費用を負担した場合の自動車移動サービスの供給量と比べて過大になることがわかる。これが，現在も都市交通問題として指摘される交通渋滞の要因の１つとされ，混雑税などを通じた利用者への新たな費用負担の枠組みの議論へとつながっている[*6]。

2.2　海運の外部費用

では前節で説明した外部費用について，以下では本題の海運を対象に検討を進めることにする。

(1) 海運の外部費用

海上輸送を担う海運の場合，船社は貨物の移動需要に応じて船舶を運航してこれに応じる。そして船舶を運航するために発生する（直接的な）費用は，船社はもちろん，運賃などを通じて荷主が負担している。では具体的に船舶が航

[*5] 社会的費用とは，消費者が市場取引を通じて負担している費用に，他の経済主体が被る被害，この場合は沿道の住民などが負担する費用（外部費用）を加えたものである。そして自動車の走行単位（たとえば台 km）あたりで発生する社会的費用のことを社会的限界費用と呼ぶ。

[*6] 混雑税を巡る議論は，山内・竹内（2002）[32] などを参照。

行することで発生する費用についてみてみよう。表 2.1 は船舶の運航に係り発生する代表的な費用項目である。一般に船舶に係る費用としては船舶を運航するために必要となる燃料費をはじめ，船舶の維持管理費，船舶が損傷した場合に発生する修繕費用，そして船舶の減価償却費用などが挙げられる。これらの費用は，多くの場合，船舶を運航・管理する船社や，運賃を通じて荷主が負担している。このように船舶の運航に係る費用のうち，船社や荷主によって費用負担されている費用を，経済学では内部費用と呼ぶ。一方，船舶の運航に係る費用のうち，船社や荷主によって負担されていない「費用」，すなわち外部費用も発生している。たとえば，船舶が航行・停泊している際に発生する大気汚染や騒音，排水による海洋汚染，事故による影響などである。これらの費用は，一部を保険料などを通じて船社や荷主が費用負担しているものの，多くの部分は運送サービスの供給者でも需要者でもない，第三者が被害という形で負担を強いられている。また港湾などのインフラ整備の費用も，内部費用と外部費用の両方の側面を持っている。港湾などのインフラの整備費用の一部は，港湾使用料などを通じて船社などが負担している。しかし地域の産業振興や港湾の活性化などの理由から，国や地方自治体なども同費用の一部を自らの財源を用いて負担している場合が多い。

表 2.1　海運に関する総コストの概要

総コスト	外部費用	環境被害	動植物
			騒音
			大気汚染
			水質汚染
		事故	
		土地の利用	
	外部費用／内部費用	インフラ費用	
	内部費用	燃料	
		人件費	
		メンテナンス	
		修理	
		保険，税	
		船舶の減価償却	

（出典：Greene et al. (1997)[10]をもとに筆者が一部改変）

(2) 政策的活用

2.1 節で説明したように外部費用の発生は，社会的に望ましい資源配分を歪めるという市場の失敗を引き起こしてしまう。海運の場合も大気汚染をはじめ外部費用が発生している。そこで，この市場の失敗を是正するために，市場機能を補完するような仕組みや規制強化などの政策が必要となる。ここでは具体的な対策として，海運の大気汚染を例に挙げて説明する。

海運から排出される大気汚染物質は，港湾周辺への影響はもちろん，二酸化炭素などの温室効果ガスは地球環境に影響を与えている。しかし，これらの海運による大気汚染の被害に対し，船社や荷主が被害者に賠償を行ったり，環境保全に対する費用をすべて負担するといったことはしていない。つまり海運による大気汚染は外部費用にあたる。

そこで，この海運による大気汚染の外部費用による市場の失敗を是正するために，国際海事機関（International Maritime Organization：IMO）が具体的な大気汚染防止へのルール作りを行っている。そして具体的な規制はMARPOL条約のもとで行われている。このMARPOL条約とは「1973年の船舶による汚染の防止のための国際条約に関する1978年の議定書」という正式名称を持ち，船舶の航行や事故による海洋汚染を防止することを目的に定められた国際条約である。さらに，この条約には海洋汚染の種類ごとに複数の附属書が定められ，油による汚染や船舶からの廃物による汚染などに対する国際的な規制が定められている。そして大気汚染による汚染については，MARPOL条約附属書VIのなかで規制が定められている。たとえば船舶から排出される主要な大気汚染物質である窒素酸化物（NOx）や硫黄酸化物（SOx）は，2005年7月に開催されたIMOの第53回海洋環境保護委員会において，欧州諸国が共同でその排出規制の強化を提案したことを契機に，規制強化に向けた審議が行われた。この委員会では，船舶からのNOxやSOxなどによる大気汚染の防止に向けて，具体的に大気汚染の現状や技術進歩の可能性，規制の効果，規制遵守に係る費用などが検討され，規制強化が行われている*7。

*7 国際海事機関（IMO）の海洋環境保護委員会における審議の動向は，国土交通省HPの報道発表資料などで確認することができる。

2.3　海運の外部費用を巡る議論

2.3.1　交通モード全体の外部費用に関する議論

交通部門の外部費用を把握しようとする試みは，1980年以降，欧米で活発に行われている。その1つの契機となったのが，1981年にレーガン政権が出した大統領令12291号とされる。同令により，米国では，年間100万ドル以上の経済的影響を伴う政策を新たに導入する場合，必ず「影響分析（Impact Study)」を行うことが義務付けられることになり，環境政策などの便益を評価するためのさまざまな評価手法が開発されることとなった。

交通部門の外部費用についても，大統領令以降，さらに多くの研究者によって評価手法が開発，検討されるようになった。その主な利用目的としては，交通プロジェクトや政策の評価，各種税制を通じた利用者への適正な費用負担のあり方の検討，交通全般の外部費用の削減のための施策評価および実施すべき政策の優先順位の設定などが挙げられる。

表2.2は，海運を含む交通モードの外部費用を分析した代表的な研究をまとめたものである。たとえばTRENEN II STRAN（1999）[28]は，交通セクターにおける各種プライシングの改善のための戦略モデルを開発するために，交通セクターにおける外部費用を推定することで，政策を評価する上での指標を提示しようとしたものである。分析の対象地域は，アムステルダム，アテネ，ボローニャ，ブリュッセル，ダブリン，ロンドンの各都市と，ベルギー，アイルランド，イタリアなどの国々である。費用項目としては，事故，大気汚染，騒音，気候変動，混雑，道路の磨耗を取り上げ，乗用車，バス，路面電車，トラック，都市鉄道，Non Motorized Transport（自転車など），内航海運のモード別に，ピーク時，オフピーク時別の外部費用を推定している。

UNITE (2003)[30] は，ヨーロッパ委員会 (European Commission) において，旅客，貨物モードに対する最適なプライシングや課税政策について検討することを目的としたUNITEプロジェクトの報告書としてまとめられたものである。この研究は近年のヨーロッパ規模の代表的な研究の1つとされ，自動車，鉄道，飛行機，船舶の旅客・貨物輸送別の内部費用および外部費用を推定して

表 2.2　交通モードにおける外部費用に関する代表的な研究

研究	対象地域	年	モード	費用項目
TRENEN II STRAN (1999)[28]	ベルギー，アイルランド，イタリアおよび複数の都市	2005	自動車，鉄道，海運	事故，大気汚染，騒音，気候変動，混雑，道路の磨耗
UNITE (2003)[30]	EU 15カ国，ハンガリー，エストニア，スイス	1998	自動車，鉄道，都市公共交通，航空，海運	事故，大気汚染，気候変動，騒音,混雑,nature&landscape,土壌や水質汚染，原発リスク
INFRAS/IWW (2004)[12]	EU 15カ国，ノルウェー，スイス	2000	自動車，鉄道，航空，海運	事故，騒音，大気汚染，気候変動，混雑，nature & landscape, urban effects, up-/down stream processes
Schade et al. (2006)[24]	EU 25カ国，アメリカ，スイス	2005	自動車，鉄道，航空，海運	混雑，オペレーションコスト
CE Delft (2007)[3]	EU 25カ国など	2000	自動車，鉄道，航空，海運	事故，大気汚染，騒音，気候変動，自然・景観，土壌・水質汚染，up-/down stream processes, scarcityなど

いる。外部費用の項目としては，事故，大気汚染，騒音，気候変動，混雑，景観，原子力発電におけるリスクなどを対象としており，EU 15 カ国とエストニア，ハンガリー，スイスの 18 カ国を対象に，総費用の対 GDP 比や限界費用などを推定している。加えて将来（2005 年）の外部費用についても推定している。

INFRAS/IWW（2004）[12] は，国際鉄道連合（UIC）の委託を受けて，スイスの INFRAS（環境経済・政策コンサルタント）とドイツのカールスルーエ大学経済政策調査研究所（IWW）が行った共同研究の成果としてまとめられたものである。この研究はまず 1995 年にまとめられ，その後，費用項目の追加や推定方法の改良などが行われ，1999 年，2004 年に改訂版が発表されている。そして 2007 年には，交通セクターの外部費用の推定方法を CE Delft（2007）[3] がハンドブックとしてまとめている。この研究は EU 15 カ国にスイスとノルウェーを加えた 17 カ国を対象に，乗用車，バイク，バス，トラックの道路交通，鉄道，航空，海運の外部費用を推定している。費用項目としては，事故，大気汚染，騒音，気候変動，自然・景観・道路破壊，都市エリアの分断などのコストなどが挙げられている。

しかし，これらの研究は交通モード全体の政策議論を目的にまとめられているため，自動車や鉄道の分析が中心となっている。その背景には，海運は国をまたがり移動する場合が多いため，各国の交通セクターの政策議論の範囲に限界がある点や，実際に分析された大気汚染や事故の外部費用の規模が自動車などと比べて非常に小さい点などが挙げられる。たとえばCE Delft（2007）[3]は，海運の事故の外部費用は非常に小さく，主要な問題ではないと指摘している。

そのなかで船舶の外部費用をめぐる研究は，具体的にIMOによる新たな規制の導入，もしくは規制強化に向けた議論に呼応して行われている。たとえば1990年代に行われた原油タンカーの船体のダブルハル化を義務付ける規制強化における議論では，Vanem et al.（2008）[31]やBrown and Savage（1996）[2]などが，その規制の費用効果分析のなかで，タンカー事故の被害コストの分析を試みている。また近年の船舶からの温室効果ガスの排出削減のための規制強化の議論では，IMO（2009）[11]や海洋政策研究財団（2010）[14]などが，船舶からの温室効果ガスの排出量の算定方法の検討および推定を行っている。

2.3.2　海運の外部費用項目別の議論

では具体的に海運の外部費用について，費用項目別にその推定方法の概要を説明することにしよう。なおここでは，具体的に議論が進んでいる，もしくは推定が比較的容易である海運による気候変動，大気汚染，事故の外部費用について取り上げることにする。

（1）気候変動

まずは船舶による大気汚染のなかで，地球温暖化に影響を与えるとされる温室効果ガスによる気候変動の外部費用について説明する。

船舶からの温室効果ガスについては，国際気候変動枠組条約（UNFCCC）のなかで，とくに外航海運から排出されるものについて，その排出量の削減が議論された。そして排出抑制策はIMOのもとで，具体的な議論がなされている。その規制導入の検討のなかで，IMOは船舶からの温室効果ガスの排出量の総量の算定方法を検討している[11)]。また我が国でもIMOなどの議論をもとに，海洋政策研究財団などが，船舶からの世界全体の温室効果ガス排出総量を算定する方法について検討を行っている[14)]。

そこで，これらの先行研究や，これまでの交通モード全体の気候変動の外部費用の議論をもとに，船舶からの気候変動の外部費用の推定方法を整理することにしよう。すると次の3つのステップを通じて算定することができる。まず①船舶から排出される温室効果ガスの種類の特定，②船舶からの温室効果ガスの排出量の推定，そして最後に③船舶からの温室効果ガスによる気候変動への影響評価である。以下では，この3つのステップに則して，船舶による気候変動の外部費用の算定方法と関連する議論について簡単に説明する。

表2.3 船舶から排出される主な大気汚染物質の概要

汚染物質	メカニズム	地球温暖化	健康被害	穀物被害	森林被害	エコシステム	漁業被害	建物被害
CO_2	直接影響			○	○			
	温室効果ガス	○						
CH_4	直接影響							
	温室効果ガス	○						
N_2O	直接影響							
	温室効果ガス	○						
CO	直接影響		○					
	温室効果ガス	○						
PM	直接影響		○					○
SO_2	直接影響		○	○	○			○
	エアゾール	○	○					
	Acidity				○	○	○	○
NOx	直接影響		○					
	エアゾール	○	○					
	Acidity				○	○	○	○
	オゾン	○	○	○	○			○
NMVOC	直接影響		○					
	オゾン	○	○	○	○			○

（出典：Friedrich and Bickel (2001)[9)] および Eyre et al. (1997)[8)] をもとに筆者が一部改変）

① 船舶から排出される温室効果ガスの種類の特定

船舶には主機エンジンおよび補機エンジンが搭載されている。そして船舶の航行時や停泊時，燃料を燃焼することで多くの大気汚染物質が大気中に放出される。表 2.3 は船舶から排出される主要な大気汚染物質を示している。この大気汚染物質は，地球温暖化などの原因とされる温室効果ガスと，その他の大気汚染物質に分けることができる。そしてIMO や海洋政策研究財団の先行研究では，温室効果ガスとして CO_2 をはじめ，CH_4，N_2O を対象に分析を試みている。

② 船舶からの温室効果ガスの排出量の算定

船舶からの温室効果ガスの排出量の算定は，一般に船種，船型，使用燃料，航行条件など，さまざまな要因を考慮した上で行われる。ここでは海洋政策研究財団（2010）[14] が規定した温室効果ガスなどの排出量の算定方法をもとに，その概要を説明することにしよう。

船舶の温室効果ガスの排出量の算定の基本式は，次のようなものである。

$$Q_{GHG} = \sum_{i} \sum_{j} K_{GHG} \times N_{i,j}(F_{me,i,j} + F_{ae,i,j} + F_{B,i,j}) \tag{2.1}$$

Q_{GHG}：船舶からの温室効果ガスの排出量
K_{GHG}：燃料消費量あたりの温室効果ガスの排出係数
$N_{i,j}$：船種 i，船型 j の船舶数
$F_{me,i,j}$：船種 i，船型 j の主機エンジンの年間燃料消費量
$F_{ae,i,j}$：船種 i，船型 j の補機エンジンの年間燃料消費量
$F_{B,i,j}$：船種 i，船型 j の補助ボイラーの年間燃料消費量
i：船種
j：船型

まず船種・船型別に，その船舶の主機エンジン，補機エンジンおよび補助ボイラーの燃料消費量を算定する。次に算定した燃料消費量に船種・船型別の温室効果ガスの排出係数を乗じることで，各船舶からの温室効果ガスの排出量を算定する。そして最後に分析対象とするすべての船舶からの温室効果ガスの排出量を総和することで，船舶からの温室効

果ガスの排出総量を導出する。この計算のなかで重要なのは，主機エンジンと補機エンジンは船種，船型によって出力も異なるため，船種別，船型別に燃料消費量を計算する必要がある点である。たとえば主機エンジンの燃料消費量は，エンジンの出力や負荷率，平均エンジン年齢における燃料消費率，さらに主機エンジンは船舶の航行時に稼働するため，船舶の平均的な航行日数なども考慮した上で算定される。また補機エンジンの燃料消費量についても，エンジンの出力や負荷率，平均エンジン年齢における燃料消費率，また補機エンジンの場合は，主に主機エンジンが稼働しない，たとえば港湾内での停泊時などに稼働することから，平均的な補機エンジンの稼働日数などを考慮して算定する。さらに船舶の補助ボイラーからも温室効果ガスは排出されるため，船種別，船型別に年間燃料消費量をあらかじめデータなどから設定した上で計算する必要がある。

③ 船舶からの温室効果ガスの影響評価

船舶からの温室効果ガスの影響を評価する場合，大きく分けて2つの方法がある。1つは温室効果ガスの排出量をもとに評価する方法，もう1つは温室効果ガスによる気候変動への影響を貨幣換算して評価する方法である。

まず船舶からの温室効果ガスの排出量をもとに評価する方法は，船舶から温室効果ガスがどの程度発生するかを，排出量を基準に評価する方法である。この方法は，船舶から排出された温室効果ガスが実際に地球環境にどの程度影響を与えるかについては評価対象としない。そのため，まだ多くの議論がある温室効果ガスの気候変動への影響をどう評価するかという論点を交えずに分析できる点で有効である。一方，温室効果ガスによる気候変動への影響を評価する方法は，船舶からの温室効果ガスの排出量に温室効果ガスによる気候変動に関する単位コストを乗じることで，その影響を貨幣評価する。この評価方法は，具体的に金銭的に影響を指標化できる点で有効である。とくに貨幣価値をもとにその影響を議論できるため，政策効果を議論する場合に有効である。一方で問題点としては，温室効果ガスの気候変動に関する単位コストの設定方法がある。たとえば，その単位コストを温室効果ガスの排出権取引市場の価格をもとに設定するか，気候変動による影響を推定し設定するか，また地球温暖化への対策費用をもとに設定するかなど，設定方法には多くの議論がある。しかし，単位コストの設定によって外部費用の総額に大きな違いが出ることから，この単位コストの設定は十分検討する必要がある。

(2) 大気汚染

船舶からの大気汚染による外部費用の推定方法については，前述の気候変動の外部費用の推定方法と多くの部分は共通し，3つのステップを通じて行われる。ここでは相違部分を中心に説明する。

① 船舶から排出される大気汚染物質の特定

船舶から排出される大気汚染物質も，海洋政策研究財団（2010）[14] などで，その排出量などの算定が試みられている。そのなかで具体的に分析対象とされた物質をまとめた表2.3はすでに示した。これらの大気汚染物質は人体への影響をはじめ，自然破壊などの影響をもたらすとされる。

② 船舶からの大気汚染物質の排出量の算定

船舶からの大気汚染物質の排出量の算定方法も，温室効果ガスと同様に，船種・船型別に燃料消費量を算定し，その燃料消費量に船種・船型別の大気汚染物質別の排出係数を乗じ，対象船舶で総和することで，船舶からの大気汚染物質の排出量を算定することができる。

③ 船舶からの大気汚染の影響評価

船舶からの大気汚染の影響を評価する方法も，気候変動の外部費用と同様に，大気汚染物質の排出量をもとに評価する方法と，大気汚染物質の環境への影響を貨幣換算して評価する方法がある。まず1つ目の大気汚染物質の排出量をもとに評価する方法は，温室効果ガスと同様の議論のもとで行うことができる。一方，もう1つの大気汚染物質の影響を貨幣換算して評価する方法については，温室効果ガスの場合より複雑な問題点を内包している。ここでは，船舶から排出される浮遊粒子状物質の影響を貨幣評価するケースを例にあげて，その評価方法の概要と問題点について整理することにしよう。

船舶からの浮遊粒子状物質による影響を貨幣評価する方法は次のような手順で行われる。

1. 船舶からの浮遊粒子状物質の排出量の算定
2. 船舶の物質排出エリアにおける浮遊粒子状物質の大気中の拡散状況の推定
3. 船舶からの浮遊粒子状物質の大気中濃度への影響の推定
4. 船舶による浮遊粒子状物質の大気中濃度の上昇による地域住民への健康被害の推定
5. 船舶からの浮遊粒子状物質による地域住民の健康被害の貨幣評価

この分析過程において問題となるのが，まず船舶からの浮遊粒子状物質がどの程度，沿岸地域の大気中濃度に影響を与えるかを予測することである。浮遊粒子状物質の大気中の拡散は，海上の風向きをはじめ，地形，気象条件，そして浮遊粒子状物質の一部は海水に着水し，大気中に浮遊しない可能性なども考慮する必要がある。そのため，このような状況をシミュレーションし，船舶による浮遊粒子状物質の大気中濃度の変化を予想することは多くの困難を有している[*8]。また次のステップでも，その船舶による大気中濃度の上昇が地域住民の健康被害をどの程度もたらすのか，またその健康被害をどのように貨幣評価するのかという点についても，疫学分野など多くの関連した研究蓄積をベースに評価方法を特定化する必要があるため，その影響評価を行う指標の設定などは慎重に行う必要がある。

[*8] 船舶から排出される大気汚染物質の動きなどに関する研究としては，海洋政策研究財団(2011)[15] などが挙げられる。

(3) 事故

船舶による事故の被害としては，事故による人的被害と船舶の損傷および海洋汚染などがある。しかし前述のように外部費用とは，船舶の運航によって発生する総費用のうち，船社もしくは荷主が負担していない費用である。そして事故の被害の場合，その被害コストの大部分は，保険によってカバーされており，船社や荷主も保険料という形で，万が一の事故の費用をつねに負担していると考えることができる。ただ事故の被害のうち，死亡事故などの場合，たとえばその人命が失われることの悲しみなどの被害は必ずしも保険に含まれているわけではない。またタンカーなどの事故による海洋汚染の場合，すべての被害を保険でカバーすることは難しい。

そこで，一部の費用は保険などで内部化されていることを考慮した上で，船舶事故による死亡・重軽傷被害と，タンカー事故などによる大規模な海洋汚染被害に関する費用の推定方法の概要について説明することにしよう。

まず船舶事故による死亡・負傷者の発生被害に関する外部費用は，船舶事故による死亡・負傷者数にその被害別の単位コストを乗じることで算定することができる。たとえば，船舶事故による死亡・負傷者数に関するデータは，海上保安庁のデータから得ることができる。そして事故の被害別の単位コストについては，船舶事故に関する指標はないものの，内閣府（2007）[22] が策定した自動車事故の被害別単位コストを利用することができる。この単位コストは，交通事故の被害別に，事故リスクに対する人々の支払意志額（Willing to pay）をもとに算定したコストや事業主体の損失，公的機関の損失をもとに単位コストを設定している。そして船舶事故による年間の死傷者数に，その被害別の単位コストを乗じ，その費用を総和することで，船舶事故の死傷者被害に関する外部費用を算定することができる。

次にタンカーなどの船舶事故による油流出被害の費用について見てみよう。船舶事故による油の流出被害に関する議論は，海洋汚染防止の観点から，1992年発効の改正 MARPOL 条約のなかで，1996 年以降に建造するタンカーは船体ダブルハル化を義務付けるという規制の導入を巡り行われた。たとえば Brown and Savage（1996）[2] では，船舶事故による油流出のコストを過去の事故の被害状況を分析した上で推定している。具体的に考慮した費用としては，船舶被害，沿岸住民の財産や生活権が侵されたことによる法的賠償，油除去費用，環境破壊費用を対象としている。

(4)　その他

船舶の外部費用として上記のほかに，たとえばバラスト水の排出に伴う海洋汚染の費用や，港湾施設などのキャパシティなどの問題から発生する沖待ちなどの混雑の費用，また船舶の騒音による船員などの健康被害などの費用なども分析対象として検討する必要がある。しかし，どの程度を外部費用として捉えるか，またその被害をどのように評価するかなど，多くの課題が残されている。

2.4　海運の外部費用の推定

ここでは先行研究をもとに，我が国の内航海運による外部費用を試推定する。そして海運の外部費用の推定における課題を整理することにしよう。なお今回の分析では，RORO 船およびコンテナ船を対象とし，外部費用項目としては，事故，大気汚染，気候変動を取り上げる。

2.4.1　基礎データの準備

まず内航海運の外部費用を推定するためには基礎データとして，RORO 船・コンテナ船の年間航行量と年間燃料消費量を導出する必要がある。RORO 船およびコンテナ船の年間航行量については，(2.2) 式のように算定する。RORO 船およびコンテナ船に関するデータは，日刊海事通信社「内航 RORO 船ガイド」や内航ジャーナル「2005 年版　海上定期便ガイド」などから得ることができる。そこで 2005 年に定期運航している RORO 船およびコンテナ船について航路別に，週あたりの運航回数と各航路の航行距離を乗じ，船種別，航路別の週あたりの航行 km を計算する。次にその航行 km に年間の週数を乗じることで船種別，航路別の年間航行量を算定する。そして最後に船種別に各航路の年間航行量を総和することで，RORO 船およびコンテナ船の年間航行量を算定する。

$$Q_{a,d} = \sum_{e}(DIS_{a,e} \cdot VOY_{a,d,e} \cdot w) \tag{2.2}$$

$Q_{a,d}$：船種 d の年間航行量（航行 km）
$DIS_{a,e}$：航路 e の航路延長（km）
$VOY_{a,d,e}$：船種別の航路 e における航海回数（回/週）
w：年間の週数
a：輸送モード（海運）
d：船種（$RORO$ = RORO 船，$CONT$ = コンテナ船）
e：航路

また RORO 船・コンテナ船の大気汚染と気候変動の外部費用の推定では，船種別の燃料消費量を用いる。そこで航行量から RORO 船とコンテナ船の年間燃料消費量を算定する[*9]。

2.4.2　各外部費用の推定方法

RORO 船・コンテナ船の事故，大気汚染，気候変動の外部費用の推定方法を費用項目別に説明する。

（1）事故

$$C_{acc,a} = \sum_{g}(P_{acc,g} \cdot POP_{acc,a,g}) \tag{2.3}$$

$C_{acc,a}$：輸送モード a の事故の外部費用（円）
$P_{acc,g}$：事故被害タイプ g の単位コスト（円）
$POP_{acc,a,g}$：輸送モード別の被害タイプ g の被害者数（人）
g：被害タイプ（1 = 死亡，2 = 重軽傷）

内航海運の事故の発生数は，海上保安庁の「平成 17 年における船舶海難及び人身事故の発生と救助の状況」のデータより得ることができる。しかし，こ

[*9] 具体的な算定方法は，鈴木（2009）[25] などを参照。

のデータでは，船種別の事故の発生数に関するデータは得ることができない。そこで，すべての内航船舶の事故リスクは同程度と仮定し，船舶の航行 km あたりの被害発生数を計算し，その指標に RORO 船・コンテナ船の年間航行量を乗じることで，RORO 船・コンテナ船の事故による被害発生数を算定する。また事故の単位コストは，前述の内閣府（2007）[22] の指標を引用する*10。

(2) 大気汚染

次に大気汚染の外部費用は，RORO 船・コンテナ船から排出される大気汚染物質の排出量に大気汚染物質別の単位コストを乗じることで算定する。また対象とする大気汚染物質は PM_{10} と NOx とする。RORO 船・コンテナ船からの排出量は，港湾内における RORO 船およびコンテナ船を対象とし，EC (2002) [6] の船種別，大気汚染物質別の排出係数に各船種の港湾内における年間燃料消費量を乗じることで計算する*11。大気汚染物質別の単位コストについては，日本における適当な先行研究がないため，CE Delft（2007）[3] をもとに設定する*12。

$$C_{air,a} = \sum_{h} P_{air,h} \cdot EMI_{air,a,h} \tag{2.4}$$

$C_{air,a}$：輸送モード a の大気汚染の外部費用（円）
$P_{air,h}$：大気汚染物質 h の単位コスト（円/t）
$EMI_{air,a,h}$：輸送モード別の大気汚染物質 h の年間排出量（t）
a：輸送モード別
h：大気汚染物質（NOx，PM_{10}）

---

*10 事故の単位コストは，内閣府（2007）[22] より，1 人あたりの費用を死亡 229,032 千円，重軽傷 1,063 千円とする。

*11 RORO 船およびコンテナ船の港湾内での年間燃料消費量は，環境省（2003）[16] をもとに設定する。環境省（2003）[16] では内航海運（フェリー以外）の年間燃料消費量のうち 10.6 %が港湾内で消費されるとしている。

*12 大気汚染別の単位コストは，国別の人口密度などを考慮し CE Delft（2007）[3] のベルギーにおける大気汚染物質別の単位コストをもとに，PM_{10} の単位コストを 5.78 円/g，NOx の単位コストを 0.47 円/g と設定する。

(3) 気候変動

気候変動の外部費用は，大気汚染の外部費用と同様の方法で推定する。RORO船・コンテナ船から排出されるCO_2の排出量を導出し，CO_2の単位コストを乗じることで推定する*13。

RORO船・コンテナ船からのCO_2の排出量は，EC（2002）[6]の船種別の排出係数に各船種の年間燃料消費量を乗じることで計算する*14。

$$C_{war,a} = \sum_{h} P_{war} \cdot EMI_{a,h=CO_2} \tag{2.5}$$

$C_{war,a}$：輸送モードaの気候変動の外部費用（円）
P_{war}：気候変動の単位コスト（円/t）
$EMI_{a,h=CO_2}$：輸送モード別のCO_2の年間排出量（t）
a：輸送モード別
h：大気汚染物質（CO_2）

2.4.3　海運の外部費用の推定結果

2005年の日本のデータを用いて，我が国の内航海運であるRORO船およびコンテナ船の外部費用を推定した。その結果が表2.4である。内航海運の外部費用は，事故でおよそ5億円，大気汚染で29億円，気候変動で269億円となった。またトンkmあたりの外部費用では，事故で0.03円，大気汚染で0.16円，気候変動で1.5円となった。そこで内航海運の代替輸送モードである普通貨物車の外部費用と比較すると，トンkmあたりの外部費用は内航海運のほうが，すべての費用項目で小さくなっていることがわかる。これは内航海運が環境負荷の小さい安全な輸送モードであるという，一般的な見解を裏付ける結果である。

しかし今回の内航海運の試推定で明らかとなった問題点としては，前述の費用項目別の推定方法の説明でも指摘したように，実際に大気汚染や気候変動の被害を貨幣評価するにあたり，我が国における十分な研究蓄積がないために，

---

*13 気候変動の単位コストは，Mizutani et al.（2011）[20]より1万4000円/t-CO_2とする。
*14 なお気候変動は地球規模での影響をもたらすため，大気汚染の場合と異なり，分析対象とするエリアを港湾内に限定することなく，各船舶の航行全体を対象に分析した。

表 2.4　内航海運の外部費用の推定結果(2005年)

		外部費用総額	事故	大気汚染	気候変動
内航海運	総額(億円)	302	5	29	269
	トンkmあたり(円/トンkm)	1.69	0.03	0.16	1.50
貨物自動車	トンkmあたり(円/トンkm)	5.32	0.96	1.10	3.25

(注) 普通貨物車のトンkmあたりの外部費用は,「自動車輸送統計年報」より普通貨物車の1台あたりの平均積載量を計算し, それに普通貨物車の年間交通量を乗じることで年間の輸送トンkmを計算して導出した。
内航海運のトンkmあたりの外部費用は, 内航海運の1隻あたりの平均積載量に関するデータが得られないため, RORO船・コンテナ船の年間航行量より内航海運のトンkmのデータを導出することができなかった。そのため「内航船舶輸送統計」のデータを用いて別途RORO船・コンテナ船の年間輸送トンkmを導出した。

かなり大胆な仮定を設ける必要があった。たとえば大気汚染物質の周辺地域への影響の特定化や, その大気汚染物質の単位コストの設定などである。そのため本推定については多くの課題が残されている。この点については, 今後関連する研究が進展するなかで, 推定方法の改良や検証が必要である。

2.5　まとめ（政策的適応の可能性）

海運の外部費用を定量的に把握し, その指標を規制などの政策議論に活用しようとする動きは国際海事機関（IMO）を中心に取り組まれている。しかし2.4節でも指摘したように, 海運の外部費用を貨幣評価するためには, 費用項目別, 被害種類別の単位コストの設定など, 多くの課題が残されている。そのため現段階では, たとえば大気汚染物質については, その排出量ベースの指標をもとに議論が進められる場合が多い[*15]。しかし規制や税制などを通じた海運に対する適正な費用負担のあり方を議論するためには, 可能な限りその外部費用を貨幣評価した上で, 議論することが望ましい。そのためには今後, さらなる関連分野の研究蓄積を進め, 信頼性の高い指標の設定や評価方法の特定化が必要となろう。

[*15] たとえば海洋政策研究財団（2010）[14] など。

【参考文献】

1) 赤倉康寛・鈴木武・松尾智征（2009）：我が国貨物の国際・国内海上輸送による CO_2 排出量の推定，「国土技術政策総合研究所資料」，第 497 号，pp.1–29.

2) Brown, R. S. and L. Savage (1996): "The economics of double-hulled tankers", *Maritime Policy and Management*, Vol.23, No.2, pp.165–175.

3) CE Delft (2007): *Handbook on estimation of external cost in the transport sector*, Delft.

4) Cohen, M. A. (1986): "The cost and benefit of oil spill prevention and enforcement", *Journal of environmental economics and management*, Vol.13, pp.167–188.

5) Endresen, O., E. Sorgard, J. K. Sundet, S. B. Dalsoren, I. S. A. Isaksen, T. F. Berglen and G. Gravir (2003): "Emission from international sea transportation and environmental impact", *Journal of Geophysical Research*, Vol.108, No.D17, 4560.

6) European Commission (2002): Quantification of emissions from ships associated with ship movements between ports in the European Community, European Commission, 2002, Brussels.

7) ExternE (2005): *Externalities of Energy Methodology 2005 Update*, European Communities.

8) Eyre, N., Ozdemiroglu, E., Pearce, D. and Steele, P. (1997): Fuel and location effects on the damage costs of transport emissions, *Journal of Transport Economics and Policy*, Vol.31, No.1, pp.5–24.

9) Friedrich, R. and Bickle, P. (2001): *Environmental External Costs of Transport*, Springer, 2001.

10) Greene, D. L., Jones, D. W., Delucchi, M. A. (1997): *The Full Costs and Benefits of Transportation: Contributions to Theory, Method, and Management*, Springer, 1997.

11) International Maritime Organization (2009): *the Second IMO GHG Study 2009*, International Maritime Organization, 2009, London.

12) INFRAS/IWW (2004): *External Cost of Transport Update Study*, UIC, Paris.

13) Isensee, J. and V. Bertram (2004): "Quantifying external costs of emissions due to ship operation", Proceedings of the Institution of Mechanical Engineers, Part M: *Journal of Engineering for the Maritime Environment*, Vol.218, No.1, pp.141–151.

14) 海洋政策研究財団（2010）：「平成 21 年度　船舶からの温室効果ガス及び大気汚染物質の世界的排出量算定調査報告書　船舶からの温室効果ガス削減方策に関する調査研究」，平成 22 年 7 月，海洋政策研究財団.

15) 海洋政策研究財団 (2011)：「排出規制海域設定による大気環境改善効果の算定事業報告書」，平成 23 年 3 月，海洋政策研究財団.

16) 環境省（2003）：「届出外排出量の推定方法に関する補助説明資料」，環境省総合環境政策局，2003 年，東京.
17）環境省（2004）:「自動車排出ガス原単位及び総量算定検討調査」，平成 16 年環境省委託業務結果報告書，株式会社数理計画，平成 17 年 3 月.
18）国土交通省（2008）:「費用便益分析マニュアル」，国土交通省，2008 年，東京.
19）国土交通省道路局（2003）:「時間価値原単位および走行経費原単位（平成 15 年価格）の算出方法」，平成 15 年 1 月.
20）Mizutani. F, Y. Suzuki, H. Sakai (2011): "Estimation of Social Costs of Transport in Japan", *Urban Studies*, Vol.48, No.16, pp.3537–3559.
21）マンキュー，N. グレゴリー（2005）:『マンキュー経済学〈1〉ミクロ編』，足立英之・小川英治・石川城太・地主敏樹（訳），2005 年 9 月，東洋経済新報社.
22）内閣府（2007）:「交通事故の被害・損失の経済的分析に関する調査研究報告書」，平成 19 年 3 月.
23）Sansom, T., C. Nash, P. Mackie, J. Shire, P. Watkiss (2001): *Surface Transport Cost and Charge Great Britain 1998. Final report for the Department of the Environment, Transport and the Regions*, Institute for Transport Studies, University of Leeds, Leeds, July 2001.
24）Schade, W., Doll, C., Maibach, M., Crespo, F. (2006): "COMPETE Final Report: Analysis of the contribution of transport policies to the competitiveness of the EU economy and comparison with the United States", *Funded by European Commission-DG TREN, Karlsruhe*, Germany.
25）鈴木武（2009）：コンテナ船および RORO 貨物船の燃料消費量と長距離内航 RORO 貨物船輸送における燃料価格上昇の影響，「国土技術政策総合研究所資料」，第 494 号，pp.1–15.
26）鈴木裕介（2009）：貨物輸送における大気汚染コストの推定—大都市における貨物車と船舶との複合一貫輸送の環境への影響—，「海洋政策研究」，第 7 号，pp.21–35.
27）武隈愼一（2000）:『ミクロ経済学』，2000 年 5 月，新生社.
28）TRENEN II STRAN (1999): *Final Report for Publication* (Proost, S. and K. V. Dender), ST96SC116.
29）常木淳（1997）:『公共経済学』，1997 年 12 月，新世社.
30）UNITE (2003): Unification of accounts and marginal costs for Transport Efficiency Final Report for Publication, UNITE, 2003, UK.
31）Vanem, E. and Ø. Endresen, R. Skjong (2008): "Cost-effectiveness criteria for marine oil spill preventive measures", *Safety in Maritime Transportation*, Vol.93, Issue 9, pp.1354–1368.
32）山内弘隆・竹内健蔵（2002）:『交通経済学』，2002 年 5 月，有斐閣.

付論：外航海運への適用事例

本章での方法論をベースに外航海運，とくに欧州航路に就航するコンテナ船と日本／中東航路に就航するタンカーに適用し，外部費用の計測を行った。分析は1航海（コンテナ船では1ラウンド，タンカーでは往復航海）をベースに，対象とした船舶，航路，サービスなどの概要は以下のとおりである。

1. 分析対象

(1) コンテナ船

コンテナ航路では，多様なサービスが提供されている。そこで，ここでは代表的な欧州航路のサービスを取り上げることにする。ウィークリーサービス，ラウンド日数が63日，寄港地が往航：神戸・名古屋・東京・清水・シンガポール・(スエズ運河)・ポートサイド・サザンプトン，復航：サザンプトン・ロッテルダム・ハンブルグ・ロッテルダム・レハーベ・ポートサイド・(スエズ運河)・シンガポール・神戸，ラウンド航路長2万3179マイル，投入隻数が9隻である。代表的なコンテナ船の要目は，総トン数7万6847トン，満載排水量11万715トン，載貨重量トン8万2275トン，航海速力23ノット，コンテナ積数6148 TEUである。1航海あたりのバンカー消費量は，C重油7630トン(航海中96％，停泊中4％)，ディーゼル油62トン，潤滑油94トンである。ラウンド航海の航行時間が1040時間，停泊時間が295時間である。

(2) タンカー

ペルシャ湾–日本航路に就航するVLCCである。この航路長は1万3723マイル，タンカーは満載排水量29万2402トン，載貨重量トン25万4460トン，航海速力13.8ノット，1航海あたりのバンカー消費量は，C重油2979トン(航海中93％，停泊中7％)，ディーゼル油2.9トン，潤滑油38トンである。1航海の航行時間が994時間，停泊時間が196時間である。

2. 外部費用の推定結果

コンテナ船およびタンカーが排出する汚染物質の排出量係数は表1および2に示したとおりである。この係数に1航海におけるバンカー消費量を乗じて各汚染物質の排出量を求める。

まず，大気汚染の対象物質の港湾における排出量を求めたのが表3である。この排出量に単位コストを乗じて計算すると，大気汚染による外部費用はコンテナ船が38.4千円，タンカーが24.54千円である。

同様に，気候変動の外部費用を計算すると，コンテナ船が39,120千円，タンカーが15,168千円である。石油漏れによる海洋汚染の外部費用は，貨物輸送量（トンキロ）に単位コストを乗じて計算すると，コンテナ船が61.83千円，タンカーが179.17千円となる。

表1　大気汚染物質の排出量係数（コンテナ船）（単位：kg/ton）

	NOx	PM	SO_2	CO_2
停泊中	62	6.7	54	3,179
航海中	89	—	54	3,179

資料：EC (2002)[6]

表2　大気汚染物質の排出量係数（タンカー）（単位：kg/ton）

	NOx	PM	SO_2	CO_2
停泊中	55	9.6	54	3,179
航海中	75	—	54	3,179

資料：EC (2002)[6]

表3　港湾での汚染物質の排出量（単位：ton）

	NOx	PM	SO_2
コンテナ船	23.25	2.51	20.25
タンカー	11.66	2.03	11.45

大気汚染，気候変動および海洋汚染の外部費用合計は，コンテナ船が39,220千円，タンカーが15,372千円となる。外航海運の外部費用は気候変動からくるものが大きく，内航海運との比較では，大気汚染による影響は少ない。

3. まとめ

欧州航路のコンテナ船と中東航路のタンカーが1航海によってどの程度の外部費用を発生させるかが明らかになった。この程度の外部費用がどのような社会的負担となるかを運賃との比較を通してみておくことにする。

欧州航路のコンテナ運賃は往航と復航で異なるし，時期によっても変動する。過去10年間では往航が1100～2100ドル/TEU，復航が600～1000ドル/TEU

の間を変動していた。往復航を平均すれば1200ドル/TEU程度であろう。消席率はDrewryによればTEUベースだと約70％であるが，積載貨物量ベースだと58％であった。これをベースに計算すると，1航海の運賃収入は427,900千円（為替レート100円/ドル）となる。この運賃収入に占める外部費用の割合は約9.2％である。

中東航路のULCCの市場運賃は，過去10年間で急騰した時期を除くとWS 60～140の範囲で推移してきた。そこで，運賃をWS 100すなわちフラットレート約12ドル/トン水準として運賃収入を計算すると305,352千円となり，タンカーの外部費用の運賃負担率は約5.0％である。

コンテナ船はバンカー消費量が多く，CO_2 排出量が多いだけタンカーよりも外部費用が大きく，運賃負担割合で約2倍近い値である。運賃負担でみた場合，外部費用のウエイトは高いといってよいであろう。

【参考文献】

1）赤倉康寛・鈴木武・松尾智征（2009）：我が国貨物の国際・国内海上輸送による CO_2 排出量の推定，「国土技術政策総合研究所資料」，第497号，pp.1–29.

2）海洋政策研究財団（2009）：「平成20年度　船舶からの温室効果ガス及び大気汚染物質の総排出量算定調査報告書」，海洋政策研究財団.

3）平岡克英・亀山道弘・木原洸・千田哲也・成瀬健・福元正明（2001）：「船舶輸送のLCI分析のための運航データ調査」，海上技術安全研究所.

4）CE Delft (2007): *Handbook on estimation of external cost in the transport sector*, Delft.

5）Cohen, M. A. (1986): "The cost and benefit of oil spill prevention and enforcement", *Journal of environmental economics and management*, Vol.13, pp.167–188.

6）European Commission (2002): *Quantification of emissions from ships associated with ship movements between ports in the European Community*.

7）A. Miola et. al. (2009): External costs of Transportation Case study: maritime transport, European Commission Joint Research Center.

8）Isensee, J. and V. Bertram (2004): "Quantifying external costs of emissions due to ship operation", *Proceedings of the Institution of Mechanical Engineers, Part M: Journal of Engineering for the Maritime Environment*, Vol.218, No.1, pp.141–151.

9）Lee, P. T. -W., K. -C. Hu & T. Chen (2010): "External costs of domestic container transportation: Short-sea shipping versus trucking in Taiwan", *Transportation Re-*

view, Vol.30, No.3, pp.315–335.

10) Mizutani, F., Y. Suzuki & H. Sakai (2009): “Estimation of Social Cost of Transportation”, *Kobe University Graduate School of Business Administration Discussion Paper* 2009-30.

11) Niklas Sieber & Universitat Stuttgart (2008): Environmental Costs of Maritime Shipping in Europe, FOVUS Networks for Mobility, 25–26.

12) UNITE (2003): *Unification of accounts and marginal costs for Transport Efficiency Final Report for Publication*, UNITE, 2003, UK.

第3章　コンテナ船の減速運航と社会的費用

減速運航が一般的に行われるようになったのは，1973 年に起こった第 1 次石油危機後の海運市場の不況期であった。当時，タンカー市場を中心に不定期船市場では，大量の過剰船腹の下で海運市況は低迷し，その上，石油価格の高騰によるバンカーコスト負担が船社に大きな負担であった。それまで「フルアンドダウン」で通常の航海速度で航行することが経済的だと考えられていたが，バンカー価格の異常なまでの高騰は，そのような考え方を改めざるをえなくさせた。そして，新たに出てきた考え方は，経済的な最適速度はバンカー価格と海上運賃との相対価格で決まるというものであった。したがって，運賃が変動すれば最適速度は変わるし，バンカー価格が変われば最適速度が変動する。

バンカーコストの削減対策がタンカーやバルクキャリアでは減速運航という形をとったが，コンテナ船の場合，フリートで高頻度のサービスを提供するという特徴から，減速運航よりも船舶の設計速度を変えるという対策がとられた。それまで高速化の道を歩んできたコンテナ船の航海速度は，逆に低速化に向かった。しかしながら，極端なまでの低速コンテナ船でコスト戦略を展開した US ラインは，サービス品質の低下から破産という大きな代償を払うことになった。

コンテナ船市場は 1990 年代以降の経済のグローバル化の進展によって国際貿易が拡大するに伴い高度成長を実現した数少ない成長分野であった。しかし，さらなる石油価格の高騰とリーマンショックによる貿易の停滞が，コンテナ船市場においても減速運航を一般化させることになった。とくに，1 万 TEU 以上を積む超大型コンテナ船のバンカーコスト負担は巨額に上り，その削減は船社にとって緊急の課題となった。

減速運航はコスト削減という狙いとともに見かけ上の必要船腹量を拡大し，市場の過剰船腹を吸収するという効果があることは，すでに 1970 年代のタンカー・バルク市場の経験からわかっていた。しかし，当時は環境に対する意識は低く，外部費用ないし環境コストといった視点から減速運航を分析することはなかった。

本章では，コンテナ船の減速運航の経済性を，内部費用のみならず外部費用というレベルで把握するとともに，荷主の視点を含めた社会的費用という観点から考察する。第1節で減速運航について紹介し，第2節でそのメリットとデメリットを整理し，第3節で減速運航への取り組み状況をみた後，第4節において大型コンテナ船の減速運航による経済効果について分析する。

3.1　減速運航とは

3.1.1　減速運航の背景

最近の石油価格およびバンカー（燃料）コストの上昇は，コンテナ船社にとって大きな負担になっている。船舶の燃料には重油が使用されているが，その価格はつねに石油市場の動向によって変動する。バンカー価格の上昇はコンテナ船社の運航費用に占めるバンカーコスト負担を高める。コンテナ船社はこれから多大な影響を受けており，荷主である顧客に燃料サーチャージを課徴することによってコスト増加の一部を回収してきた。それにもかかわらず，高す

出典：Notteboom, T. and Carriou, P. (2009)

図3.1　ロッテルダム港のIFO380価格推移

ぎる燃料価格は，コンテナ船社の収益に甚大な悪影響を与えているのである。

バンカー価格は，2001年から2006年までの間，130～350ドル/トンで推移してきたが，2008年に入ると700ドル/トン水準に達した（図3.1参照）。一方，リーマンショックを契機にコンテナ船に対する需要が急激に縮小し，2009年の世界コンテナ荷動き量はマイナス成長になった。このような厳しい外部環境のなかでコンテナ船社の収益も赤字に転落した。この赤字を補うためにバンカーコストをいかに削減するかという方法やテクニックは，海運会社にとって非常に重要な経営課題となった。

3.1.2　減速運航とは

船社が採りうるバンカーコスト削減には，主として次の3つの方法がある。

① より安い代替燃料を使用すること
② 新船型あるいはエンジンの開発
③ 減速運航

代替燃料と新設備の開発については，時間的制約という問題があることからすると，これら2方法によって早急にバンカーコストを削減することは困難である。これに対して減速運航は容易であり，大きな効果が期待できる。

減速運航とは，通常の運航速度を落とすことである。船舶の運航速度と燃料消費の間には，いわゆる「3乗の関係」がある。すなわち，燃料消費量は運航速度の3乗に比例するというものである。単純に，1割の減速率は約3割の燃料消費量の減少をもたらす。この関係が減速運航を燃料費削減対策として効果的にしているのである。これまでコンテナ船社はスピードを競い，最大速度である25ノットで運航するのが当然であったが，最近では18～20ノットにまでスピードを落として運航している。

3.2　減速運航のメリットとデメリット

3.2.1　燃料消費量の減少

図3.2に示したように「3乗の関係」から航海速度の増加とともに燃料消費量は激増する。たとえば8000 TEUの場合，航海速度を24ノットから26ノットまで上げると，1日あたり80トンの燃料消費が増える。燃料価格を450ドル/トンとすると，1日あたりバンカーコストは3万6000ドルアップすることになる。逆に24ノットから18ノットに減速すると，1日あたり燃料消費量は221トンから102トンに半減以上となり，1日あたり450万円程度のバンカーコスト削減となる。

また，6500 TEUのコンテナ船が24ノットで航海する場合，バンカー費用は運航費用の57 %，総費用の38 %を占めるが，20ノットに減速した場合，運航費用の45 %，総費用の29 %まで削減できる[11)]。

表3.1はLloydが推定した船型別・航海速度別の1日あたりバンカーコストである。同表から明らかなように，運航速度を落とすことによって燃料消費が大幅に減少することがわかる。Maerskが2007年に行った自社の100隻のコンテナ船に対する調査結果では，8000 TEUの場合で24ノットから20ノット

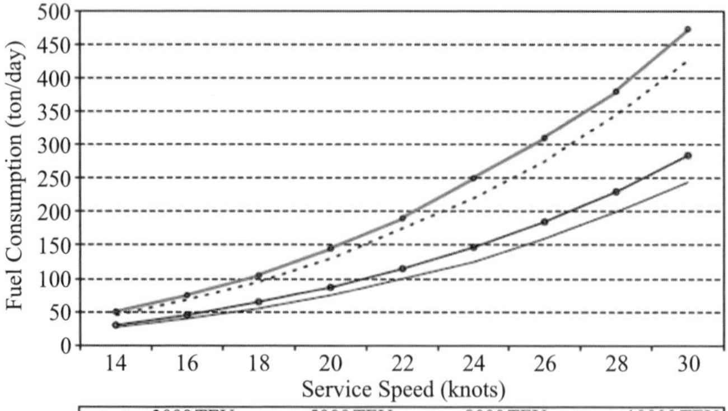

出典：AXS-Alphaliner, Theo E. Notteboom and Bert Vernimmen (2009) より作成

図3.2　コンテナ船の船型別・速度別1日あたり燃料消費量

まで速度を落とすと，14％の燃料削減ができ，さらに18ノットまで落とすと，43％の燃料を削減できることが報告されている。

表3.1　船型別・航海速度別の1日あたり燃料コスト（2006年半ば）（単位：ドル）

Speed (kt)	5,000TEU	8,000TEU	12,000TEU
14	12,200	16,000	20,700
16	16,800	21,600	27,500
18	23,100	29,000	36,500
20	31,800	39,400	48,700
22	43,700	52,200	64,400
24	59,300	69,400	83,600
26	82,800	96,100	114,700

出典：Germanischer Lloyd

3.2.2　CO_2 排出量の削減

減速運航のメリットには CO_2 排出量の削減がある。国際的に地球温暖化ガス排出規制の高い数値目標が課され，削減率が強化されていく環境下で，海運業もこれに積極的に取り組まなければならない状況にある。国際海運からの二酸化炭素（CO_2）排出量は，全世界の排出量の3％を占め，ドイツ一国の排出分に相当する。国際海運は気候変動枠組条約（UNFCCC）京都議定書の対象外であり，IMOにおいて抑制または削減を追求することとなっている。

2007年，全船舶の排出した CO_2 排出量は，約1000MTに達する。そのうち，国際航路に就航する船舶が約870MTの CO_2 を排出した[5)]。Maerskの調べによると，24ノットから18ノットまで速度を落とすと，1ループあたり30％の CO_2 排出量を削減できる。コンテナ船の減速運航による CO_2 排出量の実績と予測は，図3.3のとおりである。2010年の CO_2 排出量は，2008年比で11.2％の削減となった[2)]。

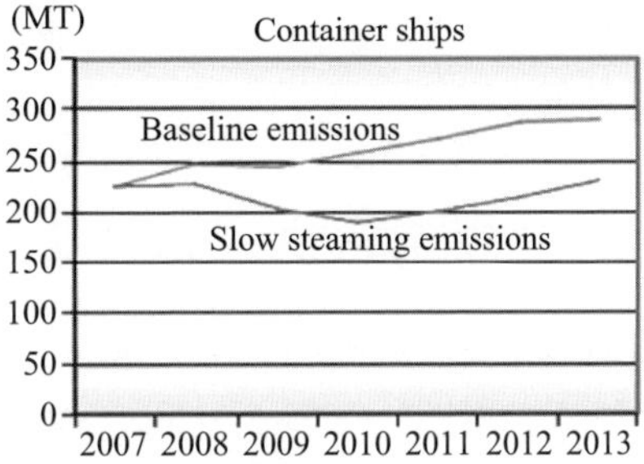

出典：Seas At Risk (2010)

図3.3　減速運航と CO_2 排出量

減速運航が盛んに実施されている現在，これが今後も続くかどうか不透明である。コンテナ市場の回復やバンカー価格の下落によって運航速度は速くなり，排出量を増やす可能性を排除することはできない。しかし，当面は供給過剰や高い石油価格が続きそうであり，減速運航による CO_2 排出量削減効果を期待できるであろう。

3.2.3 過剰船舶の吸収

石油危機後のタンカー市場は減速運航によって余剰船腹量が吸収され，市況に好影響を及ぼした。リーマンショック後のコンテナ船市場は，急激な貿易量の縮小とそれまでの大量発注から過剰船腹を抱えており，期せずしてこの問題に対する解決策となっている。

減速運航は，航海速度によってはウィークリーサービスを維持するために追加的な船舶を投入しなければならなくなる。現在のように大量の過剰船腹を抱えている各船社にとっては，この追加的船舶は待機船や係船の再稼動を意味しており，余剰船腹を吸収し，市場の需給条件を改善することになる。

2011年1月当時，アジア/欧州の93％の航路と東地中海の80％の航路でESS（Extra Slow Steaming）が実施されていた。BRS-Alphalinerによると，仮にアジア/欧州の全航路がESSを利用すれば，6万TEUの過剰船腹を吸収することができる。また，アジア/米国の東西航路においては50％と76％の航路でESSを利用しているが，すべての航路で実施されれば，14万TEUの余剰船舶を吸収することができる。世界全体では最大62.5万TEUにも達し，これは世界コンテナ船隊の4.4％になると報告している。

3.2.4 設備のダメージ増とメンテナンスコストの上昇

減速運航にもデメリットがある。航海速度を落とすと，エンジンに対するダメージが増加し，メンテナンスコストが上昇する。主機は80～100％の負荷で連続運転するものとして設計されており，低負荷は通常，短時間の場合，たとえば入港操船時などに限られている。減速運航はうまく管理しないと機械故障につながるリスクをつねに抱えている。そして，長期間にわたり主機の低負荷を決定した場合，いくつかの点を考慮しなければならない。

負荷軽減は主に炭化を増進し，低温度による腐食をもたらす。また，負荷軽減は燃焼系統に影響を及ぼし，燃料ノズルの不十分な燃料霧化を招いたりもする。さらに，減速運航は掃気圧力の減少やシリンダー圧力の最大化を招き，ターボチャージャーの効率にも影響が及び，エアーフローが減少し，残留物の増加と炭化問題を引き起こす。残留物発生の結果，長期間の減速運航の後に全負荷状態に主機を戻した際，重大な主機損傷を生ずることもある。

3.2.5　荷主のコスト上昇

減速運航は，定曜日ウィークリーサービスを維持するために投入船舶が増加するが，少なくともフリート全体の運航費用は低下する。また，間接的に市場全体の需給バランスを改善し，市況回復にもプラスの影響を持っている。しかしながら，船社とは異なり，荷主の立場からすると，減速運航の効果は異なっている。

荷主にとって減速運航の 1 つの問題は，リードタイムが長くなることである。BDP（2011）のアンケート調査によると，90 %の荷主は減速運航がサプライチェーンに影響したと答えている。さらに，図 3.4 に示したように在庫費用，キャッシュフロー，生産計画，顧客サービスなどへの影響が指摘されている。

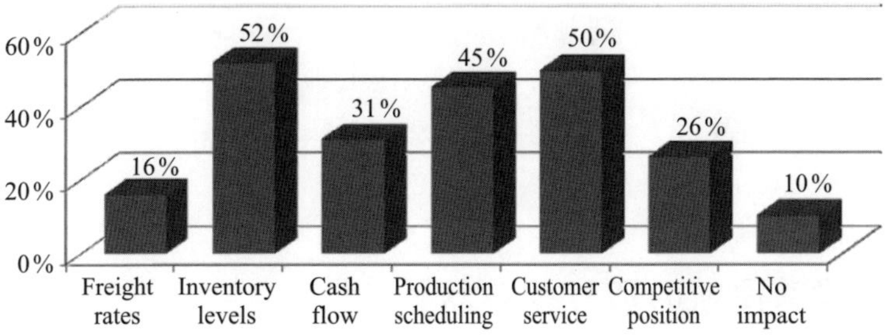

出典：BDP(2011)のアンケート調査

図 3.4　減速運航のサプライチェーンに及ぼす影響

製造スケジュールの変更，在庫費用の増加にもかかわらず，約 85 %の荷主は減速運航により輸送時間が長くなることに適応していると答えている。また，荷主が協調すると同時に船社からの理解も求めている。減速運航がもたらしたメリットの共有を望んでおり，70 %の荷主は運賃引き下げを期待している（図 3.5 参照）。

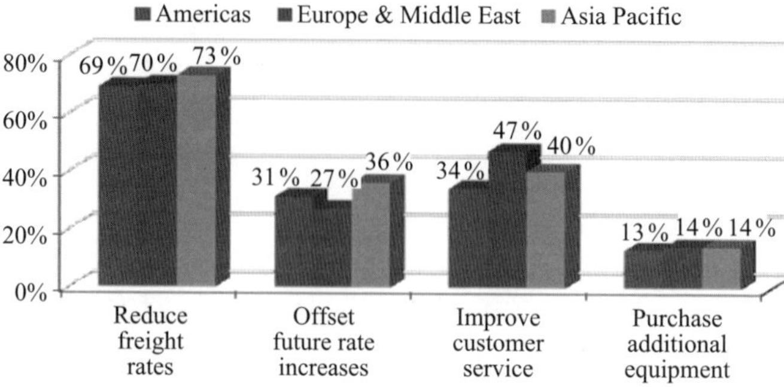

出典：BDP(2011)のアンケート調査

図3.5 減速運航による費用節減の利用用途

減速運航は荷主にとってはいくつかのマイナス要因を引き起こしている。しかし，減速運航はCO_2削減にも寄与するため，荷主も簡単に否定できない。経済危機直後には減速運航を推進するために荷主に対するバンカーサーチャージの減少，手当の支給などの優待措置も採られた。しかし，世界経済が回復し，消費需要が増加する環境の下では，マーケットは荷主に迅速な市場対応を求めているにもかかわらず，減速運航はサプライチェーンの延伸のためにそれを阻止する形となっている。さらに，運賃の回復は荷主にとってはコスト増であり，荷主から運賃・コストの引き下げ要求が強まっている。

減速運航と荷主コストとの問題は後でさらに検討する。

3.3 減速運航の取り組み状況

バンカーコストの上昇とともに船社はすでに減速運航を行っていた。しかし，2008年からの需要低迷と一段のバンカー価格の高騰によって，各コンテナ船社はさらに減速運航を強化せざるをえない状況に陥った。表3.2が示すように，とくにアジア/欧州航路では，ほとんどの船舶が減速運航を実施している。

2007年，バンカー価格が高騰したとき，Maerskは，環境負荷を軽減し燃費を節減する減速運航の実証実験を始めた。そして，MaerskとCMA-CGMは，すでにアジア/欧州航路において航海速度を落とし，船舶を追加投入してサー

表3.2　減速運航の実施状況

航路	1サービスあたり平均投入隻数 a			通常航行時の投入隻数 b	減速航行時の追加投入隻数 c	減速航行の実施割合 $(a-b)/c$		
	2009年	2010年	2011年			2009年	2010年	2011年
アジア/欧州	9.3	9.8	9.8	8	2	0.66	0.91	0.91
アジア/地中海	8.8	9.2	9.2	8	2	0.39	0.59	0.62
アジア/北米西岸	5.2	5.6	5.4	5	1	0.21	0.60	0.39
アジア/北米東岸	8.2	8.9	9.1	8	1	0.15	0.93	1
大西洋	4.3	4.5	4.4	4	1	0.27	0.50	0.44

出典：MDSより日本郵船調査グループ集計

ビス頻度を維持するオペレーションを行っており，他のオペレーターもこれに追随した。その後，燃料価格の高止まりという状況で減速運航が定着し，世界中のオペレーターが実践している。

日本船社のなかで最初に減速運航を開始したのは日本郵船である。所属するグランド・アライアンス（ハパックロイド，MISC，OOCL，日本郵船）では，アジア/欧州航路の5ループ（EU 1～5）のうち，まず日本に寄港しないEU 2～4で減速運航を開始した。バンカー価格の動向をにらみつつ徐々に対象航路を増やし，2008年6月には日本/北欧州を結ぶEU 1でも同様の措置を実施した。「スピード重視の時代から，コスト・経済性重視へとプライオリティーが変わり，かつ荷主からも環境に配慮したサービスへの需要が高まっている」と郵船関係者は説明する。

3.4　大型コンテナ船の減速運航による経済性

近年1万TEU超の大型コンテナ船が続々と登場し，コンテナ市場の大型化が顕著である。日本郵船の調査によると，2010年における各船型の増加率は，8000～9000 TEU型が14 %，中型が10 %，1万TEU以上が59 %，トータルで24万TEU増加した。1万TEU超の大型船はほとんどが欧州/アジア航路に就航しており，2010年8月での配船数は前年同期比18隻増で51隻を数えた。そのうち，Maerskが8隻，MSCが12隻を運航していた。大型船の規模の経済性とコンテナ市場の競争激化による低運賃とが大型化を加速化させている。2011 年，Maresk は 1 万 8000 TEU のコンテナ船 10 隻を発注したが，世界の手持ち工事量からすると，今後もかなりの量の大型船が投入される見込みである。

超大型船が市場に投入される一方で，金融危機の発生による世界貿易の落ち込みとバンカー代の高騰は，海運会社をして減速運航を強化する方向に進ませている。そして，大型船ほど減速運航による単位費用（TEU あたりのコスト）を下げる効果が大きく，1 万 TEU 超型船も減速運航が不可避である。減速運航による経済効果としてバンカーコストの節約が議論されるが，同時に大量の石油消費に伴う CO_2 排出量の削減や，輸送時間の伸長による金利負担の増大や，追加船舶の投入といったメリット・デメリットもある。そこで本節では，1 万 TEU 型のコンテナ船の減速運航による社会的費用レベルでの経済性について Notteboom and Vernimmen（2009）[11] と Joey van Elswijk（2011）[6] のモデルを用いて分析する。

3.4.1　分析対象

分析対象とする大型船は 1 万 TEU 以上のコンテナ船である。対象航路は最も大型船が投入されている欧州/アジア航路である。Maersk は数年前から大型船を建造し，それを欧州/アジア航路に運航させている会社であり，同社の Asia-Europe（AE2）-Westbound を分析対象とする。AE2 サービスは 2011 年後半に再編され，現在 1 万 2500 TEU 5 隻と 8500 TEU 6 隻の船隊でサービスを提供しているが，計算の簡単化のために投入船舶はすべて 1 万 2500 TEU 型とした。現在，運航している AE2 のスケジュール，投入船舶のデータおよび寄港地への到着，出港などの情報は，Maersk のホームページから利用した。

3.4.2　AE2 の Maersk Essex

Maersk の Asia-Europe（AE2）-Westbound は，韓国の釜山からイギリスのフェリクストウまで途中，香港，上海，スエズ運河，ロッテルダム，アントワープなどを経由するウィークリーサービスである。Maersk Essex は AE2 に運航する 11 隻のなかの一隻であって，諸元は以下のとおりである。それに基づいて運航スケジュールを調べた。

船名：	Maersk Essex
オペレーター：	マースクシーランド
タイプ：	フルコンテナ船
船籍：	マーシャル諸島
建造年：	2011 年
速度（Service Speed）：	24.6 ノット
積載重量トン（DWT）：	14 万 2500 トン
総トン数（GT）：	13 万 3000 トン
TEU：	1 万 3092
冷凍プラグ：	800

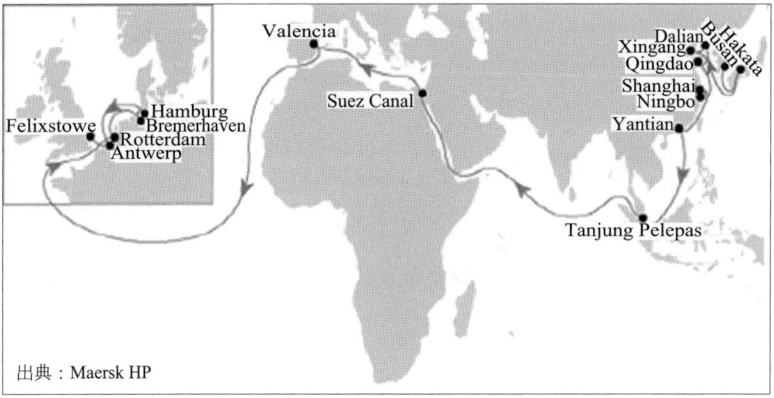

図 3.6　AE2—西航路

AE2 はラウンド日数が 78 日，航海距離 2 万 5390 海里である。Maersk ホームページの着港，出港の時間から船舶の在港時間を計算した。航海距離は Dataloy Distance Tables で調べた（表 3.3 参照）。

表3.3　AE2のMAERSK ESSEXの運航スケジュール

Port Name	Terminal Name	Arrival Date	Departure Date	Port Time (days)	Distance (nautical miles)
Busan	Busan new port terminal Co. ltd	2011/12/31 20:12	2012/1/2 1:33	1.22	116
Hakata	Island-City Container Terminal	2012/1/2 10:00	2012/1/2 16:50	0.28	622
Dalian	Dalian Port Container Terminal Co.	2012/1/4 16:36	2012/1/5 3:50	0.47	199
Xingang	Tianjin Port Alliance Terminal	2012/1/5 19:48	2012/1/6 19:48	1.00	425
Qingdao	Qingdao Qianwan Container Co. Ltd	2012/1/8 2:36	2012/1/8 23:20	0.86	467
Ningbo	Ningbo Terminal	2012/1/11 2:30	2012/1/11 20:00	0.73	163
Shanghai	Yangshan, SGH Shengdong Terminal	2012/1/12 14:36	2012/1/13 3:00	0.52	858
Yantian	Yantian intl. Container Terminal	2012/1/16 12:30	2012/1/17 16:25	1.16	1,498
Tanjung Pelepas	Pelabuhan Tanjung Pelepas Terminal	2012/1/20 13:42	2012/1/21 8:38	0.79	5,030
Suez Canal	Canal Zone Terminal	2012/1/31 1:00	2012/1/13 17:00	0.67	1,716
Valencia	Maritime Valenciana	2012/2/4 14:00	2012/2/5 8:00	0.75	1,798
Rotterdam	APM Terminals Rotterdam	2012/2/9 7:30	2012/2/10 3:00	0.81	262
Bremerhaven	NTB North Sea Terminal Bremerhaven	2012/2/11 12:00	2012/2/12 12:00	1.00	112
Hamburg	Eurogate Container Terminal Hamburg	2012/2/13 7:00	2012/2/14 15:00	1.33	401
Antwerp	Deurganck Terminal Quays 1732-1742	2012/2/15 22:00	2012/2/16 22:00	1.00	135
Felixstowe	Felixstowe Trinity Terminal	2012/2/17 19:00	2012/2/18 19:00	1.00	3,302
Suez Canal	Canal Zone Terminal	2012/2/26 19:00	2012/2/27 17:00	0.92	5,047
Singapore	Singapore/PSA Terminal	2012/3/10 18:00	2012/3/12 4:00	1.42	2,504
Busan	Busan new port terminal Co. ltd	2012/3/16 21:00	2012/3/17 18:00	0.88	735
Xingang	Tianjin Port Alliance Terminal	2012/3/20 0:01			
		Round Trip 78 days		Total Port Time 16.81	Total Distance 25,390

出典：Maersk HPのデータおよびDataloy Distance Tablesより計算

3.4.3　航海時間と航海速度の関係

1ラウンドの航海時間は，船舶の港湾での在港時間と海上航行時間の合計であって，(3.1)式のように記述できる[11)]。

$$T_r = \sum_{i=1}^{n} T_{pi} + \frac{D}{V \cdot 24} \tag{3.1}$$

T_r：総航海時間（港1から港nまでの航行時間と各港での在港時間の合計）

T_{pi}：港iでの在港時間

n：寄港数（1～n）

D：総距離（海里）

V：航海速度（ノット）

ここで，サービス頻度を維持するための総航海時間 T_r は，(3.2) 式のように制限されている。

$$T_r \leq \frac{S \cdot 7}{F} \tag{3.2}$$

F：各週の寄港頻度数（AE2 は 1 ウィークリーサービスなので F は 1）

S：船隊編成の船舶隻数

計画された寄港頻度数を維持するために S 隻の船が投入されるが，総航海時間 T_r は船隊の総航海時間を超えることができない。この式から総航海時間と船隊の船舶隻数の関係がわかるし，船隊の隻数もわかる。

(3.1) 式をもとに AE2 の航海速度を計算すると，次のように約 17 ノットである。

$$T_r = \sum T_p + (D/V \cdot 24) \Leftrightarrow 78 = 16.81 + (25390/V \cdot 24)$$
$$V = 17.29 \approx 17\,\text{knots}$$

1 万 2500 TEU のコンテナ船の設計速度は通常 25 ノットである[*1]。(3.1) 式と (3.2) 式を利用して，航海速度 13 ノットから 25 ノットまでの総航海時間と船隊の必要隻数の計算結果を表 3.4 に示した。

船舶の減速運航を強化するに伴い必要船舶隻数と総航海時間が増える。13 ノットで運航する場合，14 隻の船を投入しなければならず，総航海時間も 98.1 日まで伸びる。25 ノットの場合と比較すると，総航海時間が 30 %以上増加する。

表 3.4　AE2の各航海速度別の総運航時間と船舶の隻数

航海速度(ノット)	13	14	15	16	17	18	19	20	21	22	23	24	25
航海日数	98.1	92.4	87.3	82.9	78	75.6	72.5	69.7	67.2	64.9	62.8	60.9	59.13
必要船舶数	14	13	13	12	11	11	11	10	10	9	9	9	9

[*1] http://www.emma-maersk.com/specification/より，1 万 5000 TEU の Emma Maersk の通常速度は 25.5 ノットである。

3.4.4 減速運航の経済性

（1）燃料価格の高騰

表3.5 IFO380の価格(USD/ton)

Year	Rotterdam	Fujairah	Singapore
2003	152	167	172
2004	155	177	181
2005	234	259	264
2006	292	311	314
2007	505	513	517
2012	672	717	726
2007 vs. 2001	335%	301%	295%
2007 vs. 2004	226%	190%	186%
2012 vs. 2004	434%	405%	401%
2012 vs. 2007	133%	140%	140%

出典：Notteboom and Vernimmen (2009) [11], Bunker index

2000年に入ってから，石油価格が急騰を始めた。2001年の120ドル/トン台から2012年には700ドル/トン台まで高騰した。バンカー価格の高騰はコンテナ船社にとって大きな負担である。リーマンショック発生前にピークに達したバンカー価格は，2007年当時505ドル/トンであって，2001年の3倍，2004年の2倍まで上昇した。リーマンショックによって多少の価格変動があった後，2009年後半から回復した世界経済の環境下でバンカー価格は再び上昇し始め，700ドル/トン台になった。経済危機前のピークであった2007年の1.3倍にも達している。

（2）減速運航による費用節約

ここでは航海速度とバンカーコストの関係から，減速運航によるバンカーコスト削減効果を明らかにする。

船舶のバンカー消費量はいろいろな要因によって決まる。エンジンの規格，船の積載重量，荷役能力，設計速度などである。Notteboom and Cariou (2009) [10]は，2259隻の船舶をサンプルにバンカー消費量を計算するモデルを(3.3)式のように求めた。

$$FC_{mil}/\text{at } v_0 = 24\,C\,e^{1.996}\,teu^{1.013} = 3775\,e^{1.996}\,teu^{1.013} \tag{3.3}$$

FC_{mil}：1日のバンカー消費量（t/day）

v_0：設計速度（25.5 knots）

teu：積載個数（1万2500 TEU）

$FC_{mil}/\text{at } v_0 = 463$（t/days）

C：常数

1万2500 TEU型モデル船に適用すると，25.5ノットで航海するときのバンカー消費量は463トン/日である。

$$FC_{mil}/\text{at } v_1 = FC_{mil}/\text{at } v_0 \cdot \left(\frac{v_0}{v_1}\right)^{3.3} \tag{3.4}$$

v_1：実航海速度

(3.4)式によって各速度で運航するときのバンカー消費量を計算することができる。速度別のバンカーコストと減速運航によるバンカーコスト節約額を表3.6に示した。

25ノットで運航すると393トン/日の燃料を消費するが，17ノットまで落とすと110トン/日しか使わない。さらに13ノットにすると，わずか45.5トン/日で済む。速度を落とすと，バンカー消費量をかなり削減できる。バンカーコストでみると，17ノットは25ノットで運航するより約69百万ドルの費用節約となり，減速運航の節約効果は著しい。しかし，さらに13ノットに下げても約19百万ドルの節約にしかならない。表3.6から明らかであるが，17ノット以下に速度を落とした場合，費用節約効果は小さくなっていることがわかる。

表3.6　速度別の燃料消費と節約

航海速度(ノット)	13	14	15	16	17	18	19	20	21	22	23	24	25
燃料消費量/日	45.5	58.1	72.6	89.9	109.9	132.7	158.6	187.7	220.6	257.5	298	343.1	392.6
航海日数	98.1	92.4	87.3	82.9	78	75.6	72.5	69.7	67.2	64.9	62.8	60.9	59.13
必要船舶数	14	13	13	12	11	11	11	10	10	9	9	9	9
燃料費	37.5	41.9	49.4	53.7	56.6	66.2	75.9	78.5	88.9	90.2	101	112.8	125.3
減速の燃費節約	4.4	7.5	4.3	2.9	9.6	9.7	2.6	10.4	1.3	10.8	11.8	12.5	

燃料費(単位：百万ドル)＝1日あたり燃料消費量×航海日数×燃料価格

(3) 大型船のトータルコスト

ここでは減速運航によるトータルコストについて分析する。トータルコストは運航費用と資本費用とから構成される。減速運航による燃料コストの節約は運航費用の節約である。資本費用を考えなければならない理由は，減速運航を実施した際，寄港頻度を維持するために追加船舶が必要となる場合が発生するからである。

Cullinane and Khanna (1999)[3] とBaird (2006)[1] は船舶のトータルコストの

モデルを提供しており，これを利用する。資本費用の計算には，下式のように船価，ローン利率と減価償却期間などの情報が必要である。ここでは，船価はMaersk Essexの発注価格に関する情報が入手できなかったのでEmma Maerskの船価（145百万ドル）で代替し，減価償却期間は20年，ローン利率はBaird (2006)[1]の6.125 %/年を用いた。

$$A = P \cdot \frac{i \cdot (1+i)^n}{(1+i)^n - 1} \tag{3.5}$$

A：資本費用（税込）
P：船価（145百万ドル）
i：ローン利率（6.125 %/年）
n：減価償却期間（20年）

船舶の年間稼働日数を350日として1日あたりの資本費用を求めると，$A/350 = 36,486.1$ ドル/日 となる。

他方，運航費用に関してはいくつかの研究はあるが，大型船に関するものは少ない。ここではUn-soo KIM (2009)[13]のデータを利用することにした。それによると，1万2000 TEU型の1日あたり運航費用（除くバンカーコスト）は3万6598ドル/日である。

したがって，この船型の1日あたりトータルコストは，資本費用＋運航費用（除くバンカーコスト）＝73,084ドル/日と求まる。

表3.7から明らかなように，速度の低下とともにトータルコストに占める燃料費用の比率が下がる。25ノットのとき，船隊の燃料費用はトータルコストの76.1 %という高い数値になっている。トータルコストも船舶数の増加により

表3.7　AE2の速度別のトータルコストおよび減速費用

航海速度（ノット）	13	14	15	16	17	18	19	20	21	22	23	24	25
航海日数	98.1	92.4	87.3	82.9	78	75.6	72.5	69.7	67.2	64.9	62.8	60.9	59.13
必要船舶数	14	13	13	12	11	11	11	10	10	9	9	9	9
船舶費用（除燃費）	101.4	88.6	83.7	73.3	63.3	61.4	58.8	51.4	49.6	43.2	41.7	40.4	39.3
総船舶費用	138.9	130.5	133.1	127	119.9	127.6	134.7	129.9	138.5	133.4	142.7	153.2	164.6
燃料費の割合	27%	32%	37%	42%	47%	52%	56%	60%	64%	68%	71%	74%	76%
減速費用	12.8	4.9	10.4	10	1.9	2.6	7.4	1.8	6.4	1.5	1.3	1.1	

費用の単位：百万ドル
総船舶費用＝73,084×船舶数×航海日数＋燃料費用

上昇することがわかる。減速費用は 1 ノット減速するときに発生した費用のことである。25 ノットから 17 ノットまでは，減速費用が相対的に大きくないが，17 ノット以降なら，減速による費用の増加が著しくなることがわかる。

(4) CO_2 の削減効果

減速運航は燃料費用の削減とともに CO_2 排出量の削減も可能である。温室効果ガス排出に対する規制が強化されており，海運業もこれに取り組まなければならないという状況である。以下では減速運航による CO_2 削減の経済性について分析する。

CO_2 の排出は燃料使用と直接的な関係がある。Psaraftis and Kontovas (2010) [12] によれば，原油燃料を 1 トン消費する場合，3.17 トンの CO_2 が排出される。また，CO_2 の外部費用は，EUA（EU Emission Allowance）によると，トンあたり 14.6 ユーロと算出されている。

表 3.8 は AE2 の大型船が減速運航する際の CO_2 排出状況を示している。25 ノットから 24 ノットに速度を下げると，CO_2 は 66 千トン削減でき，その外部費用は 127 万ドルである。

表 3.8 AE2 の CO_2 排出状況

航海速度(ノット)	13	14	15	16	17	18	19	20	21	22	23	24	25
燃料消費量/日	45.5	58.1	72.6	89.9	109.9	132.7	158.6	187.7	220.6	257.5	298	343.1	392.6
航海日数	98.1	92.4	87.3	82.9	78	75.6	72.5	69.7	67.2	64.9	62.8	60.9	59.13
必要船舶数	14	13	13	12	11	11	11	10	10	9	9	9	9
CO_2 排出量(トン)	198,092	221,233	261,188	283,501	298,913	349,820	400,952	414,721	469,930	476,786	533,921	596,128	662,307
CO_2 費用	3.79	4.23	5	5.42	5.72	6.69	7.67	7.93	8.99	9.12	10.21	11.4	12.67
減速の CO_2 費用削減	0.44	0.76	0.43	0.30	0.97	0.98	0.26	1.01	1.31	1.09	1.19	1.27	

費用の単位：百万ドル
CO_2 排出量＝3.17×1日あたり燃料消費量×船舶数×航海日数
減速による CO_2 費用削減＝CO_2 削減量×CO_2 スポット価格 (14.6)×ユーロ/ドルレート (2012年2月現在1.31)

(5) 減速運航による時間費用の増加

減速運航は燃料消費や CO_2 排出を削減でき，船社にとってかなりの費用節約である。しかし，荷主にとっては輸送時間の増加につながる。減速運航による航海時間の増加は，荷主にとっては納期が延びることに他ならない。つまり，荷主は在庫費用とリスクの負担増になる。在庫費用の増加は，2つの側面がある。1つは貨物への投下資本における機会費用の増大であり，もう1つは減価償却費の増加である[9)]。Notteboomによると，機会費用と減価償却費用は，貨物価額に対して平均23 %/年である。

いま，コンテナ1個の価額をCariou（2011）[2)]から2万7331ドルとし，コンテナ船の平均積載率を70 %と仮定する。また，減速運航により追加船舶が投入される場合があるが，船隊の積載量は不変とする。つまり，AE2が減速運航を行っても行わなくても積載量は変わらないものとする。以上の仮定の下で減速運航による時間価値の損失は次のように計算される。

船隊の運航能力は $12,500 \times 9 = 112,500$ TEUである。AE2で搬送されている貨物の総価値額は $112,500 \times 0.7 \times 27,331 = 2,152,316,250$ ドル である。1日あたりの在庫費用と減価償却費は $2,152,316,250 \times 0.23/365 = 1,356,254$ ドル となり，これが減速運航の時間損失の費用である。

表3.9より減速運航によって相当な時間費用が発生することがわかる。この費用は運航者ではなく荷主の負担であって，BDP（2011）のアンケート調査によると，90 %の荷主は減速運航がサプライチェーンに影響したと答えている。また，在庫費用，キャッシュフロー，製造計画，需要に対するリスク増加などに影響していることが指摘されており，減速運航のメリットを船社が独占せず荷主にもシェアしてほしいという声も聞かれた。

表3.9　AE2の減速運航により発生した時間費用

航海速度(ノット)	13	14	15	16	17	18	19	20	21	22	23	24	25
航海日数	98.1	92.4	87.3	82.9	78	75.6	72.5	69.7	67.2	64.9	62.8	60.9	59.13
総時間費用	133	125.3	118.4	112.4	105.8	102.5	98.3	94.5	91.1	88	85.1	82.6	80.2
減速の時間費用	7.73	6.92	5.97	6.64	3.26	4.2	3.8	3.39	3.12	2.84	2.58	2.4	

費用の単位：百万ドル
総時間費用＝1,356,254ドル×ラウンド航海時間

3.4.5　まとめ

減速運航による燃料費用の削減，CO_2 の減少および時間費用，トータルコストを論じた。大型船の減速運航がもたらした経済性を明らかにした。日本郵船

(2011) [14] の調査によると，北欧州/東アジア航路で 91 %のループが減速運航を行っている。この分析によって減速運航を行う理由が明らかになったといえる。

減速運航は費用の節約という側面と追加的費用という側面があるが，そのどちらが大きいのであろうか。AE2 のケースでは，航海速度が 25 ノットから 17 ノットまでは節約が費用を上回っている。しかし，17 ノット以下に落とすと，逆に在庫費用などの上昇が節約より上回っている。17 ノット以下の減速運航は非効率ということができる。17 ノットで航海することが AE2 にとって最も効率のよい速度である。

社会的費用という側面から考えると，次のように言えるであろう。1 ラウンドベースで 25 ノットから 17 ノットに減速した場合，バンカーコストの節約が 68.7 百万ドル，資本費用の増加が 24 百万ドル，トータルコストの削減が 44.7 百万ドルとなり，これが船社の直接的利益である。一方，外部費用として CO_2 削減費用が 7 百万ドルプラスであるが，荷主の時間損失による費用が 25.6 百万ドル発生している。船主費用のプラスと環境費用と荷主費用のプラスマイナスを合計した社会的費用は，約 26 百万ドルの削減となってプラスの効果がある。この効果は，表 3.10 からもわかるように，22 ノットに下げるまでのもので，それ以降減速運航を行っても，船主にはメリットをもたらすかもしれないが，荷主には大きなデメリットを生み，真の社会的費用という意味ではメリットはほとんど発生していないのである。船主の最適速度と荷主の最適速度，したがって社会的最適速度が異なっている。また，減速運航のメリットも 1 ラウ

表 3.10　AE2 の減速運航の費用と節約対比

航海速度（ノット）	13	14	15	16	17	18	19	20	21	22	23	24	25
総費用	271.9	255.8	251.5	239.4	225.7	230.1	233	224.4	229.6	221.4	227.8	235.8	244.8
全速時との比率（%）	111.1	104.5	102.7	97.8	92.2	94.0	95.2	91.7	93.8	90.4	93.1	96.3	100.0
減速の社会的費用増	20.53	11.82	16.37	16.64	5.16	6.8	11.2	5.19	9.52	4.34	3.88	3.50	
減速の社会的費用減	4.84	8.26	4.73	3.20	10.57	10.68	2.86	11.41	2.61	11.89	12.99	13.77	
純社会的費用変化	-15.69	-3.56	-11.64	-13.45	5.41	3.88	-8.34	6.21	-6.91	7.55	9.11	10.27	

費用の単位：百万ドル
減速の社会的費用増＝減速の船舶費用増＋減速の時間費用
減速の社会的費用減＝減速の燃費節約＋減速の CO_2 削減費用
純社会的費用＝社会的費用減－社会的費用増

ンドの航海時間が59日から78日に伸びているために，1日あたりでは約30%程度割り引く必要があるのである。

〈**謝辞**〉本章は孫永沢・吉田茂（2012年）「定期船の減速運航と社会的費用」日本船舶海洋工学会平成24年度春季講演会論文集および孫永沢（2012年）「リーマンショック後のコンテナ市場の研究―減速運航の経済分析」（修士論文）をベースにしている。

【参考文献】

1）Baird, A. (2006): Optimizing the container transshipment hub location in BDP (2011), "*Impacts of Slow Steaming*".

2）Cariou, P. (2011): "Is slow steaming a sustainable means of reducing CO_2 emissions from container shipping?", *Transportation Research Part D*, 16, 260–264.

3）Culinanne, K. and Khanna, M. (1999): "Economies of scale in large container ships", *Journal of Transport Economics and Policy*, 33(2), 185–208.

4）Dataloy: http://www.dataloy.com/

5）IMO (2009): "Update of the 2000 IMO GHG study", MEPC59/INF.27.

6）Joey van Elswijk (2009): "*Slow steaming in the liner shipping industry*".

7）Maersk Line: http://www.maerskline.com/appmanager/

8）Northern Europe: *Journal of Transport Geography*, 14, 195–214.

9）Notteboom, T (2006): "Time factor in Liner Shipping Services", *Maritime Economics and Logistics*, 8, 19–39.

10）Notteboom, T. and Cariou, P. (2009): "Fuel surcharge practices of container shipping lines: Is it about cost recovery or revenue making?", *Proceedings of the 2009 IAME Conference*, June, Copenhagen, Denmark.

11）Notteboom, T. and Vernimmen, B. (2009): "The effect of high fuel costs on liner service configuration in container shipping", *Journal of Transport Geography*, 17, 325–337.

12）Psaraftis, H. N. and Kontovas, C. A. (2010): Balancing the Economic and Environmental Performance of Maritime Transportation, "*Transportation Research Part D*", Vol.15, Issue 8, 458–462.

13）Un-soo KIM, Sung-woo LEE, Chang-ho YANG (2009): "Risk Analysis of VLCS based on Trend of Cargo Growth", *The Asian Journal of Shipping and Logistics*, Vol.25, No.1.

14）日本郵船（2010）：『世界のコンテナ船隊および就航状況　2010年版』，日本海運集会所.

第4部

輸送の三原則の統合

1 海上輸送の安心・安全

海上輸送は重厚長大な物資も大量に輸送可能な輸送手段である。とくに，輸出入産業に支えられた我が国にとって，資源や物資の国際貿易を司る海上輸送は極めて重要である。これまで，海運国日本と自称し，我が国の海運界は世界の貿易において重要な位置を占めてきた。しかし，最近は中国，韓国および東南アジア諸国の進出により，海運産業は後退しているのが現状である。今後，世界経済の発展により，海上輸送による輸送比率が増加するなかで，世界における海運力の競争力維持の上においても，我が国における海上輸送の研究は人類を豊かにする上にも重要かつ緊急を要する課題である。

しかし，従来の海上輸送では，とくに第二次世界大戦後の我が国の高度成長期以来，経済面からの大量輸送による船体，積み荷および船員の安全性のみが最重要課題とされていた。造船業界では，昭和 30 年代から 40 年代において，大型貨物船の建造が行われた。とくに，原油を輸送するタンカーの総トン数は 20 万トン，30 万トンと大型化し，最大級の 40 万トンクラスの船舶も建造された。同時に，陸上の製造業では大量生産が期待されていた。このように，一度に大量の輸送が日本経済の活性化，成長に直結していた。

ところが，5 万トンクラスの大型貨物船が，日本近海の魔の海域と呼ばれる千葉県銚子沖で，冬期季節風が吹く荒天海域において続けて沈没などの海難を起こし，尊い人命と高価な船舶および荷物の損失を被った。当時の海上輸送の研究では，経済性が重視された運航体制のなかで，乗組員，船舶および貨物の安全性を確保する研究が重要であり，その結果，船舶の運航に最も影響する気象・海象の予測が行われた。とくに，大洋航海中の航行船舶の周辺海域およびこれから航行しようとする海域の気象・海象を数値計算により予測し，航行船舶の安全性確保のための最適な航路選定が行われた。いわゆるウェザールーティングである。船舶の運航を司る船会社は個々の船舶に対し，これらのウェザールーティングを実施する民間会社と契約を交わし，大洋航海中の経済性と安全性を確保する最適な運航ルートを逐次提供することにより，安全航海に努めた。

2　海上輸送の経済性

近年，石油枯渇の危機に面し，船舶の燃料費高騰もあり，船会社の経営は支出の増加により深刻化するようになった。そして，海運界では，輸送の効率化に関する研究が強調されるようになった。なかでも造船会社では，燃料消費量軽減を図る省エネ船の研究が重点化されるようになった。一例として，大航海時代に世界を制覇した帆船の帆を装置した帆走商船が復活した。また効率化の良い機関の開発やマイクロバブルを用いて船体摩擦抵抗を軽減する研究が行われている。船会社は個々の船舶の運航状態を陸上から逐次管理することにより，加減速や最適な航路選定に至るまで，航行海域周辺の気象・海象を常時把握しながら，船長に操船指令を出す船舶管理を行うようになった。航行船舶に対して陸上から適切な指示を行うことにより，1 航海で数十万から数百万円の燃料費節約が可能になる。これを積算すると，1 船舶に対して年間数千万円の節減対策となり，所有船舶数を総合すると数億円に上る経済的効果を図ることができると試算された。このように運航管理面において，燃料費節約などの経済的効果および船舶および荷物の運航の安全性に基づいた最適航法の要求が重要になった。これは，世界経済の動向の複雑化と共に，通貨変動に伴い，利潤の追求から一層促進されるようになった。

3　海上輸送の環境保全

3.1　大気環境保全

近年，京都議定書でも議論された地球温暖化や海洋汚染などの環境保全問題が世界各国で重要視されるようになった。海運界においては，船舶機関からの排ガス（CO_2，NOx，SOx など）の大気放出が話題となった。運航船舶から大気に排出される CO_2 の量は年間約 8.7 億トンと試算され，全排出量の約 3 %，ドイツ 1 国の年間排出量とほぼ同等であるとされた。今後，世界経済の発展と共に船腹量は増加の一途をたどり，船舶から排出される CO_2 の排出量は急速に増加すると思われる。IMO（国際海事機関）が排出量増加の予測を試算した結果，2030 年に 14 億トン，2050 年には 26 億トンと現在の約 3 倍に達し，無視することができない。「京都議定書」では，国際海運の CO_2 排出対策は，IMO において追求するように規定された。これを受け，IMO は 2011 年 7 月に第 1 段階の対策として，先進国，途上国の別なく一律に，CO_2 排出規制を導入することを合意した。これによると，2013 年から新造船に CO_2 排出基準適合を義務づけ，基準は段階的に強化していく。具体的には 2013 年に規制開始，2015 年に 10 %削減，2020 年に 20 %削減，2025 年に 30 %削減と試算した。排出削減の目的のために，エネルギー効率設計指標（EEDI：Energy Efficiency Design Index）が定められ，新造船を対象に設計・建造時に CO_2 排出量を事前評価し，個々の船舶に EEDI 値を示す証書を付与する。EEDI とは新造時における設計上のトン・マイルあたりの CO_2 排出量を示し，その船舶の CO_2 排出削減量のポテンシャルを示す。さらに，現存船を含むすべての船舶に，省エネ運航計画の策定を義務づけるとしている。具体的には，個々の船舶のオペレーションなどを踏まえた最適な対策を計画（Plan），実施（Do）する。たとえば，運航的手法として，減速航行，ウェザールーティングの強化が考えられる。さらに，実燃費を把握，モニタリング（Check）し，継続的に運航的手法を見直し，評価・改善（Act）により排出を削減する。そして，新造船，既存船を対象に，CO_2 排出削減の船舶エネルギー効率管理計画（SEEMP：Ship Energy Efficiency Management Plan）を作成する。SEEMP とは船舶の CO_2 排出削減に向けて，最も効率的な運航方法を実現するために策定する計画書である。個々の船舶に対し，各船舶に適した CO_2 排出削減のための運航的手法を選択し，文書に記載，それを船舶に備え，エネルギー効率運航指標（EEOI：Energy Efficiency Operational Indicator）を示す。具体的には EEOI は運航時における「実際の CO_2 排出量（燃料消費量から換算したもの）」と「実際に運んだ貨物量」「実際に走った距離」から「実際に達成された効率」を示す[1)]。

IMO の提案に対し，各国からこれらを行うためのいろいろな経済的手法が提案され，現在審議中である。日本は，排出総量規制は国際海運の成長を阻害し，個々の船舶の負担も排出権取引価格などにより変動し，不確実であることから，排出総量規制を容認していない。その上で，燃料油課金をベースに，燃費性能の優れた船舶は課金を免除する制度を提案している。他方，イギリス，フランス，ドイツ，ノルウェーなどのヨーロッパは，排出総量規制を実施した上で，個船に排出権を割り当て，実排出量に応じて排出権を取引する制度を提案している[2)]。

我が国の造船業は省エネ技術力を発揮できる環境を整え，EEDI の基準値抑制のため，船型改良，船舶抵抗低減，推進効率の改善，馬力節減，廃熱利用，太陽光や風力などの自然エネルギーの利用などに関して研究開発が展開され，国際競争に勝つ努力が期待されている。他方，海上輸送を担う船会社では，SEEMP に則り，運航上の工夫により CO_2 排出量を削減する努力をしている。具体例として，航海速度を 1 割減速すれば燃料消費量を約 3 割改善できる減速運航，悪天候回避により航海日数を削減できるウェザールーティングの利用，船体・プロペラの洗浄による摩擦低減などの船体および推進システムのメンテナンス，混雑港などで待機せずに入港できるよう速力を調整して沖待ちをなくす Just-In-Time 入港，最適トリムや最適バラストの設定，オートパイロットの最適使用，荷役効率の向上，船体管理の向上などに努めている[3)]。これにより，船体に関するハード面および船舶運航に関するソフト面の両者を考慮した船舶からの排出ガス軽減を図る大気環境保全の対策の要求が，今後も急速に促進されると思われる。

船舶から排出された有害ガスの NOx，SOx および浮遊粒子状物質（PM：Particulate Matter）などは，海上風により陸上まで移流，拡散し，状況次第では大気汚染を招くことがある。とくに，NOx や SOx は拡散の途中で化学反応を起こし，生成した硫酸や硝酸が酸性雨の原因となることもありうる。また，PM は呼吸器系の疾患の原因となりうる。そのため，排出ガスの拡散の数値予測は重要であり，数値シミュレーションを行い，その結果から，各種の対策を講じる要請が生じると思われる。

3.2　海洋環境保全

船舶による海洋汚染のなかで，最近最も注目されているのがバラスト排水問題である。ほとんどの船舶は専用船化され，積み荷が限定されるようになった。その結果，たとえば往路は荷物を積載するが，復路は荷物がなく空荷となる。荷物を積載しない船舶は，喫水が浅く，船体は不安定となり，転覆などの危機に遭遇する。そこで，船体を安定にして復原力を確保するために，バラスト用として海水を注入し，出港する。そして目的地に入港すると，注入した海水を船外に排出する。その海水中に有害プランクトンやバクテリアが混入していると，それらが入港海域で異常繁殖し，その海域の生態系を破壊したり，それを餌とする貝類に有毒渦べん毛藻類の毒素が沈積し，人間がそれを食し，中毒を起こすこともある。このバラスト排水内の越境移動した有害生物による貝毒や土着水生生物の生態系破壊などの地球環境保全に関する問題は，深刻であり，一刻も早い対策が必要である。排出されるバラスト水内のプランクトンやバクテリアを死滅させるさまざまな手法を取り込んだバラスト排水装置の開発・研究が，IMO による基準に則り，実施されている。

「船舶のバラスト水及び沈殿物の制御及び管理のための国際条約」(バラスト水管理条約) は，バラスト水およびバラストタンク内沈殿物の制御，管理を通じて，有害水生生物および病原体の移動により発生する環境，人間の健康，財産および資源への危険を防止，減少および完全除去することに加え，当該制御による好ましくない副次的影響を回避し，関連する知識の進展および技術の開発について奨励することを目的としている。条約規則 D-2「バラスト水排水基準」が 2009 年から順次適用され，2016 年以降は基本的にバラスト水を保持するすべての国際航行船舶に義務づけられ，バラスト水処理装置によるバラスト水管理が必要となった[4)]。

また，出港時に積載のバラスト水は入港海域で排出しないで，大洋航海中に海水交換を実施している。しかし，航海中に排出された海水中に有害生物が含まれ，それらが拡散し，異常繁殖して周辺海域へ被害を与えているか否かの判定は，これまでに実施されたことはなく，未知の世界である。有害物質の拡散，異常繁殖などの推定を行う生態系モデルを含む数値シミュレーションによる評価なども今後必要であると思われる。

他方，日本籍船の激減と発展途上国の船員の急増に加え，十分な船員教育を受けていない外国船員も多く，船舶の衝突や沈没などの海難が多発しており，今後，世界の保有船舶数の増加に伴う大規模な海難発生が懸念される。とくに，原油や有害化学物質を搭載したタンカーが海難を起こし，積載中の原油などが海洋に流出すると，周辺海域の海洋汚染は広範囲に影響を及ぼし，その海域の生態系に甚大な被害を与えることになる。

さらに，化学物質や液化ガスなどの危険物搭載船舶が次世代のエネルギー供給源の輸送手段として期待されるが，国際テロや海賊行為に対する海上輸送の安全性の強化も必要不可欠である。

4　これからの海上輸送

このような状況で，今後，輸送の三原則である輸送の安心・安全，大気・海洋環境保全および経済性を個別に捉えるのでなく，それらを統合した観点から輸送技術のソフト・ハードを改善する，総合的な研究は緊急を要する。しかも，海運国日本が世界を先導する国際海上輸送の研究を，自然科学系と社会科学系の両分野が連携して実施しないと成功しない。このように，国際海上輸送の研究は，文理融合の学際的な研究である。

四方を海に囲まれ，海洋と深くかかわり合い，発展してきた我が国において，国連海洋法条約（1994年発効）の下で，新たな海洋立国のための海洋政策を国政の重要政策に掲げ，海域の総合的管理と国際協調に取り組む必要性から，「海洋政策大綱」（2006年）が策定され，「海洋基本法」（2007年）が制定された。海洋政策大綱には「我が国は海上交通の安全の確保，海上災害の防止，海洋汚染の防止，海上輸送の安定化・活性化といった山積みの課題や問題の解決を，今後早急に行う必要がある」および「アジアを含む世界の各国で，海洋・沿岸域に関する様々な施策を総合的に実施するための制度的枠組みを整えて，海洋政策に積極的に取り組むとともに，国々が連携，協働する流れを強める」といった内容が記述されている。

輸送の三原則を統合した国際海上輸送の研究は，海洋基本法の第18～21条に関連した「海洋環境の保護・保全」および「我が国の経済及び生活を支える海上輸送の確保」をまったく新しい観点から捉えた独創的かつ先導的研究である。また，「イノベーション25」に謳う「環境・エネルギー等日本の科学技術力による成長と国際貢献」にも合致する。とくに，海上輸送の研究は再現性が困難かつ複雑であり，大規模な数値予測とシミュレーションによる問題解決および自然科学系と社会科学系の両分野の連携による取り組みは新規性に富んだ研究である。

また，人命を守り海難事故ゼロの輸送，大気中の二酸化炭素50％削減や海洋の生態系維持などの全地球的な海洋・大気の汚染防止により，地球の環境に優しい安心・安全な海上輸送が可能となり，さらに最適輸送や経済的輸送ネットワークにより世界経済の躍進を図り，人々の生活を豊かにするような貢献が期待できる。さらに，輸送の三原則を統合した国際海上輸送システム創出の研究は，海上輸送に止まらず，陸・空の輸送にも十分応用可能であり，今後，陸・海・空の複合一貫輸送システムの研究にも展開できる。

当面の具体策として，第1部の第2章で解説した気象・海象の予測を，我が国の気象庁や他国の機関が実施し公表する風，波浪，海流などの気象・海象の数値計算結果のデータを使用するだけでなく，独自に作成した気象数値計算モデルを有し，数値予測を実施することである。地球規模から沿岸域のような限定した局所海域の高度な数値計算まで，任意の広さの海域および格子間隔などがハンドリングできるモデルにより，大洋中はウェザールーティングシステム，沿岸海域は数値ナビゲーションシステムにより，海上輸送の安心・安全と，燃料消費量軽減策などの経済性を図り，輸送システムを構築する。さらに，状況により，航行中に大気に排出されるガスの数値拡散予測から拡散状況を把握し，あるいは海難発生時に船舶積載の原油や有害化学物質が船舶から流出した場合は海洋汚染拡散シミュレーションから拡散状況の予測を行う。また，バラスト排水流出時の拡散数値シミュレーションも実施する。これらにより，輸送の安心・安全，大気・海洋環境保全，経済性を統合した海上輸送システム創出が実現できる。

本研究を進展すると，国際海事社会が求める良質かつ高度な能力を有する人材（国際海洋人）育成，我が国の海事関連産業の発展に寄与，日本政府をはじめIMOなどの国際機関への海事・海洋政策の提言が可能となり，世界に向けた海事教育研究の情報発信を行い，人類の繁栄に貢献することが期待できる。

【参考文献】

1）斉藤英明：IMOにおける経済的手法に関する議論の動向，「船舶からの温室効果ガス削減対策（EEDI）の現状と船舶設計の将来」，日本船舶海洋工学会東部支部ワークショップ，pp.11–18，2013.
2) 大坪新一郎：海運における地球温暖化対策の枠組み，「船舶の環境対策—海上物流の地球温暖化対策—」，日本船舶海洋工学会東部支部平成 22 年度第 1 回ワークショップ，pp.1–20，2010.
3) 内田格：国際海運における SEEMP 対応とモニタリング指標 EEOI の現状と課題，「船舶からの温室効果ガス削減対策（EEDI）の現状と船舶設計の将来」，日本船舶海洋工学会東部支部ワークショップ，pp.53–67，2013.
4) 福代康夫，他：バラスト水管理システムの承認の際の生物分析方法（第 2 回改訂版），財団法人日本舶用品検定協会，p.107，2010.

索　引

【アルファベット】
AIS　*177*
AVHRR　*194*
CCMP　*194*
D 値　*144*
DGPS　*45*
ECMWF　*196*
EEDI　*267*
EEOI　*267*
EGR　*173*
ES2　*190*
ETOPO1　*194*
ITTC　*20*
JONSWAP　*20*
MARPOL 条約　*222*
MMG　*39*
MSSG　*194*
NCEP　*10*
PM　*268*
POM　*12*
RIOS　*41*
SCR　*173*
SEEMP　*267*
SWAN　*13*
VDR　*65, 68*
WAM　*13*
WRF　*10*

【あ行】
一般管理費　*215*
移流拡散方程式　*176*
インヤングリッド　*191*
ウェザールーティング　*6, 113*
運航サービス　*209*
運航費　*214*
運賃市場　*210*
エクマン輸送　*189*
エネルギー効率運航指標　*267*
エネルギー効率設計指標　*267*
エマルジョン　*188*
エンジンデータロガー　*68*
延展　*185*
オフショア船籍船　*211*
オンボード計測システム　*115*

【か行】
海運業諸費用　*213*
海運サービス　*208*
海運市場　*210*
回転動力　*95*
外部性　*217*
外部費用　*218*
風応力　*196*
間接船費　*213*
気圧湿度温度変換器　*75*
艤装サービス　*209*

強度設計　*113*
減速運航　*245*
減速費用　*259*
航海データ記録装置　*68*
航海費　*214*
国際海事機関　*222*
国連海洋法条約　*270*
コロナ放電　*174*

【さ行】
サギング　*65*
姿勢方位基準装置　*78, 79*
時間費用　*259*
軸出力　*95*
市場の失敗　*217*
ジメチルエーテル　*166*
社会的費用　*261*
重油　*157*
受動的トレーサ　*190*
シーン　*186*
推進効率　*98*
吹走流　*189*
数値ナビゲーションシステム　*38*
スクラバ　*173*
スス　*161*
スピンアップ計算　*194*
スラスト係数　*98*
スラスト減少係数　*96*
スラスト出力　*96*
スラミング　*65*
制動出力　*95*
ゼブラ貝　*137*
船速低下　*113*
船体運動　*113*
船体効率　*98*
船体抵抗係数　*99*
船舶エネルギー効率管理計画　*267*
船舶管理市場　*212*
船舶燃料　*159*
専用船　*209*
操縦性　*113*

【た行】
耐航性能　*113*
地球シミュレータII　*190*
チャーター・バック船　*211*
直進動力　*96*
直接船費　*214*
定期船サービス　*208*
抵抗増加　*114*
定出力特性　*101*
定トルク特性　*101*
伝達効率　*98*
伝達出力　*95*
店費　*215*
動特性解析モデル　*112*
トータルコスト　*257*
トルク係数　*98*

【な行】
内部費用　*221*
ナホトカ号事故　*184, 198*
乳化燃料　*172*
ネストグリッド　*192*

【は行】
バイオ燃料 *169*
バラスト *135*
バラスト水洋上交換 *149*
バンカー消費量 *256*
伴流係数 *96*
風圧影響 *46*
フジツボ付着期幼生 *137*
物質拡散係数 *180*
不定期船サービス *208*
浮遊粒子状物質 *268*
プロペラ吸収出力 *95*
プロペラ係数 *100*
プロペラ効率 *98*
プロペラ前進率 *98*
プロペラ発生出力 *96*
プロペラレーシング *65*
便宜置籍船 *211*
ホギング *65*
保有サービス *209*

【ま行】
まひ性貝毒 *142*
丸シップ船 *211*

【や行】
有効出力 *96*
有毒渦べん毛藻 *136*
用船市場 *210*
要素サービス *209*
横流れ量 *44*

【ら行】
ルンゲ-クッタ法 *198*
レーダー波浪解析装置 *67, 69*
レーダー波浪観測装置 *69*

ISBN978-4-303-16410-2

海上輸送の三原則

2013年7月25日　初版発行　　© 2013

編　者　神戸大学海上輸送の三原則編集委員会　　検印省略

発行者　岡田節夫

発行所　海文堂出版株式会社

本　社　東京都文京区水道2-5-4（〒112-0005）
電話　03(3815)3291(代)　FAX 03(3815)3953
http://www.kaibundo.jp/

支　社　神戸市中央区元町通3-5-10（〒650-0022）

日本書籍出版協会会員・工学書協会会員・自然科学書協会会員

PRINTED IN JAPAN　　印刷　田口整版／製本　小野寺製本